도마복음과 카발라(개정)

The Kabbalistic Interpretation of the Gospel of Thomas

도마복음과 카발라

김 태 항

하 모 니

서문

"누구든지 이 비밀 말씀의 뜻을 깨닫게 되는 자는 죽음을 경험하지 않으리라."
"자신을 알게 될 때 살아있는 아버지의 아들이 바로 그대 자신임을 알리라. 그러나 자신을 모른다면 그대는 빈곤 속에 살게 되고 빈곤 그 자체가 되리라."
"만약 그대가 내면에서 지혜를 가져온다면 가져온 그것이 그대를 구원할 것이다."
"너희가 둘을 하나로, 안을 바깥처럼, 바깥을 안처럼, 위를 아래처럼 만들 때, 남자와 여자를 하나로 만들어 남자는 남자가 아니고 여자는 여자가 아닌 것으로 만들 때, 눈이 있는 자리에 눈을, 손이 있는 자리에 손을, 발이 있는 자리에 발을, 닮은 것이 있는 자리에 닮은 것을 만들 때, 그대들은 천국에 들어가리라."

이 구절은 스튜아트 홀로이드(Stuart Holroyd)가 쓴 〈영지주의〉에 나오는 내용이다. 독자들은 이 구절이 표현만 다를 뿐이지 의미하는 것은 동양사상 특히 불교와 다르지 않음을 눈치 챘을 것이다. 1997년 이 책을 번역하면서 접하게 된 도마복음 구절은 내게는 참으로 인상적으로 다가왔다.

그러다 최근에 "다빈치코드"가 세상의 화제를 불러일으키면서 다시 도마복음을 생각하게 되었다. 영지주의 복음서 몇 구절과 작가의 풍부한 상상력이 합쳐져 만들어진 다빈치코드가 많은 사람들의 관심을 끌어 모은 것은 종교적으로 매우 민감한 예수의 결혼 문제를 다루었기 때문이다. 소설은 말 그대로 픽션이지만 내용이 워낙 민감한 주제라 그 진실을 둘러싸고 첨예한 논쟁이 일어났다. 이 일로 생각지도 않게 영지주의 복음서는 사람들의 관심사로 등장하게 되었고 다빈치 코드를 옹호하는 사람이나 반대하는 사람들의 핵심 화제가 되었다.

국내외적으로 다빈치코드 진실을 둘러싸고 여러 종류의 책들이 발간되었고 많은 논쟁이 있었다. 이들 현상을 지켜보면서 예수의 귀중한 가르침이 흥미 위주로만 흘러가고 있지는 않는지 안타까운 생각이 들었다. 사람들은 예수가 가리키는 달을 보지 않고 그 손가락을 보고 있었기 때문이었다. 이런 무의미한 지엽적인 논쟁 대신 예수가 우리에게 어떤 메시지를 전하고자 했는지 도마복음 해석을 통하여 예수의 참 가르침을 알아보고자 이 책을 집필하게 되었다.

진리는 수많은 면을 지닌 다이아몬드와 같다는 말이 있다. 보는 방향, 보는 시간, 날씨, 보는 사람의 시력이나 지식에 따라 달라 보이는 것이 보석이듯 진리도 마찬가지이다. 이런 점을 고려한다면 세상의 여러 진리나 교리는 다른 것이 아니라 단지 달라 보일 뿐이다.

우리에게 위대한 스승인 예수와 붓다의 가르침이 너무도 달라 보인다. 하나는 유일신인 하느님을 믿어야 하늘나라에 간다고 하고, 다른 하나는 모두에게 신의 씨앗(불성)이 있으니, 그것을 자각하여 부처가 되라고 한다. 진리가 하나라면 예수와 붓다의 말은 공통되는 것이 있어야 한다. 그러나 너무도 다른 이들 가르침을 접하고 솟아나는 의문점을 이성을 가진 사람이라면 누구나 가질 수밖에 없다.

이것은 앞에서 비유를 들은 것처럼 의식 수준이 달라 진리를 받아들이는 방법이 달라서 일어난 일이다. 그러나 다행히 준비된 제자들에게 전해진 예수의 비밀 가르침인 도마복음서는 붓다의 말씀과 일치한다. 종교간 갈등이 커지고 있는 이 시점에서 두 분의 가르침이 같음을 보여주는 도마복음서는 인류에게 소중한 자료로 생각된다.

그러나 안타깝게도 기독교에서는 여러 이유를 들어 도마복음서를 정경으로 인정하지 않으려한다. 그러면 정경은 어느 날 하늘에서 뚝 떨어진 하나님의 말씀일까? 이 정경 문제는 본문에서 설명하기로 한다. 핵심은 지금 정경으로 공인받은 신약성경이 예수의 말씀을 바르게 전하는 유일한 경전일 수는 없다는 점이다.

사람들은 예수를 어떤 시각으로 바라보고 있을까? 크게는 신화 속의 인물로 바라보는 사람, 하느님의 아들로 이 땅에 오시어 복음을 전한 역사적 인물로 바라보는 사람, 예수를 붓다처럼 깨달은 성자로 바라보는 사람 등으로 크게 구분될 수 있을 것이다. 대다수 기독교인들은 하느님과 하나인 예수를 받아들이지만 예수를 붓다처럼 깨달은 영혼으로 받아들이는 사람도 많다. 예수를 붓다처럼 깨달은 성자로 받아들이면 성경은 새로운 모습으로 우리에게 다가온다. 진리를 보는 시야가 달라지기 때문이다.

외국에는 도마복음 해설서가 많이 나왔으나 대부분은 역사적 고찰이나 4복음서와 비교연구에 관한 것이며 복음서 114절을 통하여 예수가 전해주고자 한 메시지를 명확하게 밝혀내지는 못하고 있다. 이 책은 처음으로 카발라 철학에 근거하여 도마복음서의 숨겨진 메시지를 밝혀낸 해설서이다.

도마복음을 해석하려면 카발라(유대신비사상, 카발라는 불교처럼 윤회를 인정하고 영혼을 신의 불꽃, 파편으로 보며 신과 합일을 추구하는 사상이다) 도움이 절대적으로 필요하다. 카발라가 동서양 사상의 모태이고 영지주의도 카발라에서 기원한 사상임을 인정한다면 이것은 그다지 놀라운 일도 아니다. 비밀 전승에 의하면 예수는 카발라 사상에 정통하였다고 하며 도마복음은 카발라 사상이 핵심을 이루고 있다. 큰 어려움 없이 도마복음에 나타난 예수님의 가르침을 바르게 해석할 수 있었던 것은 카발라 지혜를 전해준 위대한 카발라 학자이며 신비 사상가인 도리얼 박사(Dr. M. Doreal) 덕분이다.

이 책을 읽고 나면 십자가에 매달린 예수에 대한 고정관념에서 벗어나 조용히 앉아 명상하는 예수님이나 명상에 잠긴 채 산책하는 좀 더 동양적이고 친근한 예수님을 생각할 수 있을 것이다. 이 책이 독자의 영적 성장과 종교 간의 갈등 해소에 커다란 도움이 되기를 바란다.

2006년 9월

김 태 항

도마복음과 카발라 서문

영지주의 복음서인 〈도마복음〉을 유대신비가르침인 카발라로 해석하여 예수의 참 가르침이 무엇인지 보여주려고 〈다빈치코드가 알지 못한 예수의 비밀, 2006년〉을 출간하였는데 책 제목이 내용과 일치가 되지 않아 고민이 있었다. 그래서 이번에 일부 내용을 보완하고 편집을 새롭게 하여 내용과 어울리는 〈도마복음과 카발라〉란 제목으로 다시 출판하게 되었다.

2006년에 도마복음 해설서를 냈을 당시는 국내 작가의 도마복음 해설서가 없었으나 몇 년 사이에 저명 학자들의 도마복음 해설서가 나와 참으로 나행스럽다. 주로 도마복음서의 역사적 고찰이나 복음서의 동양적 가르침에 초점을 맞춘 책들이다. 그런 점에서 도마복음을 카발라 사상으로 해석한 이 책은 독자들에게 의식의 새로운 지평선을 열어 주리라 생각한다.

도마복음서의 가치는 날이 갈수록 더욱 커질 것이다. 구도의 길을 걷는 사람이나 진리에 목말라하는 분들에게 작은 도움이 되었으면 하는 바람이다.

2010년 5월

김 태 항

개정판을 내면서

인기 있는 책은 아니지만 꾸준히 찾는 독자가 있어서 개정판을 내게 되었다. 본문은 그다지 변화가 없으나 도마복음과 많이 닮은 영지주의 복음서인 "야고보 비밀의 서"와 "빌립 복음서"를 부록에 실어 참고하도록 했다.

우주

우주는 거대한 화판
하늘도 별도 달도
산도 바다도 나무도
모두가 화판에 그려진 그림

화판을 뜯어내면
하늘이 찢어지고
땅이 무너진다.

하늘과 땅이 사라진 곳에
심연(深淵)이 드러나고

심연이 낳은 우주공간에는
바람이 지나간 것처럼
아무런 흔적이 없다.

그러다 심연에서 바람이 불어와
공간에 온갖 것을 그려낸다.

2025년 1월
김 태항

목 차

도마복음 소개

도마복음서는 지금으로부터 약 100년 전에 이집트의 옥시링쿠스(Oxyrhynchus, 그리스어 본)에서 파피루스 형태로 발견되었고 1945년에 이집트의 나그함마디(Nag Hammadi, 콥트어본)에서 옥시링쿠스 파피루스와 동일한 내용을 담고 있는 파피루스가 다시 발견되었다.

나그함마디 파피루스의 영지주의 문헌들 가운데서 가장 주목을 끄는 책은 도마복음서이다. 모두 114편의 어록으로 구성된 도마복음서는 예수의 어록인 예수님과 제자들 사이에 오고 갔던 말씀들을 나열하고 있으나 상황이나 배경 등과 같은 역사적 정황이 없다. 예수의 가르침, 예언, 격언, 우화를 모은 구절은 서로 연결되어 있지 않고 독립적인 문장으로 구성된다. 도마복음서와 4복음서(공관복음서와 요한복음서)는 공통되는 내용도 많으나 4복음서에 없는 도마복음에만 독특한 소중한 구절이 이 복음서의 영지주의 성격을 대변한다.

도마복음서와 4복음서의 관계를 조사하면 매우 흥미로운 사실이 드러난다. 오늘날 학자들은 형태와 내용이 서로 비슷한 공관복음서의 저자 마태, 누가가 복음서를 쓰기 위하여 참고한 공통 자료("Q"로 불린다)가 있었을 것으로 추정하고 있고 이 공통자료 Q와 도마복음서는 상당히 유사한 내용을 담고 있으리라고 추정한다.

도마복음서를 어느 특정 영지주의 종파의 작품으로 돌리기에는 무리지만 영지주의 사상이 확연히 드러난다는 것은 숨길 수 없는 사실이다. 도마복음에서 예수는 하느님 아들이 아닌 동양의 스승 모습으로 나온다. 예수는 자신을 통하여서가 아니라 제자들 각자의 내면 자각을 통하여 하늘나라에 갈 수 있음을 말한다. 도마복음은 불교 가르침과 비슷한 내용이 많은데 영지주의 사상이 윤회나 깨달음을 인정하고 있음을 안다면 별로 이상한 일도 아닌 셈이다.

도마복음 원본에는 숫자 구분이 없지만 오늘날 학자들은 편의상 도마복음서를 114절로 구분한다.

참고 **옥시링쿠스[Oxyrhynchus]**

이집트 나일 강 유역 서쪽 끝에 있다. 많은 양의 **파피루스**를 발견한 곳으로 잘 알려져 있다. BC 250~AD 700년의 것으로 추정되는 파피루스에는 사라피스의 기적, 신약성서의 초기 사본, 도마 복음서 같은 종교 교본과 그리스 고전 문학이 담겨져 있다.

참고 **공관복음서** [共觀福音書, Synoptic Gospels]

신약성서의 4대 복음서 중 그 기술 내용이 비슷한 〈마태복음서〉〈마가복음서〉〈누가 복음서〉 세 복음서를 통틀어 일컫는 말이다.

참고 **나그함마디 사본**

1945년 북부 이집트의 나그함마디(Nag Hammadi)에서 여러 파피루스 문서가 발견되었다. 이들 문서는 콥트어로 된 3세기 혹은 4세기경의 영지주의 문서였다. 이 13권의 파피루스 뭉치 속에는 모두 52편의 글이 있는데 중요한 것으로는 〈진리 복음서, The Gospel of Truth〉〈도마복음서, The Gospel of Thomas〉〈야고보비서, The Apocryphon of James〉〈요한비서, The Apocryphon of John〉〈빌립 복음서, The gospel of Philip〉 등이 있다. 이들 문서는 영지주의의 기원과 사상 그리고 영지주의와 초기 기독교와의 관계를 규명하는데 중요한 자료를 제공하고 있다.

참고 이 책에서 사용한 도마복음은 〈The Other Bible(Willis Barnstone, HarperSanFrancisco, 1984〉의 토마스 램딘(Thomas O. Lambdin) 영어본이다. 〈The Other Bible〉은 영지주의 문서, 사해문서, 카발라, 기독교 외경, 유대 위경 등을 다루고 있는 책이다.

참고 이 책에 나오는 "영혼"이나 "혼"은 모두 영어의 "Soul"을 말하는 것이다.

살아 있는 예수의 비밀 말씀

These are the secret sayings which the living Jesus spoke and which Didymos Judas Thomas wrote down.
이 가르침은 살아 있는 예수께서 말씀하신 비밀의 말씀이며 디디모스 유다 도마가 기록한 것이다.

해석 여기에 살아있는 예수라는 말이 나온다. 당시 도마가 살아계신 예수님의 말씀을 전하면서 "살아있는"이라는 형용사를 사용한 이유는 무엇일까? 여기서 도마가 뜻하고자 하는 것은 예수를 "깨달은 자", "완성 자"로 표현하고자 함이었다. 영이 깨어있지 못하다면 그것은 죽은 삶이나 마찬가지이다. 그런 의미에서 도마에게 주변인들은 죽은 사람이었다.

성경에 "죽은 자가 죽은 자를 묻게 하라."라는 구절도 예수가 내면의 자신의 본성을 모르고 살아가는 무지한 사람들을 죽은 자로 표현한 예이다.

도마는 예수님 말씀을 비밀 가르침으로 표현하였다. 자신이 기록하는 이 복음은 다른 복음과는 다른 특별한 내용임을 말하고자 함이다. 위대한 스승들에 의하면 가르침은 늘 일반인을 위한 공개된 가르침(현교)과 준비된 사람을 위한 비밀가르침(밀교)으로 구분되어 왔으며 석가나 예수의 가르침도 그 예외가 아니다. 진주를 돼지에게 던져주는 어리석음을 범하지 않기 위하여 스승들은 진리를 조심스럽게 소수의 준비된 자를 통하여 보존되어 전해지도록 하였다. 이를 일컬어 〈고대 비밀 가르침〉이라고 한다. 예수의 비밀가르침은 영지주의였고 도마복음은 영지주의 사상을 반영한 복음서였다.

참고 영지주의

영지주의 복음서들은 로마황제에 의하여 기독교가 공인되기 전까지는 지금 우리가 알고 있는 4대 복음서와 함께 예수의 가르침을 전하는 경전이었다. 기독교 교리의 중심이 되는 신약 복음서가 예수님 가르침의 전부라고 생각하거나 현재의 성경 가르침이 순수한 형태로 왜곡 없이 전해져 왔다고 믿는 것은 잘못이다. 현재의 성경에 실려 있는 여러 복음서를 정경으로 정한 것은 예수가 아니라 초기 교회 교부들이었다. 구전으로 전승되던 수많은 복음서 중에 어떤 복음서는 정경으로 채택되고 영지주의 같은 복음서는 이단으로 사라졌다. 왜 현재의 복음서만이 정통으로 인정되었느냐는 그 당시 시대적 배경을 살펴보아야 한다.

예수 사후에 예수 가르침을 두고 정통 그리스도교와 영지주의 간의 논쟁이 있었고 그리스도교 교부들은 영지주의를 이단으로 간주하고 박해하면서 자신들의 구미에 맞는 경전 목록을 만들기 시작하였다. 오랜 시간 많은 논쟁과 투쟁을 거쳐 나온 것이 정경이지 하늘에서 뚝 떨어진 것이 아니다. 정경은 종파와 시대에 따라 달랐으며 지금도 천주교와 기독교가 인정하는 정경의 숫자가 다르다.

2세기에 활발하였던 영지주의 활동은 정통 그리스도교 교부들의 박해 속에서 점차 세력이 약해졌으나 그래도 4세기까지는 어느 정도 존속하였다. 그러나 콘스탄티누스 황제가 정치적 도구로 가톨릭을 공인하고 나서 예수의 비밀가르침인 영지는 거의 대중 앞에서 사라지기 시작하였다.

교회 교부나 로마 황제는 일반 대중의 통제를 위해서 대중의 이성을 자극하는 가르침 대신 감정을 자극하는 맹목적인 신앙이 필요하였다. 그래서 그들의 정치적 목적이나 지배에 가장 적합한 내용을 지닌 복음서는 살리고 신비주의적이고 이성을 강조하는 복음서는 이단으로 파괴하였다. 결국 수많은 영지주의 복음서가 파괴되고 사라져갔다. 영지주의 복음서에는 윤회처럼 동양의 사상과 일치하는 내용이 많다. 영지주의는 맹목적인 믿음이 아니라 영지 즉 이성을 동반한 지식을 통한 신과의 합일을 주장했고, 세계의 대변자로서의 교부나 황제의 위치가 이런 가르침으로 도전받게 되니 없애 버린 것이다.

영지주의는 단일한 사상 체계로 오해할 수 있는데 사실 많은 단체가 있었으며 그들이 주장하는 교리나 사상도 조금씩 달랐다.

영지주의는 믿음이나 신앙심보다는 영지 즉 앎을 통하여 구원을 얻을 수 있다고 하였으며 구원은 무덤과 같은 육체에서 해방되어 자유로운 혼이 되어 신에게 돌아가는 것이었다. 신의 나라로 돌아가는 방법으로 그들이 내세운 것이 맹목적인 믿음이 아닌 해석, 이해, 탐구, 자아인식, 지배력 획득이었다.

영지주의는 감옥과도 같은 육체 속에 갇힌 신성 불꽃이 다른 육체로 다시 태어난다는 것을 가르쳤으며, 그 당시 유대인이 지니고 있던 신에 대한 태도를 열등하게 생각하고 반 유대적인 경향을 띠었다. 반면에 기독교는 유대인들의 신관을 승계하고 영지주의를 반대하였다.

영지주의 기원에 대하여 여러 학설이 있다. 고대 지혜 가르침에 의하면 영지주의 가르침은 시대를 초월한 진리이고, 기독교 영지주의는 예수의 비밀 가르침이라고 한다.

고대 지혜 가르침에 따르면 예수는 카발라(유대신비사상)에 정통하였고 영지주의 사상은 카발라에서 근원하였다고 한다. 적지 않은 학자가 카발라가 영지주의 영향을 받아서 생겨났다는 주장을 한다. 그러나 비밀 전승에 의하면 카발라는 동서양 사상과 종교의 근원이며 도마복음에 나타나는 예수의 영지 가르침은 카발라 사상을 반영한 것이다. 카발라 사상에 대한 이해 없이 구약과 신약의 상징 속에 숨겨진 깊은 의미를 알 수 없고 완전한 해석도 불가능하다. 영지주의 복음서도 마찬가지이다.

1 장

천국은 그대 안에 있나니

도마복음 1절

죽음을 경험하지 않으리라!

And he said, "Whoever finds the interpretation of these sayings will not experience death."

예수께서 말씀하시길, "누구든지 이 비밀 말씀의 뜻을 깨닫게 되는 자는 죽음을 경험하지 않으리라."

해석 우리는 죽음을 어찌할 수 없는 운명으로 받아들인다. 그러나 예수는 첫 문장에서 자신이 전하는 비밀 가르침의 뜻을 알게 되면 죽지 않으리라는 말을 한다. 이 비밀 말씀은 영지주의 가르침으로 예수가 일반 대중이 아니라 준비된 제자들에게 전한 것으로 여기에는 예수가 부활 후에 가르친 것도 포함된다.

예수는 자신이 전하는 비밀 가르침을 깨닫게 되면 죽음을 경험하지 않는다고 한다. 과연 죽음을 넘어서는 것이 가능한 일인가?

죽음이 없다는 말은 두 가지 의미로 해석이 된다. 하나는 말 그대로 육체의 죽음을 극복한다는 것이고 다른 하나는 육체 내면의 영혼이 윤회하지 않고 영원히 사는 것을 말한다.

예수의 부활이나 전설처럼 전해지는 인도나 히말라야의 나이를 알 수 없는 성자들, 죽음이 오기 전에 미리 알고 스스로 육체를 버리고 떠나는 성자들, 임종 시에 육체가 빛으로 변하여 사라지는 성자들이 전자의 예이고[1], 진리를 깨우쳐 더 이상 윤회하는 일이 없는, 그래서 앞으로 더 이상 죽을 일이 없는 영혼이 후자의 예라 하겠다. 도마복

1) 이들에게 육체의 죽음은 피할 수 없는 운명이 아니라 선택일 뿐이다.

음 1절은 후자의 예이다. 이와 관련하여 요한계시록 3장 12절에 이런 구절이 나온다.

> "나는 승리하는 자를 내 하느님의 성전 기둥으로 삼을 것이며, 그가 다시는 그 성전을 떠나지 않게 될 것이다, Him who overcomes I will make a pillar in the temple of my God. Never again will he leave it."

이 구절에서 승리하는 자는 깨달은 영혼을 말하고, 성전을 떠나지 않게 된다는 말은 더 이상 윤회하지 않는다는 말이다. 이들 영혼은 더 이상 죽음을 경험하지 않는다.

그러므로 비밀 말씀(진리)을 체득한 자, 즉 깨달은 자에게 죽음은 없다. 육체는 죽을지라도 내면의 혼은 깨어있어서 죽음을 경험하지 않기 때문이다. 이들은 더 이상 삶과 죽음의 윤회 수레바퀴에 묶이지 않고 영혼으로 영원히 산다.

윤회란 이 세상에 극복해야 할 것이 남은 혼이 이것을 극복하기 위하여 다시 삶으로 돌아오는 현상이다. 극복할 것은 물질에 대한 집착이며 이 집착은 무지로 인하여 생겨나고 이 무지는 바른 가르침을 통하여 제거된다. 영원히 사는 방법은 이 비밀 가르침의 뜻을 아는 것이라고 예수는 말하고 있다. 깨닫지 못하면 육체가 살아 있어도 혼은 죽은 것이다.

예수는 분명히 말한다. "카발라(유대신비사상) 사상을 담고 있는 도마복음의 숨은 의미를 안 사람은 죽음을 경험하지 않는다." 예수는 도마복음서에서 비유나 상징을 사용하여 깊은 의미를 숨기고 있기 때문에 우리는 그 내재된 참뜻을 찾아내야 한다. 이것은 공관복음서에서도 마찬가지이다.

예수께서 또 말씀하셨다. "하느님 나라를 무엇에 견주며 무엇으로 비유할 수 있을까? 그것은 겨자씨 한 알과 같다. 땅에 심을 때에는 세상의 어떤 씨앗보다도 더욱 작은 것이지만 심어놓으면 어떤 푸성귀보다도 더 크게 자라고 큰 가지가 뻗어서 공중의 새들이 그 그늘에 깃들일 만큼 된다." 예수께서는 그들이 알아들을 수 있을 정도로 이와 같은 여러 가지 비유로써 말씀을 전하셨다. 그들에게는 이렇게 **비유로만 말씀하셨지만 제자들에게는 따로 일일이 그 뜻을 풀이해 주셨다**(마가복음 4:30~34)

제자들이 비유의 뜻을 예수께 묻자 이렇게 대답하셨다. **"너희에게는 하느님 나라의 신비를 알게 해주었지만, 다른 사람들에게는 보아도 알아보지 못하고 들어도 깨닫지 못하게 하려고 비유로 말하는 것이다."**(누가복음 8:9~10)

수준이 낮은 대중에게는 도덕적 훈계 정도가 어울렸고 성경은 그 수준의 내용을 담고 있을 뿐이다. 상징이나 비유로 말해진 예수의 어록에서 숨겨진 의미를 찾아내어 비밀의 말씀을 깨닫게 하는 것이 바로 이 도마복음 해석이다.

육체 죽음의 극복은 요한복음(11장 17~44)에서 볼 수 있는데, 예수는 죽은 지 사흘 되는 나사로를 살리는 대목이 나온다. 즉 죽음이 극복될 수 있음을 보여주는 구절이다.

사실 예수의 부활은 죽음이 없음을 보여주는 명확한 증거이다. 기독교인들은 예수가 보여준 여러 기적[2]을 믿는다. 물론 이것을 비유로 보는 사람도 있고 과학 법칙에 어긋난다며 거짓이라 주장하는 사람도

2) 물로 포도주 만들기, 빵 다섯 개와 물고기 두 마리로 5000명을 먹인 일, 물위를 걸으신 일, 죽은 자 살리기, 수많은 치유.

있다. 기독교인들이 예수가 행한 기적을 믿으면서도 죽음은 없다는 예수의 말씀은 왜 믿지 못하는 걸까?

예수 같은 존재라면 죽음을 얼마든지 피할 수 있었고 심지어 마지막 순간에도 능력을 발휘하면 얼마든지 그 위기에서 벗어날 수 있었다. 예수는 죽음을 넘어선 존재였기에, 십자가에 못 박히는 일과 고통스러워하는 모습 그리고 죽음(외관상)은 자신에게 주어진 사역을 완수하고자 하는 연극이고 쇼였다.

재미있는 일은 기독교인들은 예수가 자신들 죄를 대신하여 죽임을 당하였다며 미안해한다. 예수는 죽음이 없다고 하였으며 죽음을 넘어선 사람이다. 그러므로 그는 죽을 수도 없었고 죽지도 않았다. 부활은 그 증거이다. 예수가 인간의 죄를 대신하여 자신이 죽는다고 한 말은 성경 어디에도 없다.

예수가 죽고(외관싱) 부활한 것은 우리 죄를 대신하기 위한 것이 아니라 자신이 평소 말해온 누구나 죽음을 극복할 수 있음을 보여주기 위함이었다. 물질에 매여 자신의 무한한 영적 능력을 잊고 사는 사람들에게 본래의 무한한 힘이 있음을 보여주기 위함이었다.

비유를 들자면 예수가 하느님 나라에 거주하다가 잠시 누추한 인간 세계에 내려와 사시다가 다시 하늘나라로 가셨다면 예수에게는 그리운 고향으로 돌아간 것이나 마찬가지이다. 그러므로 좋은 집을 버리고 좁고 누추한 집(영혼의 무덤인 육체)에 거주한 것이 예수의 희생이고 사랑이었다. 예수는 모든 중생이 고통에서 벗어나 깨달음을 얻을 때까지 세상에 남아 자신을 희생해 가며 진리를 펴는 보살과 같은 위치에 있었다.

우리는 예수와 같은 위대한 영혼이 누추한 육체에 들어와 인간을 위하여 자신을 희생해 가며 사역하신 노고에 감사해야 한다.

도마복음 2절

멈추지 말라!

Jesus said, "Let him who seeks continue seeking until he finds. When he finds, he will become troubled. When he becomes troubled, he will be astonished, and will rule over the All."

예수께서 말씀하시길, "구하는 자는 찾을 때까지 구함을 멈추지 말라. 그가 찾게 될 때 불안하게 될 것이요, 그 불안은 놀라움으로 바뀔 것이며 마침내 그는 모든 것을 지배하리라."

해석 진리를 얻을 때까지 멈추지 말라는 말이다. 진리를 찾아 나서는 사람은 많이 있으나 끝까지 남아 진리를 발견하는 사람은 드물다. 쉬운 길을 찾아 이곳저곳 헤매다 흥미를 잃고 그만두는 것이 일반적이다. 세속적인 박사학위도 초등학교에서 시작하면 20년 이상이 걸리는데 사람들은 그보다 비교할 수 없을 만큼 소중한 자신의 본질을 찾는 일에는 시간을 아까워한다.

우리는 중요한 일에 시간과 노력을 거의 기울이지 않고 중요하지 않은 일에 99%의 노력을 투자한다. 자신이 누구인지 모르고 살아간다면 그 삶이 어떠하든 아무런 의미 없는 일이 된다. 왜 존재하는지, 신과 나와의 관계는 무엇인지, 우주와 인간의 신비 등 너무나 궁금해야할 일이 많이 있다. 진리를 구하는데 정해진 시한은 없다. 삶이 구도여행이 되어야 한다.

재미있는 구절은 진리를 찾게 되면 불안하게 된다는 것이다. 진리가 마음을 편안케 하지 않고 불안하게 한다면 이상하지 않은가? 참된 가르침에서는 하나같이 그대는 신의 일부분이며 이 세상은 환영이니 물질 집착을 버리라고 가르친다. 보이는 것이 전부이고 사랑하는 가족과 천년만년 이 세상에 살고 싶어 하는 것이 사람들 마음인데 모든 것은 꿈이니 집착하지 말고 버리라니 불안할 수밖에 없을 것이다. 더군다나 자신이 신의 속성을 지닌 신성한 존재라니 이것은 절대자에 대한 불경을 저지르는 것 같아서 마음은 두려움으로 더욱 불안할 것이다.

유일신을 믿다가 다른 종교로 개종한 사람이 있었다. 그 사람은 개종 후 한 1년 동안 끊임없는 두려움에 시달렸다. "운전을 하다가도 혹시 신의 노여움에 사고나 당하지 않을까, 또는 불치의 병에 걸리지는 않을까," 하는 생각이 머리를 떠나지 않아 한동안 힘들어 하였다.

누구나 신에 대한 경외감과 두려움을 지니고 있다. 여러 종교에서 신은 인간의 형상을 한 심판자의 모습으로 나타난다. 오직 신의 말만 따라야 하고 이를 어기면 벌을 주는 심판자의 모습으로 존재한다. 특히 구약에 나타나는 신은 분노하고 질투하고 징벌하는 파괴적인 모습을 많이 드러낸다. 이런 문화적 배경을 지닌 유대사회에서 우리가 신의 일부분이라는 주장은 확실히 불안한 일이었을 것이다.

자신이 신의 일부분이라는 불경스러운 말에 불안해 하다가 마침내 자신 내부에 모든 잠재성이 숨어있고, 성경말씀(요한복음 14:20)처럼 "하느님 안에 자신이 있고 자신 안에 하느님이 있음"을 알게 되자 놀라게 된다. 외부가 아니라 자신 내부에 신이 있고 자신이 종이 아니라 주인임을 알게 된다. 이렇게 되면 삶의 주인으로 세상의 주인으로 살아가게 된다.

도마복음 3절

천국은 너희 안에 있노라!

Jesus said, "If those who lead you say to you, 'See, the Kingdom is in the sky,' then the birds of the sky will precede you. If they say to you, 'It is in the sea,' then the fish will precede you. Rather, the kingdom is inside of you and it is outside of you."

예수께서 말씀하시길, "만약 너희 인도자들이 너희에게, '보라 천국이 하늘에 있노라'고 말한다면 공중의 새들이 너희를 앞설 것이요, 만일 그들이 '천국이 바다에 있노라'고 한다면 물고기들이 너희를 앞설 것이니라. 오히려 천국은 너희 안에도 있으며 너희 바깥에도 있느니라."

해석 옛날부터 사람들은 천국을 우리 사는 세계와는 멀리 떨어진 곳으로 상정하여 왔다. 심지어 하느님이 사는 천국을 하늘 높은 곳에 있다고 보고 그곳에서 왕관을 쓰고 옥좌에 앉아 세상을 내려다보며 통치하는 신을 상정하기도 하였다. 예수 당시 많은 종교인들은 천국을 외부에서 찾도록 가르쳤다. 예수는 이런 고정관념에 일침을 가하고 있다.

천국이 하늘에 있다면 하늘을 나는 새들이 우리보다 먼저 천국에 갈 것이며 천국이 바다에 있다면 바다에 사는 물고기들이 우리 인간보다 앞서 천국에 가는 것이 논리적일 것이다. 이들 주장이 터무니없음을 비유를 통하여 말하고 있다.

예수의 비밀 가르침은 영지주의인데 이 영지주의 내용은 유대신비 가르침인 카발라에서 가지고 온 것이다. 카발라(동서양 사상의 근원으로 알려짐)에 따르면 신은 무한이며 모든 곳에 편재한다. 아울러 우리는 신의 속성을 띤 신의 일부분이다. 하느님이 우리 안에 있고 우리가 하느님 안에 있다면 우리는 신이 거주하는 성스러운 사원 즉 성전(聖殿)인 것이다. 그러므로 천국은 우리 안에도 있고 바깥에도 있음이다.

"When you come to know yourselves, then you will become known, and you will realize that it is you who are the sons of the living Father. But if you will not know yourselves, you dwell in poverty, and it is you who are that poverty."
"너희가 네 자신을 알게 되면 너희는 알려질 것이요 살아계신 아버지의 자녀가 자신임을 깨닫게 되리라. 그러나 자신을 모른다면 빈곤 가운데 사는 것이며 빈곤 그 자체이니라."

해석 "너 자신을 알라."이것은 너무도 유명한 말이다. 소크라테스도 너 자신을 알라 하였고, 붓다도 내면에 존재하는 불성을 찾아서 고통에서 벗어나라고 하였다. 그리스 델피의 아폴론 신전 입구에는 그노티 세아우톤[3]이라는 글이 적혀있었다고 한다. 성인들의 말씀은 하나같이 "자신을 알면 우주의 모든 것을 알게 되리라!"는 것이었다. 손병희의 인내천(人乃天) 사상도 같은 맥락이다.

예수도 같은 말을 하고 있는 것이다. 모든 것의 출발점은 자신이다. 자신을 사랑할 줄 모르면 남을 사랑할 수 없듯이 자신이 누구인지 모르면 아무 것도 바로 안다고 말할 수 없다. 당시 유대인들은 자신이 누구인지 모르면서 아버지, 아버지! 하면서 하늘을 향하여 큰소

---

3) Gnothi Seauton, 너 자신을 알라.

리로 기도를 하였다. 이렇게 하면 기도가 하늘에 닿으리라 생각하였고 아울러 남에게 자신의 신앙심을 과시하려는 의도도 있었다. 성경에는 기도에 대한 예수의 가르침이 있다.

> "기도를 할 때 위선자처럼 하지 말라. 그들은 남에게 보이려고 회당이나 한길 모퉁이에 서서 기도하기를 좋아한다. 나는 분명히 말하노라. 너는 기도할 때 골방에 들어가 문을 닫고 보이지 않는 네 아버지에게 기도 하여라. 그러면 몰래 보고 계시는 아버지께서 다 들어주실 것이다."(마태복음 6:5~8)

예수님이 여기서 말하는 위선자는 바리새인으로, 당시 그들은 하루 세 번 아침, 점심, 저녁에 긴 로브(법복)를 입고 사람들로 붐비는 길가에서 큰소리로 신에게 사람들의 죄를 용서해 달라고 기도하는 일이 바리새인의 관습이었다.

골방에서 기도하라고 하는데 예수가 한 말은 골방에서 기도하라는 말이 아니라 내부 성소에 들어가서 기도하라는 의미였다. 지혜의 가르침에 따르면 혼이 육체에 현시하는 장소가 머리의 송과선(松科腺)이며 머릿속의 공동(空洞)인 제3뇌실[4]이 내부 성소이다. 예로부터 신비단체에서는 내부 성소에 있는 송과선을 사람 안에 존재하는 신의 신성한 제단으로 간주하였다.

자신이 누구인지 알게 될 때 모든 것이 드러나며 자신이 바로 하느님의 자녀(신의 일부분)임을 알게 된다. 그렇게 되면 세상의 주인이 되어 영적으로 풍족한 삶을 살게 되지만 자신이 누구인지 모르는 사람은 등불 없이 어두운 산속 길을 걷는 것과 같으며 무지로 일어나는 온갖 세파에 시달리며 살아가게 된다. 빈곤 그 자체인 셈이다.

---

4) 腦室, 송과선과 뇌하수체, 시신경교차가 있는 뇌의 작은 동굴.

도마복음 4절

진리는 나이를 넘어서나니!

Jesus said, "The man old in days will not hesitate to ask a small child seven days old about the place of life, and he will live. For many who are first will become last, and they will become one and the same."

예수께서 말씀하시길, "오래 산 노인은 일곱 날 된 아이에게 기꺼이 생명의 장소가 어디 있는지 물을 것이며 그래서 노인은 살 것이다. 먼저 온 사람 들 중 많은 이가 마지막까지 남을 것이며 마침내 하나가 될 것이다."

해석 해석이 어려운 부분이다. '7'이란 숫자에 특별한 의미는 없는지와 '생명의 거소'가 의미하는 것, 그리고 마지막 문장의 의미가 쉽게 다가오지 않는다. 어렵게 생각하면 한없이 어려운 것이 상징이나 비유 해석이다. 쉽게 생각해보자. 고대지혜에 따르면 육체는 남녀노소가 있을지 모르나 혼에게는 남녀노소가 없으며 불멸인 혼에게 있어 나이는 같다. 사람들은 육체 나이로 선후를 따지나 진리를 구함에 있어 나이는 아무런 의미가 없다.

첫 문장은 어린아이라 할지라도 진리를 체득하였다면 당연히 그에게 법을 구해야 하며 그렇게 할 때 노인이 참 생명을 얻어 영생(윤회에서 벗어나는 일) 할 수 있음을 말하고 있다. 90세 노인도 모르면 일곱 살 어린아이에게 물어야 한다. 진리에 있어 나이는 정말 숫자일 뿐이다. 오히려 거추장스러운 짐이기도 하다. 나이란 관념에 묶여 남의 좋은 충고나 교훈을 받아들이기 보다는 나이를 이유로 군림하려는 노인을 볼 수 있다. 이들에게 나이는 깨달음에 장애일 뿐이다.

두 번째 문장은 먼저 태어났으나 깨닫지 못하고(여기서 태어남은 이번 생만이 아니라 여러 생을 의미할 수도 있고 이런 경우 수많은 생을 살면서 아직 깨달음을 얻지 못한 혼들) 살아가는 무지한 사람들이 마지막 날에 깨달음을 얻어 전체와 하나가 된다는 말이다. 여기서 마지막 날은 상징으로 이에 대해서는 뒤에 설명한다.

도마복음 5절

천국은 눈앞에 있나니!

Jesus said, "Recognize what is in your sight, and that which is hidden from you will become plain to you. For there is nothing hidden which will not become manifest."

예수께서 말씀하시길, "너희 앞에 있는 것이 무엇인지 알라. 그리하면 너희에게서 감추어진 것이 드러나리라. 감추어진 것은 모두 드러나기 때문이니라."

해석 사람들은 눈앞에 놓여있는 진리를 외면하고 먼 곳에서 찾고 있다. 평생 보물을 찾아 세상을 헤매다 늙어서 집으로 돌아와 앞마당을 파보니 그곳에 보물이 묻혀있더라는 우화는 우리 자신의 이야기다.

천국이나 구원이 멀리 있는 것이 아니며 미래에 있는 것은 더더욱 아니다. 예수는 이것을 말하고 있다. 천국은 우리 앞에 있음이다. 이런 말이 있다. “풀잎 하나에 온 우주가 담겨있다.” “극대는 극소와 같고 극소는 극대와 같다.” “인간은 소우주이다.” “신은 모든 곳에 계시다.” 이 말은 진리는 바로 눈앞에 보이는 모든 것에 존재하니 바로 그것을 알라는 의미이다. 이 말은 또한 진리를 외부에서 찾지 말고 바로 앞에 있는 자기 자신이 누구인지 알면 진리가 드러난다는 말이기도 하다.

또한 사람들은 진리를 이 순간이 아니라 미래에 성취할 수 있는 어떤 일로 생각한다. 천국이나 구원을 미래의 일로 생각하는 한 우리는 지금 이 자리에 온전히 머물지 못한다. 이 자리가 영원한 지금(eternal now)의 자리이며 천국의 자리임을 알라는 의미도 내포되어 있다. 그 자리에 들어가게 되면 진리가 모두 드러난다는 말이다. 과거도 미래도 없으며 단지 이 순간만이 영원하다. 순간순간 충실하게 깨어서 살아간다면 모든 순간은 영원한 현재가 된다. 위대한 스승들은 하나같이 깨어있는 의식으로 현재에 살아가라고 한다. 행복과 지혜는 이 순간에 존재하기 때문이다.

그러면 왜 우리는 현재에 머물지 못할까? 사실 근심이나 걱정은 현재에 깨어있지 않아서 일어나는 일이다. 지나간 과거에 대한 미련이나 회한, 오지 않은 미래에 대한 두려움 속에 살아가기 때문에 우리는 괴롭다. 이 순간 현재에 머물 수 있다면, 깨어있을 수 있다면 매 순간이 축복이고 행복이다.

이 순간에 온전히 머물려면 생각에 휘둘리지 말아야 한다. 집중을 해보면 단 1분도 무념무상으로 있기가 어렵다는 것을 알게 된다. 그러므로 생각에 대한 통제가 필요하다.

생각은 무엇인가? 생각을 자신과 동일시하는 사람들도 있다. 생각, 개념, 감정, 욕망, 이것은 우리의 참된 자아가 아니다. 우리의 참된 자아를 방해하는 흙탕물 같은 존재이다. 이것에 영향 받아 흔들리는 사람은 생각의 노예로 살아가는 셈이다.

생각 다스리기는 명상에 필수적이다. 종교마다 생각을 다스리는 수련법이 있다. 그중에 지켜보기 수련이 대표적이라고 할 수 있다. 지켜보기는 일어나는 생각이나 감정을 아무런 판단함이 없이, 개입함이 없이, 무심하게 지켜보는 수련이다. 한마디로 깨어있는 상태에서 무엇이 일어나는지 알아차리는 과정이다. 이것을 통하여 습관적 반응에서 벗어나 삼법인[5]을 이해하게 되고 지혜가 개발된다.

생각에서 벗어나 내면으로 들어가면 무한한 잠재성과 만나게 된다. 이 무한한 내면의 힘이 생각이나 욕망에 왜곡됨이 없이 온전히 드러날 때 우리는 신성한 에너지가 흐르는 통로가 되고 종교에서 말하는 신과의 합일 즉 깨달음에 이르는 것이다. 예수 말대로 감추어진 것이 모두 드러나게 된다.

5) 제행무상, 일체개고, 제법무아

도마복음 6절

위선자가 되지 마라!

His disciples questioned him and said to him, "Do you want us to fast? How shall we pray? Should we give alms? What diet shall we observe?"
Jesus said, "Don't tell lies, and don't do what you hate, for all things are plain in the sight of Heaven. For nothing hidden will not become manifest, and nothing covered will remain without being uncovered."
제자들이 예수에게 묻기를, "저희가 단식하기를 원하십니까? 어떻게 기도해야 합니까? 저희가 자선을 베풀어야 하나요? 어떤 음식을 삼가해야 합니까?" 예수께서 말씀하시길 "거짓말하지 말라! 그리고 너희가 싫어하는 일을 행하지 말라! 모든 것은 천국 앞에 드러나기 때문이다. 감추어지고 가려진 것은 드러날 것이기 때문이다."

해석 제자들의 질문에 예수는 엉뚱한 답을 하고 있다. 제자들은 고상하게 금식과 기도 그리고 자선을 말하지만 예수는 제자들에게 "거짓말하지 말라. 너희가 싫어하는 일을 남에게 하지 말라."고 한다. 거짓말을 하고 자신이 싫어하는 일을 남에게 하면서 금식과 기도 그리고 자선을 행하는 것은 소용없는 일이라는 것이다. 신에게 또는 사람들에게 보이기 위한 행동, 겉과 속이 다른 위선적인 행동을 그만 두라는 말이다. 제자들은 금식이나 기도, 자선을 형식적으로 할 뿐이지 이것의 진정한 의미를 생각하지 않고 있음을 지적하고 있다.

제자들이 왜 음식과 금식, 기도 그리고 자선에 대해서 질문을 하였을까? 유대인은 토라를 배우고 이의 실천으로 자선을 베풀고, 예배(기도)하는 것이 삶의 일상이었다. 이를 통하여 죄를 사해 받고 하늘에 공덕을 쌓는다고 생각했다. 금식은 유대인이 지켜야 하는 여러 율법 중의 하나였다. 예수 당시 유대인들은 특히 바리새인들은 엄격한 율법주의자였다. 이들은 구약 율법에 따라 일 년에 한번 금식하였다.

> "이것은 너희가 길이 지킬 규정이다. 일곱째 달에 들어 그 달 십일이 되면 본토 주민이든지 너희 가운데 몸 붙여 사는 사람이든지 할 것 없이 모두 단식해야 하며 아무 일도 해서는 안 된다. 그 날은 너희의 죄를 벗겨 너희를 정하게 하는 날이므로 너희가 야훼 앞에서 모든 잘못을 벗고 정하게 되리라. 그 날은 너희가 철저하게 쉬어야 하는 안식일이다. 너희는 단식을 해야 한다. 이것이 너희가 길이 지킬 규정이다."(레위기 16:29~31)

> "나는 이레에 두 번씩 금식하고 또 소득의 십일조를 드리나이다."
> (누가복음 18장 12절)

예수는 금식을 부정한 것은 아니지만 형식적인 금식은 반대하였다. 마태복음 6장과 9장에서 알 수 있다.

> 그때에 요한의 제자들이 예수께 나아와 가로되 "우리와 바리새인들은 금식하는데 어찌하여 당신의 제자들은 금식하지 아니하나이까?" 예수께서 저희에게 이르시되 "혼인집 손님들이 신랑과 함께 있을 동안에 슬퍼할 수 있느뇨 그러나 신랑을 빼앗길 날이 이르리니 그 때에는 금식할 것이니라."(마태복음 9장 14~15절)

> "금식할 때에 너희는 외식하는 자들과 같이 슬픈 기색을 내지 말라 저희는 금식하는 것을 사람에게 보이려고 얼굴을 흉하게 하느니라. 내가 진실로 너희에게 이르노니 저희는 자기 상을 이미 받았느니라. 너는 금식할 때에 머리에 기름을 바르고 얼굴을 씻으라. 이는 금식하는 자로 사람에게 보이지 않고 오직 은밀한 중에 계신 네 아버지께 보이게 하려 함이라 은밀한 중에 보시는 네 아버지께서 갚으시리라."(마태복음 6장 16~18절)

유대인들은 구약 출애굽기 20장 8~11절, 출애굽기 31장 13절, 에스겔 20장 12절, 20장 20절에 의거하여 금요일 해질 때부터 토요일 해질 때까지 안식일을 지켰으며 안식일을 철저히 지키기 위해 온갖 법을 만들었다.

> "안식일을 기억하여 거룩히 지키라 엿새 동안은 힘써 네 모든 일을 행할 것이나 제 칠일은 너의 하나님 여호와의 안식일인즉 너나 네 아들이나 네 딸이나 네 남종이나 네 여종이나 네 육축이나 네 문안에 유하는 객이라도 아무 일도 하지 말라. 이는 엿새 동안에 나 여호와가 하늘과 땅과 바다와 그 가운데 모든 것을 만들고 제 칠일에 쉬었음이라 그러므로 나 여호와가 안식일을 복되게 하여 그 날을 거룩하게 하였느니라."(출애굽기 20장 8~11절)

아울러 유대교는 구약(레위기 11장)에 의거하여 금지하는 음식이 많았다. 이런 문제에 제자들은 크게 신경을 쓰고 있었던 것이다. 유대교 금지 음식으로는 대략 비늘과 지느러미가 없는 생선(뱀장어, 미꾸라지, 메기 종류), 맹금류(독수리, 솔개, 매 등)나 갈매기, 굽이 갈라져도 되새김질을 하지 않는 동물고기(돼지는 되새김질 하지 않아 먹을 수 없으며, 말은 새김질을 하나 굽이 갈라지지 않아 먹을 수 없음) 등을 들 수 있다.

유대인들은 성전이나 회당 예배에 참석하여 자신들의 신앙을 표현하였을 뿐 아니라 일상생활도 기도로 시작되어 기도로 끝이 났다. 예수 당시 유대인들 중에는 기도를 드러내어 남에게 과시했고, 또 그에 대한 대가를 하느님께서 주시리라고 믿는 사람들이 상당하였다.

예수는 참된 자선과 기도가 무엇인지 다음 구절에서 잘 보여준다.

> "너희는 일부러 남들이 보는 앞에서 선행을 하는 일이 없도록 하여라. 그렇지 않으면 하늘에 계신 아버지에게서 아무런 상도 받지 못한다. 자선을 베풀 때에는 위선자들이 칭찬을 받으려고 회당과 거리에서 하듯이 스스로 나팔을 불지 마라. 나는 분명히 말한다. 그들은 이미 받을 상을 다 받았다. 자선을 베풀 때에는 오른손이 하는 일을 왼손이 모르게 하여 그 자선을 숨겨두어라. 그러면 숨은 일도 보시는 네 아버지께서 갚아주실 것이다. 기도할 때에도 위선자들처럼 하지 마라. 그들은 남에게 보이려고 회당이나 한길 모퉁이에 서서 기도하기를 좋아한다. 나는 분명히 말한다. 그들은 이미 받을 상을 다 받았다. 너는 기도할 때에 골방에 들어가 문을 닫고 보이지 않는 네 아버지께 기도하여라. 그러면 숨은 일도 보시는 아버지께서 다 들어주실 것이다.
> 너희는 기도할 때에 이방인들처럼 빈말을 되풀이하지 마라. 그들은 말을 많이 해야만 하느님께서 들어주시는 줄 안다. 그러니 그들을 본받지 마라. 너희의 아버지께서는 구하기도 전에 벌써 너희에게 필요한 것을 알고 계신다."(마태복음 6장 1~8절)

그러므로 이런 질문이 나온 것이다. 예수는 이러한 규율에 매여 있는 제자들이 한심하게 보였다. 달은 보지 않고 달을 가리키는 손가락을 보는 제자들이었다. 예수 당시 극단적인 율법주의자들이었던 바리새인들을 생각하면 오늘날 기독교 내의 근본주의자들을 보는 것 같다.

이런 제자들의 위선적 행동은 오늘날도 지속된다. 일요일에 예배에 참석하여 기도하고 헌금하면 종교의 의무를 다하는 것으로 생각하는 사람이나 가르침보다는 사회활동에 도움이 되는 인간관계를 형성하고자 교회에 다니는 사람, 성경 구절 하나하나에 얽매여 자신의 삶이 아닌 문자가 지시하는 삶을 살아가는 사람, 예를 들면 안식일에 일을 하면 하느님의 말씀을 어긴다고 생각하는 사람 등이 그러하다.

어느 종교 교리든 시공간을 떠나 변형되어서는 안 되는 진리와 시공간에 따라 다르게 적용될 수 있는 사회 규범적 요소가 있다. 그런데 많은 종교가 가변적인 사회 규범적 요소를 영원불멸의 진리 마냥 시대에 관계없이 고집한다. 그래서 많은 갈등이 생겨나는 것을 목격한다. 규율이나 경전은 인간을 위하여 존재하는 것이지 인간이 경전을 위하여 존재하는 것은 아니다.

하느님에게 영광을 돌린다고 말하면서 속으로는 개인 이익 추구에 혈안이 되어 있는 사람도 많다. 이들에게 기도와 헌금은 신에게 잘 보이려는 뇌물일 뿐이다. 이것은 돈으로 천국을 살 수 있다고 생각하는 사람과 다를 바가 없다. 불경에 이런 이야기가 있다.

> 석가모니가 법을 설하고 다니던 시절, 사위성에 가난하고 병든 여인이 이 집 저 집 밥을 빌어먹으면서 하루하루를 겨우 연명하며 살아가고 있었다. 어느 날 온 성안이 떠들썩한 것을 보고 행인에게 무슨 일이 있어서 이렇게 요란하냐고 물어보았다. "오늘 부처님께서 우리 성에 오신답니다. 그래서 왕께서 부처님과 스님들께 의복과 음식

을 공양하고, 밤에는 백성들과 함께 연등회를 열어 수많은 등불을 켠다고 합니다."라고 행인이 말하자 여인은 "왕께서는 참으로 큰 복을 짓는구나. 나도 등불 하나를 켜서 부처님께 공양을 올려야 할 텐데 가진 것이 없으니 어떻게 하지?"라며 한탄을 했다.

여인은 하루 종일 끼니를 굶어가며 행인들에게 구걸을 하여 동전 두 닢을 모으게 되었다. 두 닢 어치의 기름을 사러 온 여인에게 기름집 주인은 물었다. "도대체 이 작은 량의 기름을 어디에 쓰려고 그러시오?" 이에 여인이 말하였다. "이 세상에서 부처님을 만나 뵙기란 참으로 어려운 일인데 오늘 부처님께서 우리 성에 오신다니 얼마나 기쁜 일입니까. 나는 아무 것도 공양할 것이 없으니 등불이라도 하나 켜서 부처님께 올릴까 합니다." 여인의 말에 감동한 가게주인은 기름을 곱절이나 주었다.

기름을 구한 여인은 불을 밝혀 부처님이 다니실 길목에 걸어 두고 마음속으로 발원을 하였다. "부처님이시여! 저는 가진 것이 없어 이 작은 등불로 부처님께 공양하나이다. 비록 보잘 것 없는 등불이지만 이 공덕으로 내생에는 지혜와 광명을 얻어 모든 중생의 어둠을 없애게 하소서."

이윽고 부처님이 사위성에 당도하여 장엄한 분위기 속에서 연등행사를 치르고 밤을 맞게 되었다. 밤이 깊어 등불이 하나 둘 모두 꺼져 가는데 유독 등불 하나만이 밝게 빛나고 있었다. 등불이 다 꺼지기 전에는 부처님이 주무시지 않을 것이므로 제자인 아난다가 손으로 등불을 끄려 해도 불은 꺼지지 않았다. 가사자락으로 끄려 해도 안 꺼지고 부채로 끄려 해도 등불은 꺼지지 않았다. 이에 부처님께서 다가와 말씀하였다. "아난다야, 부질없이 애쓰지 말거라. 그것은 가난하지만 마음 착한 여인의 넓고 큰 서원(誓願)과 정성으로 켜진 등불이라 결코 꺼지지 않을 것이다. 그 등불의 공덕으로 그 여인은 다음 생에 반드시 서원을 이룰 것이니라." (출처경전: 현우경의 빈녀난타품)

도마복음 7절

축복 받은 자!

Jesus said, "Blessed is the lion which becomes man when consumed by man; and cursed is the man whom the lion consumes, and the lion becomes man."

예수께서 말씀하시길, "사람이 사자를 먹고 사자가 사람이 되는 것은 축복받을 일이고 사자의 먹이가 되는 사람은 저주스러운 일이도다. 이 또한 사자는 사람이 된다."

해석 상징이나 비유는 양파처럼 한 겹 벗겨내면 또 다른 겹이 나오듯 여러 의미를 내포하고 있다. 땅은 드러난 것만으로 판단할 수 없다. 파내려 갈수록 새로운 지층이 나오듯이 이런 글은 이해가 깊어질수록 새로운 차원의 지혜가 드러난다. 즉 어떤 수준의 코드를 사용하느냐에 따라 전혀 새로운 의미가 드러날 수 있는 것이다. 언어는 여러 가지를 나타내는 상징일 뿐이다.

카발라에 의하면 우주에는 4개의 세계[6]가 존재하며 카발라 상징은 이 네 가지 관점에서 해석될 수 있다고 한다. 구약성경은 유대인의 역사 기록물처럼 보이지만 카발라 지식을 동원하여 해석하면 전혀 새로운 내용이 드러난다. 구약은 카발라 코드로 이루어진 거대한 상징이다. 문맥상 의미 외에 최소한 3가지의 다른 의미가 존재할 수 있다는 뜻이다.

---

6) 물질계, 아스트럴계, 신성 마음계, 영계

이 문장은 비논리적이고 터무니없어 보여 도마복음서를 폄하하는 사람들에게 좋은 빌미를 주는 구절이기도 하다. 어떻게 해석을 할 것인가? 우선 여기에 나오는 사자를 어떻게 보느냐의 문제이기도 하다. 도마복음 말고는 공관복음이나 요한복음에는 사자와 관련한 글이 없다.

사자는 동물의 왕이다. 정글에서는 어느 누구도 사자와 대적할 수 없는 천하무적이다. 그런 점에서 사자는 정글의 법이며 길이기도 하다. 그러므로 사자는 예수 혹은 진리의 말씀으로 비유될 수 있고 이 진리를 적극적으로 자신의 것으로 만든(사자를 먹은 것) 사람의 경우, 진리는 그 사람과 함께 할 것이므로 다행스러운 일이고, 진리에 혹은 예수의 말씀을 머뭇거리며 마지못해 강제적으로 진리를 받아들인 사람은(사자에 먹힌 것) 참으로 저주스러운 일이나 그래도 진리는 그 사람과 함께 할 것이라는 말이다.

다른 차원의 해석으로 본능적으로 욕구에 충실하게 살아가는 사자는 인간의 동물적 속성(본능)을 상징할 수도 있다. 그러므로 인간이 동물적 속성을 극복(소화)한 경우 참으로 다행스러운 일이고 이 극복된 속성은 인간의 한 부분이 된다. 동물적 속성을 극복하지 못한 경우 즉 인간이 동물적 속성에 굴복한(먹힌) 경우, 이것은 저주스러운 일이고 이 극복하지 못한 속성도 인간의 한 부분이 된다고 해석될 수 있다.

도마복음 8절

지혜로운 어부!

And he said, "The man is like a wise fisherman who cast his net into the sea and drew it up from the sea full of small fish. Among them the wise fisherman found a fine large fish. He threw all the small fish back into the sea and chose the large fish without difficulty. Whoever has ears to hear, let him hear."

예수께서 말씀하시길, "그 사람은 그물을 바다에 던져 작은 물고기를 가득 잡아 올리는 지혜로운 어부 같도다. 지혜로운 어부는 그 가운데서 크고 좋은 물고기 한 마리를 찾아내어 나머지 작은 물고기들을 바다에 되던져 넣고 어려움 없이 그 큰 물고기를 선택하였느니라. 귀 있는 자들은 들어라!"

해석 비슷한 구절이 마태복음에 있다.

> "또 하늘나라는 바다에 그물을 쳐서 온갖 것을 끌어올리는 것에 비길 수 있다. 어부들은 그물이 가득 차면 해변에 끌어올려 놓고 앉아서 좋은 것은 추려 그릇에 담고 나쁜 것은 내버린다. 세상 마지막 날에도 이와 같을 것이다. 천사들이 나타나 선한 사람들 사이에 끼여 있는 악한 자들을 가려내어 불구덩이에 처넣을 것이다. 그러면 거기서 그들은 가슴을 치며 통곡할 것이다."(마태복음 13장 47~50절)

여기서 어부는 신을 가리키고 바다는 세계, 물고기는 인간을 상징한다. 그물에 끌어올린 고기란 죽어서 신 앞에 선 혼들을 상징한다. 영적으로 성숙(깨달음)하여 더 이상 세계로 나갈 필요가 없는 혼(큰 고기)은 하늘나라에 머물게 하고 나머지 작은 물고기(아직 영적으로 성숙하지 못하여 좀 더 경험이 필요한 혼)는 바다로 돌려보내진다. 윤회를 말하고 있다. 영지주의에서는 윤회를 인정하였다.

요한계시록 3장 12절은 승리하는 자 즉 깨달은 영혼은 윤회하지 않음을 보여주는 구절이다.

> "나는 승리하는 자를 내 하느님의 성전 기둥으로 삼을 것이며, 그가 다시는 그 성전을 떠나지 않게 될 것이다. Him who overcomes I will make a pillar in the temple of my God. Never again will he leave it."

마태복음 13장 49절에 "세상 마지막 날에도 이와 같을 것이다."라는 구절이 인상적이다. 이 말은 세상의 마지막 날이 있음이며 그 날까지도 윤회에서 벗어나지 못하고 미망 속에 헤매는 혼은 걸러져 버려진다는 것이다. 이 말은 그 이전에는 윤회를 통하여 개선의 기회가 주어진다는 뜻이다.

우주의 시작과 끝에 대하여 불교는 무시무종(無始無終)을 말하고 유대교나 기독교는 유시유종(有始有終)을 말한다. 그러므로 여기 마태복음 내용이 세상의 끝을 말하는 것으로 이해할 수도 있으나 카발라의 우주론을 보면 이와는 달리 새로운 차원의 다른 내용이 드러난다.

도마복음 9절

좋은 씨앗

Jesus said, "Now the sower went out, took a handful (of seeds), and scattered them. Some fell on the road; the birds came and gathered them up. Others fell on the rock, did not take root in the soil, and did not produce ears. And others fell on thorns; they choked the seed(s) and worms ate them. And others fell on the good soil and it produced good fruit: it bore sixty per measure and a hundred and twenty per measure."

예수께서 말씀하시길, "씨 뿌리는 자가 한 주먹의 씨를 가지고 나가 뿌리니 어떤 것은 길 위에 떨어져 새들이 와서 씨들을 모았고 어떤 것은 돌 위에 떨어져 흙 속에 뿌리내리지 못하여 이삭을 내지 못하였느니라. 어떤 것은 가시가 있는 관목 위에 떨어져 자라지 못하고 말라버려 벌레가 먹어버렸고 어떤 것은 좋은 땅에 떨어져 좋은 곡식을 내어 육십 배 또 백이십 배의 결실을 맺었느니라."

해석 누구나 이해 할 수 있는 아주 평범한 가르침이다. 마태복음(13장 3~9절), 마가복음(4장 3~8절), 누가복음(8장 5~8절)에도 비슷한 내용이 있다. 이들 공관복음서에는 비유에 대한 예수의 구체적 설명이 나온다.

> "이제 너희는 씨 뿌리는 사람의 비유가 내포한 뜻을 들어보아라. 누구든지 하늘나라에 관한 말씀을 듣고도 깨닫지 못할 때에는 악한 자

가 와서 그 마음에 뿌려진 말씀을 빼앗아 간다. 길바닥에 떨어졌다는 것은 바로 이런 사람을 두고 하는 말이다. 또 돌밭에 떨어졌다는 것은 그 말씀을 듣고 곧 기꺼이 받아들이기는 하지만 그 마음속에 뿌리가 내리지 않아 오래 가지 못하는 사람을 두고 하는 말이다. 그런 사람은 그 말씀 때문에 환난이나 박해가 닥쳐오면 곧 넘어지고 만다. 또 가시덤불에 떨어졌다는 것은 말씀을 듣기는 하였지만 세상 걱정과 재물의 유혹이 말씀을 억눌러 열매를 맺지 못하는 사람을 두고 하는 말이다. 그러나 좋은 땅에 떨어졌다는 것은 그 말씀을 듣고 잘 깨닫는 사람을 두고 하는 말이다. 그 사람은 백 배 혹은 육십 배 혹은 삼십 배의 열매를 맺는다."(마태복음 13장 18~23절)

예수는 씨가 하늘나라에 관한 말씀 즉 진리를 의미한다고 가르친다. 그러나 이 우화가 의미하는 다른 뜻도 있을 것이다. 예를 들면 씨를 우리 자신으로 볼 수도 있다. 우리가 세상에 태어 난 것은 세상이란 토양에 뿌리내려 좋은 결실(참된 자아가 드러나는 것을 방해하는 부정적 감정, 집착, 무지 등을 극복하는 것)을 맺기 위함이다. 개인(씨)의 업에 따라 태어나는 환경이 달라 어떤 사람은 뿌리 내리지 못하고 삶을 마감하고 어떤 사람은 책임을 다하기도 하는 것이다.

도마복음 10절

세상에 불을 던졌노라!

Jesus said, "I have cast fire upon the world, and see, I am guarding it until it blazes."

예수께서 말씀하시길, "나는 이 세상에 불을 던졌노라. 보라, 이것이 타오를 때까지 내가 지키고 있노라."

해석 예수는 사랑과 평화가 아니라 세상을 파괴하러 왔다고 말한다. 비슷한 구절을 누가복음에서 볼 수 있다.

> "나는 이 세상에 불을 지르러 왔다. 이 불이 이미 타올랐다면 얼마나 좋겠느냐?"(누가복음 12: 49)

> "내가 이 세상을 평화롭게 하려고 온줄 아느냐? 아니다. 사실은 분열을 일으키러왔다."(누가복음 12:51~52)

예수가 보았을 때 사람들은 자신 내면의 신성과 하늘나라를 잊어버리고 물질세계에 취하여 살아가는 어리석은 중생이었다. 사람들이 그토록 믿고 의지하고 살아가는 가족제도, 사회제도, 사회가치관이나 문화 그리고 종교는 물질에 취한 사람들의 어리석은 의식의 반영일 뿐이다. 이들에게 하느님 말씀 즉 깨달음을 전하는 일은 기존 틀을 흔드는 파괴적인 힘이어야 한다. 구습과 고정관념 그리고 그릇된 가치관을 태워 없애야 그 자리에 새로운 가치관과 진리가 들어설 수 있는 법이다. 새 포도주는 새 포대에 담아야 한다는 말도 같은 맥락으로 이해하면 된다.

우주적 차원에서 이런 예수의 행동은 사랑의 발로겠지만 물질계에 집착하여 살아가는 사람들에게는 파괴자로 비칠 것이다. 예수는 곧 사라질 재산이나 명예 혹은 육체에 집착하여 살아가는 사람들에게 영원히 존재하는 내면의 신성한 혼에 대하여 알려주려고 하는 것이다. 예수는 사람들의 기존 가치관을 흔드는 진리의 불꽃을 던져놓고 이것이 타오르기를 기다리고 있다.

2 장

나는 스승이 아니노라

도마복음 11절

하늘은 사라질 것이다!

Jesus said, "This heaven will pass away, and the one above it will pass away. The dead are not alive, and the living will not die. In the days when you consumed what is dead, you made it what is alive. When you come to dwell in the light, what will you do? On the day when you were one you became two. But when you become two, what will you do?"

예수께서 말씀하시길, "이 하늘은 사라질 것이요 그 위의 하늘도 사라질 것이니라. 죽은 자는 살지 아니하고 산 자는 죽지 아니하리라. 너희가 죽은 것을 먹던 그 시절에 너희는 죽은 것을 살게 했느니라. 너희가 빛 가운데 머물 때 무엇을 하겠느냐? 너희가 하나였던 그날에 너희는 둘이 되었노라. 그러나 너희가 둘이 될 때 무엇을 하겠느냐?"

해석 이것은 이렇게 풀어 쓸 수 있다.

"우리 사는 물질 우주는 사라질 것이며 이날까지 깨닫지 못한 혼들은 어둠 속에 버려지고 깨달은 혼들은 물질세계 너머 상위 세계에서 영생할 것이니라. 추락하여 어둠 속에 갇혀 헤매던 때에 그대는 어둠에게 생명을 준 셈이었다. 이제 깨닫게 되면 무엇을 하겠느냐? 전체(신)와 하나였던 그대는 신성 상태에서 추락하여 전체와 분리되어 둘이 되었노라. 마지막 날에도 여전히 깨닫지 못하고 분리 상태에 있다면 어떻게 하겠느냐?(비참하지 않겠느냐)"

이와 비슷한 구절이 마태복음에 있다.

"그때가 오면 무서운 재난을 겪을 터인데, 이런 재난은 세상 처음부터 지금까지 없었고 앞으로도 다시 없을 것이다. 하느님께서 그 고생의 기간을 줄여주시지 않는다면 살아남을 사람은 하나도 없다. 그러나 뽑힌 사람들을 위하여 그 기간을 줄여주실 것이다."
(마태 24:21~22)

"천지는 없어지겠으나 내 말은 없어지지 아니하리라."(마태 24:35).

"그때에 두 사람이 밭에 있으매 하나는 데려감을 당하고 하나는 버려둠을 당할 것이요."(마태 24:40)

창조 후 최후의 환난에 대하여 말하고 이어 하늘이 없어지고 구원받을 자와 버려질 자가 구분된다는 말이다. 즉 지구 최후의 날인 셈이다. 여기서 하늘 위의 하늘은 무엇일까? 이것은 카발라 생명나무를 이해하여야 한다.

예수는 "죽은 자는 살지 아니하고 산 자는 죽지 아니하리라."라고 말한다. 여기서 죽은 자는 마지막 날까지 영이 깨어나지 않은 사람, 즉 깨닫지 못한 사람은 뒤에 남겨지고, 산 사람 즉 깨달은 사람은 영원히 살게 됨을 말한다. 이어지는 문장은 카발라의 우주창조론과 생명나무를 이해하여야 해석이 되는 구절이다. 성경에는 카발라 지식 없이는 이해할 수 없는 부분이 너무 많다. 이해를 위해서는 방대하고 복잡한 카발라 이론을 간단히 설명할 수밖에 없다.

참고 카발라

카발라는 유대 비밀 가르침이다. 카발라는 우주라는 거대한 그림 속에 인간이 어떤 위치에 있는지 우리가 정의 내릴 수 있도록 도와주는 위대한 지침서이다. 인간이 왜 존재하는지, 태어나서 살아가는 삶의 목적이 무엇인지, 인간은 어디에서 와서 어디로 가는지 카발라는 답을 보여준다. 카발라는 사변적 가르침만이 아니라 아주 실제적이고 실용적인 학문이기도 하다.

카발라는 한권의 책도 혹은 단순한 하나의 신비사상도 아니다. 오히려 이것은 신비사상에 대한 종합 체계라고 말할 수 있다. 이것은 유대교와 기독교 그리고 이슬람교 신비사상의 기초를 이루고 있다. 카발라는 높은 학식을 가진 사람에게도 어려운 학문인데, 왜냐하면 접근이 쉽지 않는 구전 가르침이라는 점 이외에도 카발라에 담긴 많은 상징 때문이다. 상징과 암호 속에 진실한 의미는 감추어져 있다.

카발라 학자들이 상징으로 되어있는 카발라 텍스트를 연구하여 주석을 달지만 카발라는 근본적으로 구전으로 전해 내려온 가르침이다 보니 구전으로 비밀리 전해지는 내용을 접하기까지는 카발라를 안다고 할 수 없다.

카발라의 우주 창조론은 이렇다. 시작도 없고 끝도 없고, 공간도 없고 존재도 없는 공(Void, 심연)에서 홀연히 빛이 나타났다. 이 빛은 심연을 밀어내며 한동안 계속 확장하였고 빛이 확장하는 가운데 조화로운 움직임과 무질서한 움직임이 나타났다. 확장을 끝낸 빛은 중심에 조화로운 빛, 바깥에 조화롭지 않은 빛(부정)으로 나뉘어져서 존재하였다. 조화로운 빛은 '우주 알', '모든 것의 근원', '횃불을 든 자', '호아'라고 불리어진다. 이것은 존재하는 모든 것의 첫 번째 원인이다. 이 첫 번째 원인인 조화로운 빛은 무질서한 빛을 자신처럼 조화롭게 변형시키기 위하여 첫 번째 빛을 방출하니 여기서 창조가 시작된다. 이 첫 번째 빛은 창조의 숨이며 근원자의 의지이며, 우주의 법칙으로 모든 것은 여기에서 시작되어 여기로 돌아간다.

첫 번째 빛은 무질서한 빛(부정)을 밀어내고 창조의 공간을 설정한다. 창조 공간이 생기고 첫 번째 빛에서 순차적으로 9개의 신성 빛이 확장하여 나와 우주창조를 시작한다. 그러므로 우주는 상징적으로 10개의 빛으로 구성되었다고 힐 수 있다. 신이 우주공간에 수많은 행성들을 만들고 우주 중심에 있는 영 태양의 문을 열자 신성한 에너지는 수많은 물질 태양을 통하여 우주로 흘러 들어왔으며 행성들은 물질 태양 주변을 돌고 마침내 우주는 살아 숨쉬기 시작했다.

창조의 숨으로 식물과 동물이 탄생하고 모든 것이 뜻대로 작동되자 근원자(호아)의 확장인 우주의식은 자신을 무수히 많은 빛(인간혼)으로 나누어 행성에 나타나 부정을 빛으로 변화시키는 일을 시작하였다. 한동안 뜻대로 우주는 작동하였고 모든 것이 좋았다. 자유의지를 가진 태초 신성한 혼들이 일에 대한 욕심으로 부정(무질서, 부조화한 빛) 속에 너무 깊게 몰입하다가 그만 예측 불가한 무질서한 빛 속에 갇히고 말았다. 상징적으로 에덴동산에 더 이상 머물 수 없는 일이 일어난 것이다.

이 일로 인간은 신성한 힘을 잃고 에덴동산에서 추락하게 되고 말았다. 추락 전에는 자웅동체 즉 혼이 하나로 존재하였으나 추락 후에는 혼은 음과 양, 즉 남녀로 나뉘어져 각자의 길을 걸어가게 되었다. 소울 메이트(Soul mate)는 바로 잃어버린 우리의 반쪽이다. 이후 인간은 물질계에서 물질 육체를 입고 윤회를 통하여 다양한 삶을 살아가면서 영적 진화의 길을 걷고 있다. 이것은 원래의 자리인 신성을 회복하는 과정이다. 근원으로 돌아가는 길은 카발라의 생명나무에 있으며 이것은 신과 인간을 연결하는 사다리이다. 원래의 자리에 돌아갈 때 우리는 두 개에서 원래대로 하나의 혼이 되고 신과 합일이 된다.

추락 후 육체에 갇혀 윤회하게 된 혼의 긴 역사가 시작된다. 고대 비밀가르침에 따르면 지구는 창조부터 마지막 시기까지 7개의 지구 사이클이 존재한다. 이 사이클은 큰 변화가 일어나는 주기를 말하며 지금은 마지막 7사이클에 있다고 한다. 여기에 마지막이란 말은 우리가 사는 하늘과 땅(물질계)이 사라지고 준비된 혼(깨달은 혼들)은 상위의 계에 존재하게 되고 그렇지 못한 혼들은 빛도 없는 어둠 속에 남겨지는 것을 말한다.

이것이 바로 성경이나 여러 종교에서 말하는 최후의 심판으로 알려진 날이다. 그러나 이 마지막은 끝이 아니라 전체와 하나가 된 깨달은 혼들은 일정 기간 후에 다른 우주공간에서 새로운 창조를 시작하는 것으로 고대 비밀가르침에는 나온다.

카발라의 핵심인 생명나무[7]는 그림을 보면 이해가 쉽다. 이것은 우리 의식(意識)이나 심리, 행동, 각성을 위한 지도(地圖)나 안내서 역할을 한다. 무한자(호아)는 10개의 광(光)[8]으로 구성된 생명나무를 통하여 저급하고 조잡한 물질계와 접촉한다. 즉 생명나무는 무한과 유한(물질 우주) 사이에 놓인 사다리인 셈이다. 이것은 무한 존재가 부정(부질서, 부조화)이 존재하는 물질계로 단계별로 하강(10단계)하는 길이며 10개 세피로트는 고압 전류를 낮추는 변압기에 비유될 수도 있다. 또한 상징적으로 10개의 세피로트를 10개의 하늘로 말하기도 한다.[9]

---

7) Tree of Life, 부록에 나오는 그림 참조
8) 히브리어로는 세피로트.
9) 우주창조론은 도서 <카발라의 신비열쇠, 김태항> p30, p44 참조

이 정도 지식을 가지고 이어지는 문장 "너희가 죽은 것을 먹던 그 시절에 너희는 죽은 것을 살게 했느니라."를 해석해 보자.

신성 상태에서 추락(성경 창세기에서는 상징적으로 선악과를 먹은 것으로 표현됨)은 신과 우리 혼의 합일상태를 유지시킨 생명나무로부터 오는 빛과의 차단이었고 동시에 어둠 속에 살아가게 되었음을 의미하며 이런 추락 상태에서 우리는 어둠/부정에 생명을 주게 된다. 왜냐하면 어둠이나 악은 우리의 무지와 두려움을 먹고 살아가기 때문이다. 나쁜 감정이나 악에 부정적으로 반응하지 않으면 그것은 힘을 잃고 사라지나 그것에 부정적으로 반응하면 반응하는 만큼 악의 힘이 커진다. 두려움은 두려움을 먹고 살아간다.

> "너희가 빛 가운데 머물 때 무엇을 하겠느냐? 너희가 하나였던 그날에 너희는 둘이 되었노라. 그러나 너희가 둘이 될 때 무엇을 하겠느냐?"

이 말은 깨달음을 얻을 때 무엇을 하겠느냐 이고, '하나였던 그날'은 추락 전의 신성 상태를 말하고 '둘이 되었노라'는 두 가지로 해석 가능한데 하나는 전체와 합일에서 분리되어 둘이 된 것과 다른 하나는 추락 후 남녀 양성으로 분리된 것을 말할 수 있다.

둘이 될 때 무엇을 하겠느냐 말은 마지막 날에도 깨닫지 못하고 전체와 분리되어 있다면 또는 잃어버린 자신의 한쪽을 찾지 못하고 여전히 두 개로 존재한다면 어떻게 할 것이냐 물어보는 것이다.

참고 **창세기 2장의 생명나무와 선악과 해석**

"And out of the ground the LORD God caused to grow every tree that is pleasing to the sight and good for food; the tree of life also in the midst of the garden, and the tree of the knowledge of good and evil."(창세기 2장 9절)

"but from the tree of the knowledge of good and evil you shall not eat, for in the day that you eat from it you shall surely die."(창세기 2장 17절)

"주 하나님은 보기에 아름답고 먹기에 좋은 열매를 맺는 온갖 나무를 땅에서 자라게 하시고, 동산 한가운데는 생명나무와 선과 악을 알게 하는 나무를 자라게 하셨다."

"그러나 선과 악을 알게 하는 나무의 열매만은 먹어서는 안 된다. 그것을 먹는 날에는, 너는 반드시 죽는다."

이 구절을 카발라 지식에 의거하여 해석하면, 에덴동산에는 인간이 자유롭게 먹을 수 있는 생명나무(신의 영적 에너지)뿐만 아니라 선과악의 나무도 있었다. 생명나무는 신이 자신의 살아있는 영을 물질계로 표현하는 통로였다. 문제는 선악과 나무였다. 이것이 의미하는 것은 부정(어둠/부조화)을 빛(조화/질서)로 바꾸는 상징이었다. 선악과를 먹었다는 말은 예측을 불허하는 속성을 지닌 부정에 휩쓸렸다는 말이다.

도마복음 12절

의인 야고보에게 가거라!

The disciples said to Jesus, "We know that you will depart from us. Who is to be our leader?" Jesus said to them, "Wherever you are, you are to go to James the righteous, for whose sake heaven and earth came into being."

제자들이 예수께 이르되, "그대가 우리를 떠날 것을 아나이다. 그러면 누가 우리의 지도자가 되겠나이까?" 예수께서 말씀하시길, "너희가 어디에 있든지 의인 야고보에게 가거라. 그를 위하여 하늘과 땅이 생겨났노라."

해석 야고보가 누구이기에 예수는 서슴없이 그에게 가라고 말하는가? 성경 속에는 세 명의 야고보가 나온다. 12사도의 한 사람인 사도 요한의 형인 야고보, 또 다른 12사도 중 한 사람인 알패오의 아들인 야고보, 그리고 예수의 동생인(마태복음 13:55) 야고보이다. '의인 야고보'라고도 한다.

물론 예수의 동정녀 출생을 둘러싸고 기독교 내부에서도 의견이 분분하다. 마리아가 늘 동정녀였으며 예수가 유일한 자녀였다고 가르치는 곳도 있고 예수의 동정녀 출생 후 마리아와 요셉은 정상적 방법으로 자녀를 가졌다고 가르치는 곳도 있다.

흥미로운 것은 야고보가 예수의 후계자로 적시되었다는 점이다. 그러면 왜 로마 가톨릭이 교황수위권의 근거로 제시하는 베드로가 아니라 야고보일까?

사도행전을 보면 예수 승천 후, 초기교회에서 베드로는 바울과 함께 최고 교회 지도자가 된다. 바울이 이스라엘 밖의 그리스도인들을 위한 사도였다면 베드로는 유대 그리스도인들을 위한 사도였다. 오늘날까지 이어져 내려오는 가톨릭교회의 교황 수위권(首位權, Primacy)은 마태복음 16장 16절 이하에 의거한 베드로의 사도 수위권에 그 전통의 기원과 의의를 두고 있다.

가톨릭은 베드로가 사도들의 으뜸으로 예수 그리스도에게서 교황 수위권을 받았으며, 이 수위권이 그 후계자들에게 계승되고 있다고 주장한다. 이런 주장이 정당한지 여부를 두고 논쟁이 많으며 마태복음 구절이 로마교황의 수위권의 근거라기보다는 후대에 필요에 의하여 만들어진 정치적 해석이었다는 것이 성서연구가들의 주장이다.

이것을 살펴보자. 베드로는 예수에 의하여 교회가 세워질 반석으로 선택되었다고 가톨릭은 주장한다.

> "너는 베드로이다. 내가 이 반석 위에 내 교회를 세울 터인즉 죽음의 힘도 감히 그것을 누르지 못할 것이다."하고 말씀하셨다. "And I also say to you that you are Peter, and upon this rock I will build My church; and the gates of Hades shall not overpower it."(마태복음 16:18)

> "kagw de soi legw oti su ei **Petros** kai epi tauq q **petra** oikodomhsw mou qn ekklhsian kai pulai adou ou katiscusousin auqs."(그리스원본)

여기서 그리스어로 'Peter'는 'Petros/Petrus'이고 의미는 '바위(rock)'이다. petra는 같은 의미의 바위란 단어이나 여성 명사이다. 이 구절에서 "그대는 베드로다."라는 말 대신 "그대는 바위로다."로 해석을 할 수 있다. 20세기 최고 카발라 학자인 도리얼 박사의 주장에 의하면 이 구절은 원래 "This is Petrus and upon this rock I build my church."이었다고 한다. 즉 "이것은 바위이며 이 바위 위에 교회를 세울 것이다."라는 말이었다 한다. 물론 여기서 '바위'는 상징이다. 이것이 상징하는 것은 예수일 수 있고 진리일 수도 있다. 그러므로 이 구절을 앞에서처럼 해석한다면 "진리 위에 교회를 세울 것"이란 말이므로 가톨릭의 교황수위권은 근거가 없는 셈이다. 사실 베드로는 세 번이나 예수를 부정한 제자였다.

오늘날 존재하는 최초 성경 원본은 없으며 약간씩 다른 여러 필사본을 기준으로 지금의 성경이 만들어진 것은 잘 알려진 사실이다. 그리고 성경이 필사되고 보존되는 과정에서 필요에 따라 특정 내용이 첨부되거나 빠진 경우가 상당하였다. 일부 기독교 근본주의자들은 이런 것도 성령이 개입하여 이루어진 하느님의 역사로 보고 성경에 대한 어떤 의심도 하지 않는다.

예수 사후에 초기 기독교 공동체의 주요 지도자로 베드로와 바울 그리고 야고보가 있다. 그러나 베르도와 바울의 행적은 잘 나와 있으나 야고보는 그렇지 않다. 야고보는 베드로, 바울과 함께 초기 기독교 공동체의 주요 지도자 역할을 한 것으로 보인다.[10] 그런데 도마복음에서 예수는 야고보를 공식 후계자로 언급하고 있는 것이다.

그의 사상이나 행적은 신약성서 〈야고보서〉와 외경으로 취급되는 〈야고보 비밀의 서, 야고보의 편지라고도 함)〉과 〈야고보 원복음서, 야고보의 최초의 복음이라고도 함〉에서 찾아볼 수 있다. 정경에 포함된 〈야고보서〉는 여러 교훈적 내용을 담은 편지글이다. 믿음과 시련,

---

10) 갈라디아 1:9에 세 사람이 기둥과 같은 존재로 여겨진다는 글이 있음.

말씀과 실천, 혀의 죄, 참된 지혜 추구, 겸손, 기도 등에 관하여 언급하고 있다.

〈야고보 비밀의 서〉에 흥미로운 구절이 많이 있다. 〈야고보 비서〉는 예수와 두 제자인 야고보와 베드로 사이에 대화 형태로 구성되며 야고보에게 전해진 가르침이다. 이 책에서 예수는 비밀 가르침을 다른 제자들에게는 자세히 말하지 말라고 한다. 이런 점에서 야고보는 예수로부터 상당한 신임을 받았던 것이 확인되는 셈이다.

참고 야고보 비밀의 서

(1)소개

예수와 두 제자(베드로와 야고보) 사이에 대화 형태로 주어지는 예수 비밀 가르침이다. 처음에는 그리스어로 작성되었다고 보고 있으나 전해지는 필사본은 이집트 콥트어로 번역된 것이다. 이것은 4세기에 사라졌다가 1945년에 이집트 나그함마디에서 발견된 "콥트어로 작성된 영지주의 장서(Coptic Gnostic Library)"에서 나타난다. 나그함마디 장서의 코덱스 1에 있는 다섯 개 문서 중 두 번째 것이다. 가장 빠르면 1세기 늦으면 2세기 말이나 3세기 초에 작성되었던 것으로 보인다.

(2) 본문 내용(일부임, 부록 참조할 것)

야고보가 그대에 씁니다. 그대에게 평화와 사랑, 은총, 믿음, 신성한 삶이 함께 하시길!

그대가 주님이 나와 베드로에게 드러내 보이신 비밀 책을 보내달라고 요청하여 거절할 수도 직접 말할 수도 없었습니다. 그래서 히브리어로 편지를 써서 단지 그대에게만 보냈습니다. 그대가 성인들의 구원을 담당하기에 많은 사람들에게 이 책에 대하여 이야기하지 않도록 최대한 노력해 주시기 바랍니다. 구세주께서는 12제자인 우리 모두에게도 이 책에 대하여 말하려 하지 않았습니다. 이 설교에서 믿음을 통하여 구원받는 자는 축복이 있으리라!

10달 전에 구세주가 나에게 드러내 보여주신 다른 비밀 책을 보내드렸습니다. 나 야고보에게 그 책이 드러났듯이 그렇게 그 책을 대하여야 합니다.

12제자들은 모두 함께 앉아 구세주가 **비밀리에 혹은 공개적으로** 각자에게 말씀하신 것을 기억하면서 그 내용을 책으로 쓰고 있었습니다. 나도 책으로 쓰고 있을 때 우리를 떠나신 구세주께서 나타나셨는데, 부활하신 후 550일 되는 날이었습니다. 우리는 그분에게 "우리 곁을 떠나셨지요?"라고 말씀드렸습니다.

예수께서 말씀하시길, "떠나지 않았다. 그러나 내가 온 장소로 갈 것이다. 너희들이 나와 함께 가기를 원한다면 오너라."

제자들 모두는 "주님께서 저희에게 요청하신다면 가겠습니다."라고 말하였습니다.

예수께서 말씀하시길, **"진실로 너희들에게 말하노니, 내가 명령한다 해도 어느 누구도 하늘나라에 들어갈 수 없느니라. 그러나 너희들 자신이 충만하게 되어야 들어갈 수 있노라. 내가 야고보와 베드로를 충만하게 하기 위하여 그 둘을 취하겠노라."**

그리고는 그 두 사람을 따로 부르고는 다른 제자들은 그들이 하던 일을 계속하도록 지시하였습니다.

도마복음 13절

나는 스승이 아니노라!

Jesus said to his disciples, "Compare me to someone and tell me whom I am like." Simon Peter said to him, "You are like a righteous angel." Matthew said to him, "You are like a wise philosopher." Thomas said to him, "Master, my mouth is wholly incapable of saying whom you are like."

Jesus said, "I am not your master. Because you have drunk, you have become intoxicated from the bubbling spring which I have measured out."

And he took him and withdrew and told him three things. When Thomas returned to his companions, they asked him, "What did Jesus say to you?"

Thomas said to them, "If I tell you one of the things which he told me, you will pick up stones and throw them at me; a fire will come out of the stones and burn you up."

예수께서 제자들에게 말씀하시길, "나를 다른 것에 견주어서 내가 무엇과 같은지 말해보라."

시몬 베드로가 예수께 대답하길, "당신은 의로운 신의 사자(使者) 같나이다."

마태가 대답하길, "당신은 지혜로운 철학자 같나이다."

도마가 대답하길, "스승이시여, 저는 당신이 무엇과 같은지 제 입으로는 아무것도 말할 수 없나이다." 예수께서 말씀하시길, "나는 너의 스

승이 아니니라. 너는 취했고, 내가 측량하여 부여한 솟아나는 샘물로 네가 도취되었기 때문에 그러하느니라."

그리고 예수께서 도마를 데리고 물러나서는 그에게 세 가지를 말씀하셨다. 도마가 동료들에게 돌아왔을 때에 그들이 '예수께서 그대에게 무엇을 말씀하셨는가요?'하고 물었다.

도마가 그들에게 말하길, "만약 그 분께서 나에게 하신 말씀을 그대들에게 하나라도 말한다면, 그대들은 돌을 집어 나를 치겠고 그러면 돌에서 불이 나와 그대들을 불살라버릴 것이오."

해석 예수는 제자들에게 자신을 어떻게 보고 있는지 물어보고 있다. 베드로와 마태는 의로운 사자, 지혜로운 철학자로 말하지만 도마는 스승이라는 말과 함께 감히 입으로는 무엇이라 말할 수 없다고 한다. 예수를 어떤 수식어로 한정하기에는 너무 깊고 높고 거대한 존재였기에 도마는 아무런 말도 할 수 없었던 것이다. 도마를 이해한 예수는 도마에게 자신은 스승이 아니라고 한다. 자신이 전한 솟아나는 샘물, 즉 마르지 않는 하늘의 말씀, 진리에 도마가 취하여 그렇다고 말한다.

재미있는 구절은 자신은 스승(master)이 아니라는 예수의 말이다. 위대한 스승, 예수에게 의지하고 숭배하려는 도마의 생각에 바로 일침을 가한다. 위대하고 심오하다고 느낀 것은 예수 때문이 아니라 예수가 가지고 온 복음, 진리 때문임을 강조하는 구절이다. 달을 가리키는데 달은 보지 않고 손가락을 바라보는 사람이 많다. 진리가 아니라 그 진리를 전하는 스승에게 매여서 숭배하고 살아가는 사람이 그러한 예이다. 석가모니 임종 시에 제자 아난다가 슬퍼하며 "석존께서 돌아가시면 우리는 누구에게 의존하여 살아가나이까?"라고 말하자 석

존은 이런 말을 남긴다. "자신을 빛으로 삼고 자기를 의지하여라. 나의 가르침인 법을 등불로 삼아 의지하여 살아가거라." 위대한 스승들은 같은 말을 하고 있는 것이다.

당시 제자들 수준은 영적으로 높지 않았다. 신약에 보면 상좌격인 베드로는 3번이나 예수를 부정하였다. 부활이 있기까지 예수에 대한 제자들의 믿음은 크지 않았다. 이런 제자들에게 예수는 진리를 온전하게 전할 수는 없었다. 예수 입장에서 제자들에게 진리 전달은 대학 수준의 철학을 초등학생에게 강의하는 교수의 입장이었을 것이다. 매우 쉬운 단어를 사용하여 풀어서 적절하게 비유를 써가며 설명을 하였을 것이다. 그래서 들을 준비가 된 자에게만 비밀 가르침을 전수한 것이다. 사실 예수는 카발라에 정통한 분이었고 비밀 가르침 상당수가 카발라의 이해 없이는 알 수 없는 내용이다. 카발라는 유대인도 어려워하는 사유체계이며 40살이 넘어야 공부할 자격이 부여되었다는 말이 있을 정도이다.

예수는 준비 된 도마를 데리고 가서 비밀 가르침을 준다.[11] 그러자 제자들이 호기심에 무엇을 들었느냐 물어본다. 전해들은 것을 말한다면 당신들은 내 말을 믿지 못하고 비난을 할 것이나 당신들이 비난하는 그 내용은 바로 당신들의 고정 관념, 무지 등을 없애 줄 것이라고 말하고 있다. 도마가 들은 것은 바로 세상을 밝혀줄 그래서 사람들을 깨달음으로 인도할 영지 즉 온전한 지식이었다.

복음서에 보면 흥미로운 것이 예수가 자신이 하느님 아들이나 그리스도라고 직접 밝히지 않는다는 점이다. 그리스도나 하나님의 아들, 또는 주님이라는 말은 하지 않고 자신을 '인자'라는 칭호로 표현하였다. 왜 예수는 인자(人子) 즉 사람의 아들(the Son of man)이라는 말을

11) 특정 제자에게 비밀 가르침을 전해주는 방식은 <야고보 비밀의 서>에도 나온다.

사용하였을까?

예로부터 신은 빛으로 상징되었고 깨달음을 얻은 사람은 빛을 상징하는 태양으로 불렸다. "사람의 아들"은 "사람의 태양(Sun of man)"을 의미하고 예수처럼 빛이 된 사람을 상징하는 말이었다. 예수는 사람의 태양으로 자신을 칭했을 것이다.

성경은 하느님 말씀이므로 한 자도 고칠 수 없다고 주장하는 기독교 근본주의자들이 있다. 그들은 어떤 성경 판을 진짜 하느님 말씀으로 주장하고 있는지 궁금하다. 영어 본만 해도 KJV(King James Version, 1611), NIV(New International Version, 1978), NASB(New American Standard Bible, 1960, 1995년 개정) 등이 있고 많은 구절이 다르기 때문이다. 가장 오래되고 권위를 인정받고 있는 킹 제임스 영어 본은 17세기 당시 존재한 그리스 신약성서 사본들을 근거로 번역한 성경이고 1978년에 만들어진 NIV는 17세기 이후에 발견된 5,000개 이상의 파피루스와 사본을 참고하여 장장 20년의 연구, 번역을 통하여 나온 영어 성경 본이다.

킹 제임스 성경이 나온 후에 지금까지 수천 개의 고대 사본이 발견되었고 이들 사본을 반영한 현대 성경들이 원문에 더 가까울 수 있다. 사본마다 내용이 조금씩 다르고 특히 학자들에 따르면 사본 상당수는 조작의 흔적이 있다고 한다. 성경이 필사되어 오는 과정에서 필요에 따라 내용의 삭제나 첨가가 있었음은 이미 잘 알려진 사실이다.

근본주의자들은 무슨 사본을 하느님 말씀으로 받아들일까? 또한 성경에 따라 병역의무를 거부하는 단체, 혈액 수혈을 거부하는 단체 등이 있는데 이들 단체들이 언어에 매여 예수를 죽이는 것은 아닌지 모르겠다.

세계 여러 나라 성경을 떠나서 한글 성경만 해도 개역한글과 공동번역 간에 차이점이 존재하는데 어떻게 맹목적으로 성경은 한 글자라도 고칠 수 없는 신의 말씀으로 받아들이는지 놀라울 뿐이다. 예수가 율법에 묶인 바리새인들과 율법학자들의 고지식함과 위선적 태도를 비난하였는데 오늘날 근본주의자들이 바로 예수가 비난하였던 그들과 비슷하지 않는가?

도마복음 14절

개념에 구속되지 말라!

Jesus said to them, "If you fast, you will give rise to sin for yourselves; and if you pray, you will be condemned; and if you give alms, you will do harm to your spirits. When you go into any land and walk about in the districts, if they receive you, eat what they will set before you, and heal the sick among them. For what goes into your mouth will not defile you, but that which issues from your mouth – it is that which will defile you."

예수가 말씀하시길, "그대들이 금식하면 자신에게 죄를 불러올 것이며, 그대들이 기도하면 비난받을 것이며, 그대들이 자선을 베푼다면 그대 영혼에 해가 될 것이니라. 그대들이 어느 지역을 방문하든 그 지역 사람들의 초대를 받는 경우 그들이 제공하는 음식을 먹을 것이

며 아픈 사람들을 치료하라. 입으로 들어가는 것이 그대들을 더럽히는 것이 아니라 그대들 입에서 나오는 것이 그대들을 더럽히기 때문이니라."

해석 누가복음과 마태복음에도 비슷한 구절이 나온다.

> "어떤 동네에 들어가든지 너희를 환영하거든 주는 음식을 먹고 그 동네 병자들을 고쳐주며 하느님 나라가 그들에게 다가왔다고 전하여라."(누가복음 10:8~9)
> "입에 들어가는 것이 사람을 더럽게 하는 것이 아니라 입에서 나오는 그것이 사람을 더럽게 하는 것이니라."(마태복음 15:11)

14절 첫 번째 구절은 당시 유대교인들이나 예수를 따르던 사람들에 도저히 이해할 수 없는 내용이었을 것이다. 신학자들은 도마복음이 정경으로 채택되지 않은 이유를 이처럼 상식을 벗어난 터무니없는 구절 때문이라고 설명하기도 한다. 최근 〈다빈치 코드〉를 비판하는 책을 출판한 공동저자인 신부와 신학교수도 이 구절을 들어서 도마복음의 가치 없음을 말하고 있었다. 이것은 예수의 숨은 의도를 파악하지 못하고 단세포적으로 자구에 매여 해석한 까닭이다.

첫 번째 구절은 도마복음 6절의 내용과 같은 맥락에서 이해하면 된다. 위선적인 태도를 경계하는 글이다. 또한 여러 지역에 복음을 전하러 가는 제자들에 주의를 주는 글이기도 하다. 출발에 앞서 예수는 제자들이 어떻게 행동해야 할지를 알려주고 있다. 평소 제자들의 성향을 알고 있기에 특히 그들이 유념해야 할 것을 말하고 있다.

율법에 따라 금식하고 음식을 가려 먹고 하루에도 여러 번 소리내어 신에게 기도하고 복을 받으려고 자선을 베푸는 것이 당시 신심

있는 유대인들의 생활이었다. 복음을 전하러 문화나 생활습관이 다른 지역을 여행하는 제자들이 자신의 방식대로 행동하면 자신에게 죄를 지는 일이며 사람들에게 비난을 받을 것이고 영혼에 해가 될 것임을 말하고 있다. 형식에 구애됨이 없이 남에게 보여주는 가식적인 금식이나 기도 혹은 자선이 아닌 진실한 마음으로 사람을 대할 것을 일러주고 있다. 예수는 금식, 기도, 자선을 하지 말라는 것이 아니라 바른 금식, 기도, 자선을 요구하고 있다.

그리고 뒤의 문장은 율법에 구애됨 없이 주민들이 제공하는 음식을 먹으라는 것이며 아픈 사람을 보면 신에게 낫게 해달라고 기도하는 것보다는 실제적으로 도움이 되는 행동을 하라는 것이다. 아픈 사람에게는 치료가 첫째다.

마지막 문장은 금기하는 음식을 먹는다고 우리가 더럽혀지는 것이 아니라 우리가 함부로 내뱉는 말이 우리를 더럽힌다는 것이다.

금기 음식은 문화마다 나라마다 다르다. 그리고 인종과 국적에 관계없이 채식주의자가 늘어나는 것도 현대 문명의 새로운 경향이다. 금기음식이 종교적 차원이라면 채식주의는 동물보호와 건강차원 성격이 강하다.

과학적 근거보다는 믿음 차원에서 준수되는 것이 종교의 금기음식이다. 중동의 금기음식인 돼지고기는 유럽이나 아메리카대륙, 아시아 사람들이 즐겨먹는 음식이고 인도의 금기음식인 쇠고기는 중동을 포함 세계 여러 나라 사람들이 즐기는 음식이다. 그러므로 보편성이 결여되어 있는 셈이다. 신이 하나라면 인간에게 주는 음식 지침도 같아야 할 것이다. 음식문화는 풍토와 관련되어 생겨난 산물이지 누구나 따라야할 신의 지침은 아니다.

사막에서 유목생활을 하는 사람들에게 돼지는 부적합한 동물이었다. 돼지는 곡식을 먹기 때문에 곡물이 부족한 사막에서 인간과 경쟁관계에 있었고 이동을 주로 하는 유목인이 기르기 힘든 가축이었다. 사막에 필수 운송수단이었던 낙타나 이동하며 초원의 풀을 뜯어먹고 양젖을 제공하는 양들처럼 생활에 필요한 동물이 아니어서 이것이 종교에 반영된 결과일 것이다.

소는 인도에서 숭상되는 동물이다. 소는 인도에서 농사의 중심에 있었고 우유나 유제품을 제공하는 유익한 동물이었다. 그러니 함부로 죽이는 것은 인도인 삶에 직결되는 문제였을 것이다. 그것이 인도 힌두교에 반영되어 전통으로 남은 것뿐이다.

최근 채식을 선호하는 사람들이 늘고 있다. 주로 건강이 이유지만 종교적 이유로 채식을 하는 사람도 있다. 영적 성장에 방해가 된다는 주장이 그러하다. 북극 원주민들은 추운 기후 관계로 고래 고기나 바다표범 등 육류만 먹어야 한다. 마찬가지로 북 시베리아 주민들은 순록이나 사슴을 식용해야 한다. 몽골의 유목인도 육식이 주이다. 티베트 승려들은 야크나 양고기를 먹는다. 이들이 육식을 한다고 영적 각성을 얻지 못할까?

중요한 것은 먹는 음식이 아니고 사람의 성품이다. 붓다나 예수가 고기를 먹는다고 그들의 위대함이 사라지고 살인자가 채식을 한다고 그들의 성품이 순하여질까? 모든 문제는 자신의 관념에 놓여있다. 예수는 모든 것은 마음먹기에 달려있다고 말하는 것이다. 참으로 조심해야 할 것은 음식이 아니라 우리가 내뱉는 말이라는 것이다. 마태복음에는 음식에 대한 예수의 설명이 나온다.

> "그런데 입에서 나오는 것은 마음에서 나오는 것인데 바로 그것이 사람을 더럽힌다. 마음에서 나오는 것은 살인, 간음, 음란, 도둑질, 거짓 증언, 모독과 같은 여러 가지 악한 생각들이다. 이런 것들이 사

람을 더럽히는 것이지 손을 씻지 않고 먹는 것이 사람을 더럽히는 것은 아니다."(마태복음 15:18~20)

많은 것이 잘못된 고정관념의 소산이다. 채식이 좋으면 그렇게 하고 육식이 좋으면 그렇게 하면 된다. 음식에 구속될 필요는 없다. 개념에 사로잡혀 있는 한, 우리는 삶의 주인이 아니 그 개념의 예속되어 살아가는 것이다.

도마복음 15절

여자에게서 태어나지 않은 자!

(15) Jesus said, "When you see one who was not born of woman, prostrate yourselves on your faces and worship him. That one is your father."

예수께서 말씀하시길, "여자에게서 태어나지 않은 사람을 보거든 머리를 숙이고 경배하라. 그분이 바로 하느님 아버지이시다."

해석 사람들은 이 구절을 예수의 동정녀 출생을 의미하는 것으로 생각하기 쉽다. 이 구절은 윤회에 구속되지 않는 위대한 영혼들을 지칭하는 것이다. 우리는 누구나 여성 몸을 통하여 태어나는 것으로 알고 있다. 그러나 윤회의 사슬을 벗어난 혼들은 육체[12])를 가지고 태어날 필요가 없기 때문이다.

이들이 진리를 전해주기 위하여 인간 세상에 화신하는 경우 두 가지 방법이 있다. 하나는 일반인처럼 부모를 선택하여 여자에게서 태어나는 경우[13]이고 다른 하나는 거주할 육체를 창조하여 오는 경우이다.

성경(히브리서 5장과 7장)에 보면 바울이 멜키지덱을 지극히 높으신 하느님의 사제이며 아버지도 없고 어머니도 없고 족보도 없으며 생애의 시작도 끝도 없는 영원히 사제직을 맡아보는 사람으로 표현하고 있다. 멜키지덱은 여자에게서 태어나지 않은 위대한 마스터였다.

이 내용은 예수 부활과도 관련이 있다. 죽으면 누구나 업에 따라 윤회를 하는 법이다. 그러나 붓다나 예수처럼 물질을 극복한 자, 죽음을 극복한 자는 예외이다. 예수 부활은 죽음을 극복하였음을 보여주는 예였다. 예수는 신(하느님/우주의식)과 합일 상태에 도달한 위대한 혼이었다. 그러므로 부활은 예수가 여자에게서 태어날 필요가 없는 위대한 존재임을 보여주는 상징적 사건이었다.

물질계에 매여 살아가는 우리에게 육체는 생존에 필수적이지만 우리의 참된 자아는 육체가 아니라 혼임을 알아야 한다. 이 내면의 혼을 불러내어 깨어있는 삶을 산다면 우리는 신의 삶을 사는 것이며 여자에게서 태어날 필요가 없는 존재가 되는 것이다.

---

12) 영지주의에서 상징적으로 육체를 혼의 무덤으로 말함.
13) 이 경우 보통사람은 운명의 수레바퀴 힘에 의하여 강제로 태어나나 깨달은 영혼은 선택하는 점이 다르다,

도마복음 16절

진리가 너희를 자유롭게 하리라!

Jesus said, "Men think, perhaps, that it is peace which I have come to cast upon the world. They do not know that it is dissension which I have come to cast upon the earth: fire, sword, and war. For there will be five in a house: three will be against two, and two against three, the father against the son, and the son against the father. And they will stand solitary."

예수께서 말하길, "세상 사람들은 내가 이 세상에 평화를 주기 위하여 온 것으로 알고 있으나 나는 세상에 불과 검과 전쟁이라는 분쟁을 주러 온 줄 모르고 있도다. 왜냐하면 집안에 다섯 사람이 있는데 세 사람이 두 사람과 다투고 두 사람은 세 사람과 다투고 아버지는 아들과 아들은 아버지와 다툴 것이기 때문이다. 그래서 그들은 서로 분리되어 있을 것이다."

해석 도마복음 10절과 같은 의미이다. 마태복음 10:34~35절과 누가복음 12:51~53절에 비슷한 내용이 나온다. 새 포도주는 새 포대에 담아야 한다. 예수가 전하는 진리는 사람들이 믿고 따르는 기존의 체계를 태워버리고 난 후에 뿌리내려야 하였다. 복음에 대하여 사람들 사이에 심지어 가족 간에 의견이 분분하고 갈등과 반목이 생겨날 터였다. 마태복음 10:36~39절에서는 좀 더 과격한 말이 나온다.

"집안 식구가 바로 자기 원수다. 아버지나 어머니를 나보다 더 사랑하는 사람은 내 사람이 될 자격이 없고 아들이나 딸을 나보다 더 사랑하는 사람도 내 사람이 될 자격이 없다. 또 자기 십자가를 지고 나를 따라오지 않는 사람도 내 사람이 될 자격이 없다. 자기 목숨을 얻으려는 사람은 잃을 것이며 나를 위하여 자기 목숨을 잃는 사람은 얻을 것이다."

이것은 진리를 대하는 사람들의 태도가 어떠해야 하는지 보여주는 구절이다. 세상을 사랑하는 것을 버린 후에야 온전히 신에 봉사할 수 있다. 진리에 대한 헌신과 전념을 강조하고 사라질 물질에 대한 집착을 버리라는 것이다. 위의 마태복음서 구절은 예수에 대한 사랑을 가족보다 중시하라는 것이 아니라 예수가 전하는 진리를 가장 소중히 하라는 말이다. 우리는 진리보다 물질에 그리고 예수에 집착하는 삶을 많이 본다. 우리가 깨달으면 바로 우리가 예수의 역할을 할 수 있는 것이다.

예수는 **진리가 너희를 자유롭게 하리라**(요한복음8:32)**고** 말한다. 우리를 무지에서 해방시키는 것은 사람이 아니라 그 사람이 전하는 진리이기 때문이다. 무지, 집착, 탐욕, 고통에서 해방시키는 것은 사랑하는 가족이나 종교가 아니라 바로 진리임을 깨달아야 한다. 이런 진리를 터득할 때 비로소 우리는 가족이나 이웃을 진실로 사랑한다고 말할 수 있다. 그전에는 사랑도 탐욕과 집착, 이해타산, 이기심, 소유욕의 산물일 뿐이다. 우리가 진리 속에 있을 때 거짓과 위선, 미움이 아닌 참된 사랑과 이해 속에 살아가는 것이 되며 그것이 바로 우리가 꿈꾸는 천국인 셈이다.

도마복음 17절

비밀 가르침을 주겠노라!

Jesus said, "I shall give you what no eye has seen and what no ear has heard and what no hand has touched and what has never occurred to the human mind."

"나는 그대에게 어떤 눈도 보지 못했고 어떤 귀도 듣지 못했고 어떤 손도 만지지 못했으며 누구도 생각한 적이 없는 것을 주겠노라."

해석 율법(주로 모세오경에 의거함)에 따라 온갖 종류의 규율을 만들어 지키고 가식적으로 소리 내어 기도하면서 신을 찾고 세속적 영리를 추구하던 사람들이 들어본 적도 없고 머리로는 생각해 낼 수도 없는 가르침을 주겠다고 말한다.

예수는 카발라에 정통한 사람이었다. 카발라에 근거한 비밀 가르침을 주겠다는 말이다. 카발라를 접하면 그 생소함과 난해함에 힘들어하겠지만 심오함과 신선함에 반할 것이다. 누구도 들어보고 본적이 없는 지혜의 보고이기 때문이다.

도마복음 18절

시작과 끝은 같나니!

The disciples said to Jesus, "Tell us how our end will be." Jesus said, "Have you discovered, then, the beginning, that you look for the end? For where the beginning is, there will the end be. Blessed is he who will take his place in the beginning; he will know the end and will not experience death."

제자들이 예수께, "우리의 끝(종말)이 어떠할지 말씀해 주십시오!"라고 하니 예수가 말씀하시길, "그대들이 끝(종말)을 알려고 하는데 그러면 시작(태초)은 발견하였는가? 왜냐하면 시작(태초)이 있는 곳에 끝(종말)이 있기 때문이니라. 시작(태초)에서 자신의 자리를 차지할 사람은 복이 있나니, 그는 끝(종말)을 알게 될 것이며 죽음을 경험하지 않을 것이다."

해석 종말은 누구나 궁금해 한다. 마지막 날에 대한 두려움과 호기심이 발동하여 제자들이 세상의 마지막은 어떠하나이까? 물어 본 것이다. 이에 예수는 그대들이 종말에 대하여 알려고 하는데 그러면 그대들은 태초는 발견하였는가 물어본다. 왜냐하면 시작과 끝은 하나이기 때문이며 이것을 알면 윤회의 수레바퀴에서 벗어나 영생하기 때문이다.

예수는 "시작과 끝은 하나다."고 말한다. 어떻게 처음과 마지막이 동일한 장소에 존재할 수 있는가? 우리는 항상 3차원 시야로 만물을 보고 판단한다. 예를 들어 점만으로 존재하는 세계, 점과 선(線)으로 존재하는 세계, 점과 선과 높이가 있는 우리 사는 세계. 죽은 후 혼이 간다는 사후 세계, 4차원, 천국(만약 있다면) 등 여러 세계를 생각해 볼 수 있다.

우리는 물질세계에 매여 있어 다른 차원의 존재에 회의적이다. 이것은 우리 의식의 한계에서 기인하는 문제이다. 없는 것이 아니라 모르는 것이다. 비밀 가르침에 보면 동일한 공간 속에 진동과 각도를 달리하여 존재하는 다른 차원의 세계들이 있다. 적절한 비유는 아니겠지만 동일 공간 속에 무수히 많은 전파가 서로 방해됨이 없이 존재하듯 진동수가 다른 여러 세계가 동일 공간 속에 존재하는 것이다.

우리 사는 3차원 말고 다른 차원의 세계가 존재한다면 각 차원은 각각의 특성이 있을 것이다. 바닥만을 기어 다니는 벌레에게 가로 세로 높이로 이루어진 입체 공간은 상상할 수 없는 세계이듯, 우리 또한 상위 차원의 세계를 이해하기는 어려울 것이다.

3차원에서 우리가 어떤 지점에 도달하려면 움직여서 가야하고 가는 동안 시간이 흐른다. 그러면 다른 상위 차원에서도 이동과 시간은 이와 같은 방식으로 진행될까?

우리는 하룻밤 꿈속에서 10년의 세월을 살 수 있고 꿈속에서는 생각만으로 순식간에 먼 거리 이동이 가능하다. 꿈은 흔히 4차원이라고 하는 세계와 밀접하게 연결되어 있다. 4차원도 우리와는 이처럼 다른데 4차원 너머 여러 세계는 우리와 얼마나 다른 속성을 지니고 있을지 짐작할 수 있을 것이다.

우리는 예수가 카발라에 정통한 분이었음을 기억할 필요가 있다. 카발라에 따르면 세상에는 4개의 세계가 존재하고 그 너머에는 모든 것이 나오는 근원적인 자리가 있다. 그것은 분리나 창조가 일어나기 전의 신성합일 상태이며 원으로 상징된다. 원은 시작과 끝이 하나이다. 시간과 공간이 하나로 존재한다. 순수한 빛의 상태이다. 물론 3차원에 묶인 의식으로 이런 차원의 내용은 이해하기 어려운 개념일 수 있다. 예수는 "나는 알파와 오메가, 곧 처음과 마지막이며 시작과 끝이다."(요한 계시록 22:13)라고 말하였다. 심지어 하느님마저 "나는 알파요 오메가다."(요한 계시록 1장 8절)라고 말씀하였다. 이것은 자신이 시작과 끝이며 모든 것이며 완전한 합일 상태에 있음을 말하는 것이다.

예수는 자신과 같이 제자들이 신성 상태를 찾을 때 즉 윤회에서 벗어나 전체와 하나인 상태에 도달할(다른 말로 원을 완성할 때)때, 시작과 끝을 알게 되고 죽지 않을 것임을 말하고 있다.

원과 관련하여 언급할 것이 유명한 "자신의 꼬리를 집어 삼키는 뱀(우로보로스)" 전설이다. 이것은 오래전부터 여러 문화권이나 종교 단체에서 중요한 상징으로 사용되고 있다. 이것에는 여러 가지 의미가 주어지나 가장 대표적인 것이 영원성과 우주 상징이기도 하다. 즉 우주는 시작과 끝이 같으며 영원하다는 것을 의미한다.

도마복음 19절

다섯 나무의 비밀!

Jesus said, "'Blessed is he who came into being before he came into being. If you become my disciples and listen to my words, these stones will minister to you. For there are five trees for you in Paradise which remain undisturbed summer and winter and whose leaves do not fall. Whoever becomes acquainted with them will not experience death."

예수께서 말씀하시길, "자신이 생겨나기 전에 존재한 자, 그대는 복되도다. 만약 그대들이 나의 제자가 되어 내 말에 귀 기울이면 이 돌들이 그대들을 섬기리라. 이는 그대들을 위하여 여름과 겨울에도 변치 않으며 잎사귀들도 떨어지지 않는 낙원의 다섯 나무들이 있기 때문이니라. 이 나무를 아는 사람은 누구나 죽음을 맛보지 아니하리라."

해석 자신이 생겨나기 전에 존재한 자는 즉 창조 전에 존재한 자는 누구를 말하는 걸까? 하느님이나 예수를 가리키는 말로 생각할 수 있다. 그러면 신 이외에 창조 전에 존재한 자는 없을까? 솔로몬의 금언집인 잠언(8장 22~30)을 살펴보자.

> "주님께서 일을 시작하시던 그 태초에, 님께서 모든 것을 지으시기 전에, 이미 주님께서는 나를 데리고 계셨다. 영원 전, 아득한 그 옛날, 땅도 생기기 전에, 나는 이미 세움을 받았다. 아직 깊은 바다가 생기기도 전에, 물이 가득한 샘이 생기기도 전에, 나는 이미 태어났다. 아직 산의 기초가 생기기 전에, 언덕이 생기기 전에, 나는 이미 태어났다. 주님께서 아직 땅도 들도 만들지 않으시고, 세상의 첫 흙덩이도 만들지 않으신 때이다. 주님께서 하늘을 제자리에 두시며, 깊은 바다 둘레에 경계선을 그으실 때에도, 내가 거기에 있었다. 주님께서 구름 떠도는 창공을 저 위 높이 달아매시고, 깊은 샘물을 솟구치게 하셨을 때에, 바다의 경계를 정하시고, 물이 그분의 명을 거스르지 못하게 하시고, 땅의 기초를

세우셨을 때에, 나는 그분 곁에서 창조의 명공(master workman)이 되어, 날마다 그분을 즐겁게 하여 드리고, 나 또한 그분 앞에서 늘 기뻐하였다.”

솔로몬이 창조 전에 신과 함께 하였음을 보여준다. 솔로몬이 창조 전에 신과 함께 하였다면 하느님은 아담을 만들기 이전에 솔로몬을 데리고 있었다는 말이다. 성경 창세기에 의한다면 아담보다 먼저 솔로몬이 태어날 수는 없다. 많은 사람이 성경의 문자적 의미에 매여 진실을 잘못 이해하고 있다. 구약성경의 창세기는 상징으로 되어있다. 그 이면에 숨은 의미를 끄집어내지 못한다면 예를 들면 “흙으로 사람을 빚어 입김을 불어넣으니 사람이 되었다”는 구절이나 “아담 갈비대로 여자를 만들었다”는 터무니없는 구절을 그대로 믿어야 하는 갈등에 처한다.

앞에서 구약은 카발라 버전으로 해석해야 숨겨진 내용이 드러난다고 말하였다. 카발라 창조론에 의하면 인간(육체가 아닌 혼)은 창조 전에 신과 하나였다. 신의 일부분으로 천지창조에 가담하였다. 솔로몬은 그 사실을 말하고 있다. 카발라 우주창조론에 보면 신의 우주창조 과정과 그 과정에서 인간의 역할이 드러난다. 아담은 상징일 뿐이다.

솔로몬만 창조 전에 신과 함께 한 것이 아니라 우리 모두가 신과 함께였다. 물질우주가 만들어지고 어둠을 빛으로 변화시키려는 일환으로 신의 일부였던 혼들은 이 세계로 내려오게 된다. 상징적으로 에덴동산으로 내려온 것이었다. 성경에 보면 선악과를 먹게 되어 에덴동산에서 추방을 당하게 되는데 이것은 어떤 사건을 상징으로 표현한 글일 뿐이다. 추방은 신과의 분리이며 신성 상실이었다. 이후부터 인간은 신성 회복을 위한 기나긴 영적 성장의 길을 걷게 되며 윤회가 시작되었다.

예수는 자신의 가르침에 귀를 기울이면 돌들의 섬김을 받을 것이라 말하는데 원래의 신성 상태로 돌아가는 지혜에 귀를 기울이면 아무런 감정이나 의식도 없는 돌마저 지혜를 추구하는 자에게 복종할 만큼 위대한 일이라는 말이다.

낙원의 다섯 개 나무는 무엇을 상징할까? 카발라의 우주창조론이 나오는 〈세페르 예치라〉[14]라는 책에 보면 신의 영(spirit)으로부터 공기(air)가 나오고 공기에서 물(water)이, 물에서 불(fire)과 물의 한 부분인 흙(earth)이 나온다. 이것이 물질창조의 5원소이다. 동양의 5행[15]과 유사성이 있어 보인다. 여러 문화에서 보호 상징으로 사용되는 펜타그램(오각별)의 다섯 개의 점은 이 5원소를 나타낸다. 위는 영, 우측은 물, 좌측은 공기, 아래 우측은 불, 아래 좌측은 흙이 위치한다. 이 오각별은 신을 상징하고 부정의 힘을 몰아내는 힘이 있는 것으로 알려졌다.

카발라의 실천적 면을 강조하는 마법에서는 이 5원소의 통제력 획득이 수련의 중요한 부분이다. 지수화풍을 지배한다는 것은 신의 영역에 다가가는 일이기도 하다. 백 마법(White Magic)의 최고 목표가 신과의 합일이기도 하다. 참고로 이 5원소는 우리가 보는 물질 원소가 아니라 물질의 근원이 되는 근원적이며 원초적인 원소이다.

이 5원소를 통하여 우주가 형성되고 운행되고 있으며 우주가 존재하는 한 변함없이 존재하는 힘이다. 시들지 않는 낙원의 다섯 나무는 이 다섯 원소를 상징한다. 이 다섯 원소의 지배력을 획득한 자는 죽음을 경험하지 않는다.

---

14) <창조의 서>라 하며 카발라의 핵심 도서이다. 신이 10개 빛과 히브리 22문자로 우주를 창조하는 과정이 나온다. 10개 빛과 22문자는 생명나무를 구성하는 32개의 길이 된다. 이것은 신에 도달하는 사다리 역할을 한다.

15) 화 수 목 금 토, 우주의 다섯 가지 기운으로 지구 위에서 발생하는 모든 현상을 五行이라는 다섯 가지의 바탕으로 설명을 함.

도마복음 20절

천국은 겨자씨 같도다!

The disciples said to Jesus, "Tell us what the kingdom of heaven is like." He said to them, "It is like a mustard seed. It is the smallest of all seeds. But when it falls on tilled soil, it produces a great plant and becomes a shelter for birds of the sky."

제자들이 예수에게 여쭈었다. "천국은 무엇과 같은지 말씀해 주십시오." 예수께서 말하길, "천국은 겨자씨 같도다. 씨 중에 가장 작은 씨이나 좋은 토양에 떨어지면 커다란 식물로 자라 공중을 날아다니는 새들의 보금자리가 되는 것과 같도다."

해석 제자들은 끊임없이 앞 구절에서 보듯이 천국이 어디에 있는지 혹은 여기처럼 천국은 무엇과 같은지 물어본다. 유사한 내용이 마태복음(13:31~32), 마가복음(4:30~32), 누가복음(13:18~19)에도 나온다.

천국은 멀리 있는 것이 아니라 우리 안에도 바깥에도 있다는 말을 앞 절에서 예수는 말하였다. 우리 안에 있는 천국은 눈으로 볼 수 있는 것이 아니니 겨자씨보다 작겠지만 천국을 받아들이는 사람(좋은 토양)에게는 나무처럼 자라나서 많은 사람들에게 안식을 제공한다는 말이다. 천국을 진리나 깨달음으로 대치할 수 있다.

3 장

깨어서 있는 그대로 보라

도마복음 21절

깨어있으라!

Mary said to Jesus, "Whom are your disciples like?"
He said, "They are like children who have settled in a field which is not theirs. When the owners of the field come, they will say, 'Let us have back our field.' They (will) undress in their presence in order to let them have back their field and to give it back to them. Therefore I say, if the owner of a house knows that the thief is coming, he will begin his vigil before he comes and will not let him dig through into his house of his domain to carry away his goods. You, then, be on your guard against the world. Arm yourselves with great strength lest the robbers find a way to come to you, for the difficulty which you expect will (surely) materialize. Let there be among you a man of understanding. When the grain ripened, he came quickly with his sickle in his hand and reaped it. Whoever has ears to hear, let him hear."

마리아가 예수에게 말했다. "당신의 제자들은 누구와 같습니까?" 예수께서 말하길, "그들은 남의 밭에 거주하는 아이들과 같도다. 밭의 주인들이 돌아와, 밭을 돌려달라고 말하면 아이들은 주인에게 밭을 돌려주기 위하여 그들 앞에서 옷을 벗을 것이다.

그러므로 나(예수)는 말하노라. 만약 집주인이 도둑이 올 것을 안다면, 미리 경계를 서서 도둑이 집안으로 침입하여 자신의 재산을 가져

가지 못하게 할 것이다. 이처럼 그대는 세상을 경계하라. 도둑이 그대에게 오지 못하도록 스스로 힘을 갖추어라.
그대가 예견하는 고난이 필히 현실이 될 것이다. 그대들 중에 한 사람이라도 이해하는 자가 있기를 바라노라. 곡식이 익으매 그는 속히 낫을 가지고 추수하였도다. 누구든지 들을 귀 있는 자들은 명심해 들어라."

해석 이와 유사한 구절이 마태복음 24:43, 누가복음 12:39, 마가복음 4:26~29에 나온다.

예수는 제자들을 아이들로 비유하였다. 아이들을 둔 부모의 마음을 생각한다면 제자들에 대한 예수의 마음을 이해할 수 있다. 더구나 남의 밭에서 살고 있다. 집이나 땅이 없는 사람은 주인의 요구가 있으면 언제든지 가진 것을 두고(옷 벗고) 떠나야 한다.

이처럼 예수는 제자들을 진리에 뿌리내리지 못하고 방황하는 부초 같은 존재로 보고 있다. 진리에 뿌리내려 자신의 운명을 지배하며 자신이 주인공인 삶(밭의 주인)을 살아가기를 바라는 마음이 담겨있다.

다음 문장에는 상징적으로 집주인을 내세워 제자들이 어떻게 살아가야 할지 보여준다. 여기서 도둑은 물질욕망이나 유혹, 부정적 생각을 상징한다. 이러한 유혹이 올 것을 예측하고 만반의 준비를 하라는 것이다.

세상을 경계하라는 말은 우리가 세속적인 욕망에 주의를 게을리하면 언제든지 우리가 유혹당함을 말함이다. 여기서 힘을 갖춘다는 것은 진리와 우주법칙에 의거하여 살아가는 것을 말한다. 오랜 수련을 한 사람도 세속적 욕망(재산, 명예, 성 등)에 한 순간에 무너진다. 그러므로 자기통제, 자기극기의 힘을 갖추지 못한 사람은 이런 유혹이 현실이 될 수 있음을 예수는 경고한다. 예수는 이런 말을 하면서 자신의 이런 말을 이해하는 제자가 한 사람이라도 있으면 하는 간절함을 보인다. 그만큼 제자들은 예수의 영적 기대치에 미흡하였음이다.

마지막 문장에서 자신의 말을 이해 한 사람을 곡식이 익으면 지체 없이 수확하는 사람으로 비유한다. 즉 곡식이 익어도 게을러서 수확을 미루는 사람이 아니라 해야 할 일이라면 바로 행동에 옮기는 사람을 자신의 말을 이해한 사람이라 한다. 의무를 태만하지 않는 사람, 유혹이 들어올 틈을 주지 않는 사람을 상징한다 하겠다.

"집에 몰래 들어오려는 도둑을 경계하듯 마음에 들어오는 부정적 생각을 지켜보라."는 말이나 "지혜의 보검으로 생각이 일어날 때마다 뿌리째 잘라버리라."는 동양 스승들의 말은 여기서 예수가 하는 말과 다름이 없다.

사악한 생각이 일단 뿌리내리면 이것을 없애려면 엄청나게 힘이 든다. 그러므로 뿌리내리지 못하도록 깨어있는 의식으로 살아가야 한다. 명상이나 요가, 지켜보기 수련 등은 부정적 생각에서 벗어나 깨어있는 삶 즉 천국에 머물기 위함이다. 예수는 그 말을 하고 싶었다.

도마복음 22절

있는 그대로 보라!

Jesus saw infants being suckled. He said to his disciples, "These infants being suckled are like those who enter the kingdom." They said to him, "Shall we then, as children, enter the kingdom?"

Jesus said to them, "When you make the two one, and when you make the inside like the outside and the outside like the inside, and the above like the below, and when you make the male and the female one and the same, so that the male not be male nor the female female; and when you fashion eyes in the place of an eye, and a hand in place of a hand, and a foot in place of a foot, and a likeness in place of a likeness; then will you enter the kingdom."

예수께서 젖을 빠는 아기들을 보고는 제자들에게, "이 아이들은 천국에 들어가는 자들과 같도다."라고 말씀하셨다. 그러자 제자들이 "그러면 우리도 어린아이처럼 하늘나라에 들어가겠나이까?"라고 물었다.

예수께서 제자들에게 말하시길, "너희가 둘을 하나로, 안을 바깥처럼, 바깥을 안처럼, 위를 아래처럼 만들 때, 남자와 여자를 하나로 만들어 남자는 남자가 아니고 여자는 여자가 아닌 것으로 만들 때, 눈이 있는 자리에 눈들을, 손이 있는 자리에 손을, 발이 있는 자리에 발을, 닮은 것이 있는 자리에 닮은 것을 만들 때, 그대들은 천국에 들어가리라."

해석 어린아이들이 천국에 들어가는 자들과 같다고 말하자 제자들이 자신들도 천국에 들어가게 되느냐고 물어본다. 앞에서도 나오지만 제자들은 줄기차게 외부에서 천국을 구하고 있다. 예수가 어린아이가 천국에 들어간다는 말은 천진난만하나 무지한 아이가 천국에 간다는 말이 아니라 아직 너와 나, 신과 자신, 선과 악, 앞과 뒤, 남과 여 등과 같이 사물을 구분하여 보는 분리의식이 없는 그런 마음의 소유자가 천국에 간다는 것을 의미한다.

기독교에서는 죽은 후에 천국이나 지옥 혹은 연옥에 간다고 한다. 예수가 그런 말을 하지 않았다. 설사 그런 구절이 나오더라도 방편이나 비유였을 뿐이다. 가톨릭 교부들이 창작을 했거나 자의적으로 해석한 결과이다. 그래서 기독교인들은 누구나 죽어서 천국에 가고 싶어 한다.

예수가 천국이 마음 안에 있다 하였는데 사람들은 줄기차게 외부 어디에 천국이 존재할 것이라고 믿는다. 2000년 전 당시에도 예수는 사람들 수준에 답답해하였지만 지금도 여전히 외부에서 천국을 찾고 있음을 안다면 얼마나 답답할 것인가?

목회자들은 하느님 믿고 착하게 살아온 사람은 죽어서 천국 간다고 말하지만 누구도 빨리 죽어서 그 좋은 천국에 가고 싶어 하지 않아 보인다. 평생 하느님 말씀을 전해온 목회자들도 죽음을 달가워하지 않는다. 그것은 천국보다 이 물질 삶에 집착과 미련이 큰 까닭이다. 그러고 보면 사람들에게는 죽어서 가는 천국보다 좋으나 싫으나 이 세속적 삶을 좋아한다. 이것을 불교에서는 집착이라고 말한다. 무지 때문에 일어나는 물질세계에 대한 집착!

죄를 지으면 지옥에 가니 오래 살며 여러 죄를 짓는 것보다 어려서 일찍 죽어 아예 죄를 짓지 않으면 천국에 가지 않을까? "태어나 바로 죽은 혼들은 복이 있나니 그들은 천국에 갈 것이며 태어나 오래 산 사람은 저주스럽나니 지옥에 갈 것이다." 설마 이런 말을 예수께서 하였을까?

혼의 일회성만을 인정하다 보니 일어나는 문제이다. 윤회를 인정한다면 쉽게 해결될 수 있는 것인데도 태어나는 시점에서 신에 의하여 혼이 창조된다고 생각하니 문제가 꼬이기 시작하는 것이다.

예수님이 태어나는 시점에 혼이 창조된다는 말을 한 것 같지는 않다. 아담 창조는 창세기에 나오나 아담 후손에게 혼이 어떻게 부여되는지는 알 수가 없다. 기독교 교리에 임신 몇 개월에 영혼이 창조된나는 구절이 있는지 궁금하다. 설마 난자와 정자가 만나 수정이 일어난 시점으로 생각하는 것은 아닌지 모르겠다. 그러니 최근 문제되는 배아줄기세포에 대하여 천주교가 민감한 반응을 보이는 것 같다.

카발라는 아이가 태어나는 시점에 혼이 육체에 들어간다고 한다.[16] 그러므로 태아는 혼이 없는 존재인 셈이다. 성경에 명확한 구절이 없다보니 일어나는 문제이다.

"너희가 둘을 하나로, 안을 바깥처럼, 바깥을 안처럼, 위를 아래처럼 만들 때, 남자와 여자를 하나로 만들어 남자는 남자가 아니고 여자는 여자가 아닌 것으로 만들 때, 천국에 간다."고 한다.

이 말은 우리는 전체와 분리되어 한정된 의식으로 신과 천국과 진리를 보고 있으므로 이 이원성을 극복하여야 원래의 참 모습을 알게 되어 천국으로 들어간다는 뜻이다. 천국은 깨달음의 세계를 말함이다.

우주의식/신/은 모든 한계를 초월한 존재이므로 이원성 너머 있다. 신이 남성이라면 반쪽 신일 것이며 그것은 초월의 신이 아닐 것

---

16) 혼이 창조되는 것이 아니라 혼이 들어간다는 것은 윤회를 인정하기 때문이다.

이다. 유한한 마음으로 무한을 알 수 없다. 신에 어떤 속성을 부여하자마자 우리는 모든 것의 근원인 신을 한정시키는 것이 된다. 신의 나라 천국은 이원성을 극복한 자가 가는 곳이다.

"눈이 있는 자리에 눈들을, 손이 있는 자리에 손을, 발이 있는 자리에 발을, 닮은 것이 있는 자리에 그 닮은 것을 만들 때, 그대들은 천국에 들어가리라."

이 말은 마치 선문답처럼 보인다. 각자의 자리에 있어야 할 것을 만들면 천국에 간다니 참으로 이상한 말이다. 눈의 자리에 눈이 없고 손의 자리에 손이 없는 경우가 있는가?

성철스님의 "산은 산이고 물은 물이다."와 유사성이 있는 구절이다. 이 내용은 있는 그대로 보라는 의미이다. 자신의 한정된 생각이나 개념을 가지고 물과 산을 보게 되면 그것은 산은 산이 아니고 물은 물이 아닌 것이다. 우리에게 어떤 대상이나 사물은 원래 그대로의 대상이나 사물이 아니라 우리의 생각이 개입되어 반영된 대상이나 사물일 뿐이다.

우리는 천국이나 깨달음의 세계도 우리의 한정된 의식으로 바라보고 판단할 뿐이다. 이것은 천국도 깨달음도 아니다. 그러니 예수는 진리의 세계를 왜곡 없이 바로 볼 수 있을 때 천국은 우리 앞에 드러난다고 말하고 있는 것이다.

마태복음(18:3), 누가복음(18:16~17)에도 도마복음 22절의 첫 번째 구절과 유사한 내용이 나온다.

도마복음 23절

선택받는 자는 적으리라!

Jesus said, "I shall choose you, one out of a thousand, and two out of ten thousand, and they shall stand as a single one."

예수가 말씀하시길, "나는 천 명 중에 한 명을 만 명 중에 두 명을 선택할 것이며 그들은 하나로 서 있을 것이다."

해석 이런 말이 있다. "많은 사람들이 불리어지나 선택되는 사람은 적다." 진리에 초청받은 사람은 많으나 진리를 위하여 사역할 준비가 되어 있는 사람은 드물다는 뜻이다. 사람들이 진리에 관심을 가지고 몰려드나 대부분은 호기심이나 아니면 일신의 안락을 위하여 또는 현실도피의 수단으로 접근한다. 하느님 말씀을 전할 수 있는 참된 자를 구하기는 비유를 든다면 천명에 1명, 만 명에 2명 정도라는 것이다.

세상을 사랑하는 것을 그만두었을 때 신을 사랑할 수 있다는 말이 있다. 예수가 이 순간에 그대가 가진 모든 재산과 가족을 버리고 당장 나를 따라 나서라 한다면 몇 명이 예수를 따라 나설 것인가? 아직은 예수(진리)보다 세상을 더 사랑하기 때문에 따라나서는 사람은 많이 않을 것이다. 누가복음(18:18~25)에 이런 예가 나온다.

> 유다의 지도자 한 사람이 "선하신 선생님, 제가 무엇을 해야 영원한 생명을 얻겠습니까?"하고 예수께 물었다. 예수께서는 이렇게 말씀하셨다. "왜 나를 선하다고 하느냐? 선하신 분은 하느님 한 분뿐이시

다. 간음하지 마라. 살인하지 마라. 도둑질하지 마라. 거짓 증언하지 마라. 네 부모를 공경하여라. 한 계명들을 알고 있지 않느냐?" 그 사람은 "어려서부터 저는 이 모든 것을 다 지켜왔습니다." 하고 대답하였다.

예수께서는 이 말을 들으시고 "너에게는 아직도 해야 할 일이 하나 더 있다. **있는 것을 다 팔아 가난한 사람들에게 나누어주어라. 그리고 와서 나를 따라라. 그러면 하늘에서 보화를 얻게 될 것이다.**" 하셨다. 그러나 그는 큰 부자였기 때문에 이 말씀을 듣고 무척 마음이 괴로웠다. 예수께서는 그를 보시고 이렇게 말씀하셨다. "재물이 많은 사람이 하늘나라에 들어가는 것이 얼마나 어려운 일인지 모른다. 부자가 하느님 나라에 들어가는 것보다 낙타가 바늘귀를 빠져 나가는 것이 더 쉬울 것이다."

예수는 재산을 반대한 것이 아니라 그 재산에 묶인 마음을 반대하였다. 유다의 지도자가 재산에 묶인 것을 보고 그 마음을 실험하였을 뿐이다. 물질에 묶여서는 하느님 말씀을 온전히 전할 수 없는 까닭이다

선택된 사람은 하나로 서있을 것이라 말하였다. 진리에 헌신한 사람들은 진리로 연결되어 있어 하느님 말씀을 전하는 하나의 통로로 존재함을 의미한다. 진리 속에 나와 네가 없고 오직 하나의 진리만이 존재할 뿐이다.

도마복음 24절

귀 있는 자는 들으라, 그대는 천국이고 빛이노라!

His disciples said to him, "Show us the place where you are, since it is necessary for us to seek it."
He said to them, "Whoever has ears, let him hear. There is light within a man of light, and he lights up the whole world. If he(or it) does not shine, he is darkness."
제자들이, "당신이 계신 곳을 우리에게 보이소서. 이는 우리가 그곳을 찾아야하기 때문입니다."라고 물었다. 그러자 예수께서 말씀하시길, "귀 있는 누구든 들어라! 빛의 사람 안에 빛이 있고 그 사람은 온 세상을 비추느니라. 만약 그가(그것이) 빛나지 않는다면 그 사람은 암흑이니라."

해석 제자들은 천국이 어디 있는지 줄기차게 묻는다. 위 구절 첫 단락은 "천국이 어디 있는지 보여주소서. 천국이 어디 있는지 알아야 우리도 가지 않겠나이까?"라는 말과 같다. 이 구절은 선가(禪家)에서 제자들이 도가 무엇인지 부처가 무엇인지 줄기차게 스승에게 물어보는 장면과 겹쳐진다. 물론 질문의 질적 차이는 있어 보인다.

깨달음이 현실과 멀리 떨어진 특정한 무엇으로 기대하는 제자들의 질문(부처란 무엇인가?, 깨달음이란 무엇인가?)에 선사들은 '똥막대기(乾屎)'라고 하거나 '마삼근(麻三斤)'이라고도 하였다. 이 무슨 뚱딴지 같은 소리인가? 눈뜨고 보면 서있는 곳이 바로 부처의 자리요 진리의 세계인데 눈앞의 보석을 보지 못하고 엉뚱한 곳을 향하는 제자들의 관념을 깨트리고자 함이었다.

예수는 천국은 우리 안에 있다 하였는데 제자들이 다시 묻자, 귀 있는 자는 들으라며 천국이 제자들 안에 있음을 다른 비유로 설명 한다.

예수는 '빛의 사람'이라는 단어를 사용하였다. 빛은 진리와 신성을 상징하는 단어이다. 그러므로 천국을 의미하기도 한다. 신의 일부분인 우리는 빛의 사람인 셈이다. 단지 그 빛이 사람에 따라 밝게 빛나거나 약하게 빛나거나 한다. 이 내면의 빛(진리)이 온전히 빛나면 온 세상을 밝힐 수 있으나 빛나지 않으면 그 사람은 어둠(무지)속에 있는 셈이다. 어둠은 다른 말로 무지(無知)이며 빛의 부재(不在)이다. 빛이 비치면 어둠은 사라진다. 빛(진리)이 빛나는 사람은 그 안에 천국을 가지고 있음이다. 예수는 천국은 각자의 마음에 있음을 말하고 있다.

도마복음 25절

이웃을 네 영혼처럼 사랑하라!

Jesus said, "Love your brother like your soul, guard him like the pupil of your eye."

예수가 말씀하길, "그대 형제를 그대 영혼처럼 사랑하고 그대 눈동자처럼 보호하라."

해석 예수님이 강조하신 것이 "이웃을 내 몸처럼 사랑하라(마태복음 22:39)"였다. 여기서는 더 나아가 영혼처럼 사랑하고 눈동자처럼 보호하라고 하신다. 이웃 사랑이 어떠해야 하는지 가슴 깊이 음미하게 만드는 글이다. 작은 먼지하나도 눈에 들어갈까 싶어 총알만큼 빠른 속도로 눈동자를 보호하는 눈꺼풀처럼 이웃을 사랑하라는 말이다.

손에 조그만 상처가 나도 신경이 쓰이고 생활하기 불편하다. 그런데 내 아닌 다른 사람의 상처에는 내 일이 아니라고 무심해 한다. 어려움에 처하여 정신적으로 고통스러우면 그것이 얼마나 힘이 드는지 알면서도 우리는 남에게 아픔을 주거나 남의 아픔에 귀 기울이지 않는다. 내 일이 아니니, 내 가족 일이 아니니, 내 나라 일이 아니니. 상관하지 않겠다는 것이다.

이것은 나와 남을 구별하는 마음에서 일어나는 문제이다. 내 종교가 최고이고, 내 나라가 최고이고, 내 자식 내 부모가 최고이다. 지역갈등. 종교 갈등, 나라 갈등, 사회 갈등은 바로 이런 구별의식 때문이다. 내가 소중하면 남도 소중한 법인데 우리는 이 간단한 상식조차 지키지 못하고 있다. 예수는 이웃사랑은 모든 갈등을 치유하는 출발점임을 말하고 있다.

"남이 내게 해주길 바라듯이 남에게 그렇게 하라."라는 황금률(Golden Rule)이 있다. 이런 마음가짐으로 살아간다면 세상은 얼마나 살기 좋은 세상으로 바뀌겠는가?

넓은 의미에서 보면 이웃은 우리 자신이다. 신의 일부분인 우리는 같은 하나였다. 까마득한 추락으로 전체와 분리는 깊어졌고 우리는 '나'라는 작은 에고 속에 살아간다. 이웃 사랑은 자신을 사랑하는 것이요 신을 사랑하는 것이다.

도마복음 26절

네 눈의 들보부터 빼내어라!

Jesus said, "You see the mote in your brother's eye, but you do not see the beam in your own eye. When you cast the beam out of your own eye, then you will see clearly to cast the mote from your brother's eye."

예수가 말씀하길, "그대는 형제 눈에 있는 티끌을 보면서 자신의 눈에 있는 들보는 보지 못하도다. 그대 눈의 들보를 빼버리면 그때야 눈이 밝아져 형제 눈에 있는 티끌을 빼버릴 수 있느니라."

해석 마태복음(7:3~5), 누가복음(6:41~42)에 나오는 구절로 자주 인용되는 명언이다. 별다른 해석이 필요 없는 문장이다. 예수는 같은 의미로 "남을 심판하지 말라."(누가 복음 6:37)고 한다.

우리는 남을 심판하는 경향이 있다. 자기 자신이 누구인지 모르면서 작은 잣대로 남을 재단하고 비판한다. 자신이 밝아져서 지혜로워질 때 비로소 남의 결점이 바로 보이는 법이다. 이해할 수 없는 세상의 부조리한 일도 큰 지혜로 보면 그 뒤에는 우주 법칙이 작동하고 있음을 알 수 있다.

도마복음 27절

참된 안식일!

〈Jesus said,〉 "If you do not fast as regards the world, you will not find the kingdom. If you do not observe the Sabbath as a Sabbath, you will not see the father."

"세상에 대하여 금식하지 않는다면 천국을 찾지 못할 것이니라. 안식일을 안식일답게 지키지 못한다면 아버지를 보지 못할 것이니라."

해석 금식이 음식에만 한정되는 것이 아니다. 가장 중요한 것은 세상에 대한 금식 즉 물질에 대한 탐욕을 삼가는 일이다. 욕망에서 해방 없이는 천국은 드러나지 않는다. 물질 욕망이 장막처럼 천국을 가리기 때문이다. 욕망과 무지가 사라진 깨끗한 마음 상태를 "Clear Light"로 표현하기도 한다. 이것은 한 점 방해됨이 없이 내면의 신성 빛이 밝게 빛나는 상태를 말한다. 마음이 맑게 빛나는 상태가 되어야 하느님 나라 천국을 볼 수 있다.

예수님 당시나 지금이나 유대인들은 안식일을 철저히 지킨다. 그러나 당시 예수는 유대인들이 안식일을 바로 알고 이를 준수하는 것이 아니라 남에게 보여주는 안식일을 지키고 있음을 알고 있었다. 안식일에 대한 근거가 되는 성경구절을 보자.

> "안식일을 기억하여 거룩히 지키라. 엿새 동안은 힘써 네 모든 일을 지킬 것이나 제 칠일은 너희 하나님 여호와의 안식일인즉 너나 네 아들이나 네 딸이나 네 남종이나 네 여종이나 네 육축이나 네 문안

에 유하는 객이라도 아무 일도 하지 말라. 이는 엿새 동안에 나 여호와가 하늘과 땅과 바다와 그 가운데 모든 것을 만들고 나 여호와가 안식일을 복되게 하여 그 날을 거룩하게 하였느니라."(출애굽기 20: 8~11)

"유다야, 네가 안식일에 발길을 삼가 여행을 하지 않으며, 나의 거룩한 날에 너의 쾌락을 일삼지 않으며, 안식일을 '즐거운 날'이라고 부르며, 주의 거룩한 날을 '존귀한 날'이라고 한다면, 그리고 이 날을 귀하게 여겨서, 네 멋대로 하지 않으며, 너 자신의 쾌락을 찾지 않으며, 함부로 말하지 않으면, 그 때에 너는 주 안에서 즐거움을 얻을 것이다. 내가 너를 땅에서 영화롭게 하고, 너의 조상 야곱의 유산을 먹고 살도록 하겠다. 이것은 주님께서 친히 하신 말씀이다."(이사야 58:13-14)

이 율법에 따라 유대인은 토요일을 안식일로 지켰으며 이 전통은 지금도 유대교에 이어지고 있으며 기독교에서는 제 칠일 안식일 교회가 토요일을 안식일로 지킨다. 그러나 유대교와 달리 기독교는 일요일을 안식일로 삼아 지키고 있다. 토요일과 일요일을 두고 어느 것이 성경의 가르침을 바르게 따르는 것인지에 대한 논쟁이 있다.

최근에는 기독교인들이 안식일을 들어 일요일에 치루는 국가 검증 시험을 평일로 할 것을 요구하여 몇몇 시험은 평일로 바뀌기도 하였다. 다종교사회에서 자신의 교리를 내세워 시험을 평일로 변경하면 평일에 일을 하거나 수업이 있는 수험생들에게는 차별이 발생하는 셈이다. 이처럼 유대교나 기독교는 안식일에 상당히 큰 중요성을 두고 있다.

그럼 예수가 말하는 진정한 의미의 안식일은 무엇일까? 특정일을 정하여 이날은 무슨 일이 있어도 안식을 지켜야 하는 것이 안식일은 아니다. 마태복음(12:1~13)을 보면 안식일에 대한 예수의 견해가 잘 보인다.

> 그 무렵에 예수께서 안식일에 밀밭 사이로 지나가셨다. 그런데 제자들이 배가 고파서, 밀 이삭을 잘라서 먹기 시작하였다. 바리새파 사람이 이것을 보고 예수께 말하였다. "보십시오. 당신의 제자들이 안식일에 해서는 안 되는 일을 하고 있습니다."
> 예수께서 그들에게 말씀하셨다. "다윗과 그 일행이 굶주렸을 때에, 다윗이 어떻게 했는지를, 너희는 읽어보지 못하였느냐? 다윗이 하나님의 집에 들어가서, 제단에 차려 놓은 빵을 먹지 않았느냐? 그것은 오직 제사장들 밖에는, 자기도 그 일행도 먹어서는 안 되는 것이었는데 말이다. 또 안식일에 성전에서 제사장들이 안식일을 범해도 그것이 죄가 되지 않는다는 것을, 율법 책에서 읽어보지 못하였느냐? 내가 너희에게 말한다. 성전보다 더 큰 이가 여기에 있다.
> '나는 자비를 원하고, 제사를 원하지 않는다.' 하신 말씀이 무슨 뜻인지 알았더라면, 너희가 죄 없는 사람들을 정죄하지 않았을 것이다. **인자는 안식일의 주인이다.**"
> 예수께서 그 곳을 떠나서, 그들의 회당에 들어가셨다. 그런데 거기에 한쪽 손이 오그라든 사람이 있었다. 사람들은 예수를 고발하려고 "안식일에 병을 고쳐도 괜찮습니까?" 하고 예수께 물었다. 예수께서 그들에게 말씀하셨다. "너희 가운데 어떤 사람에게 양 한 마리가 있다고 하자. 그것이 안식일에 구덩이에 빠지면, 그것을 잡아 끌어올리지 않을 사람이 어디에 있겠느냐? 사람이 양보다 얼마나 더 귀하냐? 그러므로 **안식일에 좋은 일을 하는 것은 괜찮다.**" 그런 다음에, 손이 오그라든 사람에게 말씀하셨다. "네 손을 내밀어라." 그가 손을 내미니, 다른 손과 같이 성하게 되었다.

이를 통하여 보면 알 수 있지만 예수는 형식적이고 맹목적인 안식일 준수를 반대하고 있다. **사람이 안식일의 주인이어야 함을 말한다.** 특정일에 안식일을 지키는 것이 중요한 것이 아니라 자기 형편에 따라 적당한 날을 잡아 삶을 진지하게 되돌아보고 신에 기도하고 명상하라는 말이다.

안식일을 만든 이유는 무엇일까? 그것은 특정일에 아무 일도 하지 않고 휴식하라는 말이 아니라 바쁘게 살아가는 사람들에게 일주일에 하루라도 시간을 내어 세속의 욕심을 버리고 자신을 성찰하고 신에게 감사하고 마음을 정화하라는 의미의 휴일이었다.

이렇게 안식일을 정해 놓았기에 바쁜 일상에서도 사람들은 시간을 내어 그날만큼은 형식적이 되었든 아니든 간에 자신에 대하여 성찰하고 신에게 기도한다. 강제성이 없으면 한없이 게으른 것이 인간이기 때문이다. 그러니 안식일이 아침에 면도하고 세수하듯 별의미를 두지 않고 습관적으로 하는 행사라면 안식일의 의미는 없는 셈이다.

어떤 의미에서 아침이나 저녁에 시간을 내어 기도하고 명상하는 시간도 안식일이고 장소나 시간과 상관없이 깨어서 자신을 성찰하는 매순간이 안식일이며 신을 만나는 순간이다. 참된 안식일은 특정일이나 특정 형식이 아니라 마음의 태도에 달려있음이다.

도마복음 28절

목말라 하지 않는 사람들!

Jesus said, "I took my place in the midst of the world, and I appeared to them in flesh. I found all of them intoxicated; I found none of them thirsty. And my soul became afflicted for the sons of men, because they are blind in their hearts and do not have sight; for empty they came into the world, and empty too they seek to leave the world. But for the moment they are intoxicated. When they shake off their wine, then they will repent."

예수께서 말씀하시길, "나는 세상 한가운데 와서 육체로 사람들에게 나타났노라. 나는 사람들 모두가 취했음을 알았고 그들 어느 누구도 목말라 하지 않았노라. 내 영혼은 사람들의 아들들 때문에 마음 아팠노라. 그들은 마음의 눈이 멀어 앞을 보지 못하고 빈손으로 세상에 와서 빈손으로 세상을 떠나려 하기에 그랬노라. 그러나 지금 당장은 취해있겠으나 그들이 자신들의 포도주를 던져버릴 때 비로소 그들은 회개할 것이니라."

해석 예수는 육체로 윤회할 필요가 없는 위대한 혼이었다. 그러나 복음을 전하고자 예수는 자유로운 혼에게는 무덤에 해당하는 육체를 입고 다시 사람들 사이에 나타났음을 첫 문장에서 말한다. 그러나 사람들은 물질 욕망에 빠져 누구도 진리를 갈구하지 않았다. 예수는 물질 욕망에 눈이 멀어 미래에 어떤 일이 벌어질 줄 모르는 불쌍한 영혼들을 보고는 마음이 아팠다.

깨닫지 못하여 그 빈곤함을 채우고자(영적 성장) 이 세상에 보내졌으나(윤회), 물질 욕망에 사로잡혀 진리와 지혜를 얻지 못하고 이 세상을 하직하려 하는 사람들을 보니 예수의 마음이 답답하고 아픈 것이다. 마지막 문장은 물질에 취해 있으나 진리를 배워 이 물질 욕망을 던져버릴 때 비로소 자신들이 잘못 살아왔음을 알고 회개할 것이라는 뜻이다.

도마복음 29절

육체에 영혼이 거주함은 경이로운 일이로다!

Jesus said, "If the flesh came into being because of spirit, it is a wonder. But if spirit came into being because of the body, it is a wonder of wonders. Indeed, I am amazed at how this great wealth has made its home in this poverty."

예수께서 말하길, "영혼 때문에 육체가 생겨났다면 이것은 경이로운 일이로다. 그러나 육체 때문에 영혼이 생겨났다면 이것은 경이 중의 경이로다. 이 위대한 부(富)가 이처럼 가난 속에 자신의 거소를 만들었다는 것이 참으로 놀랍도다."

해석 영혼과 육체가 대비된다. 영혼은 육체 없이도 존재할 수 있으나 물질계에서는 영혼의 현현 수단으로 육체가 필요하다. 신성한 영혼을 담기 위하여 조잡한 육체가 생겨났다는 것은 참으로 경이로운 일이다. 이것은 마치 귀한 보석을 허름한 종이에 보관하는 것과 다를 것이 없다. 그러나 육체 때문에 영혼이 생겨난다는 것은 있을 수 없는 일이다. 이것은 영혼은 불사(不死)이나 육체는 사라질 존재이기 때문이다. 그러므로 만약 육체 때문에 영혼이 생겨났다면 이것은 경이 중의 경이일 것이다. 그러므로 이런 일은 일어날 수 없음을 반어적으로 말하고 있다.

위대한 부는 영혼을 말하고 가난은 육체를 의미한다. 신성을 알고 있는 예수 입장에서 찬란히 빛나는 영혼이 조잡한 육체 안에서 살아가야 한다는 것은 얼마나 놀라운 일이었겠는가? 그러나 무지 속에 사람들은 이 사실을 모르고 사라질 육체에 탐닉하고 살아가고 있으니 이 얼마나 한심한 일인가?

도마복음 30절

하느님 말씀을 전하는 사람!

Jesus said, "Where there are three gods, they are gods. Where there are two or one, I am with him."

예수께서 말씀하길, "신이 셋 있는 곳에 신이 있도다. 둘 또는 하나의 신이 있는 곳에 나는 그와 함께 하노라."

해석 삼위일체(성부, 성자, 성신은 하나라는 이론)와 관련되는 구절로 보인다. 성부는 모든 것이 나온 근원, 즉 신이고 성자는 신의 말씀을 전하는 예수, 그러나 성령은 정의하기에 좀 모호한 면이 있다. 이것을 어떻게 이해할 것인가는 흥미로운 주제이다.

우리가 당연히 받아들이는 삼위일체는 예수가 주장한 것이 아니라 제1회 니케아(Nicaea, AD 325)회의를 거쳐 콘스탄티노플 공의회(AD 381)에서 확정된 이론이다. 삼위일체를 통하여 가톨릭은 성부와 성자, 성령 관계를 정립하였다. 로마 가톨릭교회와 동방정교회는 성령을 성부와 성자를 잇는 끈으로 보고 성부와 성자는 성령을 통해서 완전히 합일한다고 보았다.

그러면 이 성령은 무엇인가? 성령에 대해서는 여러 의견이 있다. 성령은 성경에서 여러 가지로 표현된다. 숨결, 불, 물처럼 비인격적으로 표현되는 경우와 마음이나 뜻, 감정을 지닌 존재로 표현되는 경우도 있다. 성령이 비유로 표현되었기 때문에 일어나는 문제이다. 일반적으로 기독교에서는 성령을 진리의 신으로서 신자의 영적 생활의 근본이 되며, 교회를 세우고 다스리는 힘의 원천으로서 인격화된 초자연적 존재로 보며, 성신(聖神)으로 부른다. 아래는 성령에 대한 주요 성경구절이다.

> "내가 아버지께 구하겠다. 그리하면 아버지께서 다른 보혜사를 너희에게 보내셔서, 영원히 너희와 함께 계시게 하실 것이다. 그는 **진리의 영**이시다. 세상은 그를 보지도 못하고 알지도 못하므로, 그를 맞아들일 수가 없다. 그러나 너희는 그를 안다. 그것은, 그가 너희와 함께 계시고, 또 너희 안에 계실 것이기 때문이다."
> (요한복음 14:16~17)

"보혜사 곧 아버지께서 내 이름으로 보내실 성령 그가 너희에게 모든 것을 가르치시고 내가 너희에게 말한 모든 것을 생각나게 하시리라."(요한복음 14:26)

예수께서는 사도들과 함께 계신 자리에서 이렇게 말씀하셨다. "너희는 예루살렘을 떠나지 말고 내가 전에 일러 준 아버지의 약속을 기다려라. 요한은 물로 세례를 베풀었지만 오래지 않아 너희는 성령으로 세례를 받게 될 것이다."
사도들은 다 같이 모인 자리에서 예수께 이렇게 물었다. "주님, 주님께서 이스라엘 왕국을 다시 세워주실 때가 바로 지금입니까?" 예수께서는 이렇게 대답하셨다. "그 때와 시기는 아버지께서 당신의 권능으로 결정하셨으니 너희가 알 바 아니다. 그러나 성령이 니희에게 오시면 너희는 힘을 받아 예루살렘과 온 유다와 사마리아뿐만 아니라 땅 끝에 이르기까지 어디에서나 나의 증인이 될 것이다."
(사도행전 1:4~8)

요한복음 14절에 성령은 진리의 영이라 정의한다. 성령을 신의 말씀, 우주법칙, 진리로 이해한다면 삼위일체는 쉽게 이해된다. 신과 신의 말씀(우주법칙/지혜), 이것을 전하는 신의 아들(통로)은 하나로 존재한다는 말이다.

그러므로 도마복음 첫 구절은 이 세 개의 존재를 말함이며 두 번째 구절은 성부(하느님)나 성령(진리)이 있는 곳에 성자(예수)가 있음을 말하고 있다. 신과 하나로 연결된 예수, 이 예수를 매개체로 신의 말씀(진리)이 내려오는 것이다. 그러므로 신이 있는 곳에 예수가 있고 진리가 있는 곳에 예수가 있음이라. 누구나 깨달으면 예수처럼 신의 채널(성자)이 될 수 있다.

성령을 인격체로 보기보다는 하느님 말씀(우주법칙, 진리)으로 보아야 한다. 위의 요한복음이나 사도행전에서 예수가 언급한 성령은 진리로 대체하면 의미가 쉽게 다가온다. 예수는 하느님 말씀(우주 법칙, 진리)을 전하기 위하여 이 세상에 오신 것이다. 그러나 예수가 남긴 참 가르침은 일반 복음서에는 거의 남아 있지 않고 세상에 드러나지 않은 비밀 단체를 통하여 내려왔다. 이들 가르침은 '고대 비밀 가르침'으로 알려져 있다.

불교에서는 부처를 삼신불(법신, 보신, 화신)로 나누는데 이것과 삼위일체(성부 성신 성자)는 유사한 개념으로 보인다.

우주의 근원, 신, 공, 불성으로 불리는 법신(法身)은 성부(聖父), 이 법신이 모습을 드러낸 보신(報身)은 성신(聖神), 이 법신과 보신을 근거로 구체적으로 모습을 나타낸 화신(化身)은 성자(聖子)로 대치해 볼 수도 있다.

4 장

먼저 하늘나라를 구하라

도마복음 31절

예언자는 고향에서 환영받지 못하노라!

Jesus said, "No prophet is accepted in his own village; no physician heals those who know him."

예수께서 말씀하길, "예언자는 자신의 고향에서 환영받지 못하고 의사도 자신을 아는 사람을 치유하지 못하노라."

해석 유사한 구절이 마가복음에 나온다.

> "어디서나 존경을 받는 예언자라도 자기 고향과 친척과 집안에서만은 존경을 받지 못한다."(마가복음 6:4)

예언자나 성자가 영적 성장을 하여 고향에 돌아오더라도 그들이 자라는 과정을 지켜본 사람들은 항상 자신의 기억 속에 각인된 이미지로 그들을 판단하는 경향이 있다. 어린 시절부터 예수를 지켜본 사람들은 예수를 항상 목수의 아들로 기억할 뿐이다. 고향사람들이 예수를 하느님 아들 그리스도로 인정하기는 어려울 것이다. 이것은 가족이나 친지의 경우도 마찬가지이다. 자식이나 형제, 조카였던 사람을 성자로 받아들이기는 어려운 일이다. 부모에게 자식은 영원히 자식일 뿐이다. 마태복음에 재미있는 구절이 있다. 예수가 자신을 찾아온 모친과 동생을 대하는 구절이다.

예수께서 무리에게 말씀하실 때에 그 모친과 동생들이 예수께 말하려고 밖에 섰더니 한 사람이 예수께 여쭈되 보소서 당신의 모친과 동생들이 당신께 말하려고 밖에서 서있나이다 하니, 말하던 사람에게 대답하여 가라사대, 누가 내 모친이며 내 동생들이냐 하시고 손을 내밀어 제자들을 가리켜 가라사대, 나의 모친과 나의 동생들을 보라, 누구든지 하늘에 계신 내 아버지의 뜻대로 하는 자가 내 형제요 자매요 모친이니라 하시더라.(마태복음 12:46~50)

예수처럼 위대한 분에게 부모나 형제자매는 깨닫지 못한 가련한 영혼일 뿐이다. 혈연에 매여 예수를 자식으로 형으로 생각하는 그들에게 예수는 하느님 말씀을 따르는 사람이 바로 자신의 형제이며 부모라고 말한다.

어떤 의사도 자신을 잘 아는 사람을 치유할 수 없다는 말도 같은 의미이다. 치유가 성공하기 위한 첫 번째 조건은 치유에 대한 믿음이다. 그런데 어린 시절부터 보아온 평범한 사람이 자신을 치유한다면 일단 믿음이 가지 않는다. 마음에 의심이 있거나 믿음이 없으면 아무리 훌륭한 의사가 좋은 약을 쓰더라도 치유가 일어나기 어렵다. 이것은 위약효과로 설명이 된다.

위약효과(플레시보 효과)는 어떤 약품 속에 특정한 유효성분이 들어있는 것처럼 속여 환자에게 투여할 때 일어나는 심리적 효과를 말한다. 불면증 환자에게 소화제를 수면제로 위장하여 주면 환자가 편안하게 잠드는 경우가 있고 증류수를 해열제로 속이고 의사가 주사하면 실제 열이 내리기도 한다.

살충제를 먹고 자살한 사람이 있는데 실제로 그가 마신 것은 살충제가 아니라 독이 없는 액체였다. 위약효과가 침술에서도 작동함을 보여주는 사례가 있다. 환자들에게 편두통 완화를 위한 침술을 시술한다고 하고 흉내만 낸 경우에도 실제 시술한 경우(효과 51%)보다는

효과는 낮지만 편두통 감소를 경험한 환자가 15%나 되었다.[17]

"생각하는 대로 된다."는 말이 있듯 치유에는 생각의 힘이 결정적으로 작동한다. 의사에 대한 믿음이 없다면 치유는 일어나지 않는다. 의사는 단지 환자 내부에 있는 자기 치유의 힘을 깨워주는 역할을 할 뿐이다. 예수는 이 말을 하고 있다.

도마복음 32절

진리는 흔들림이 없도다!

Jesus said, "A city being built on a high mountain and fortified cannot fall, nor can it be hidden."

예수께서 말씀하길, "높은 산위에 단단하게 세워진 도시는 무너지지도 않고 숨겨질 수도 없도다."

해석 두 가지 의미로 볼 수 있다.

(1) 어떤 상황에서도 변함이 없는 것이 진리이다. 시대에 따라 사람에 따라 변화는 것이라면 진리가 아니다. 진리는 누구도 무너뜨릴 수 없고 그 진리는 모두에게 드러나는 법이다.

(2) 확실한 가르침(진리)에 근거한 믿음은 어떤 상황에서도 흔들리지 않고 드러난다. 마태복음 5:14에 비슷한 구절이 있다.

"너희는 세상의 빛이다. 산 위에 있는 마을은 드러나게 마련이다."

17) 독일 뮌헨 공과대학의 클라우스 린데 박사 연구팀이 2002년과 2003년에 302명의 편두통 환자를 연구해 나온 결론.

도마복음 33절

진리를 전하라!

Jesus said, "Preach from your housetops that which you will hear in your ear. For no one lights a lamp and puts it under a bushel, nor does he put it in a hidden place, but rather he sets it on a lampstand so that everyone who enters and leaves will see its light."

예수께서 말씀하길, "그대가 듣게 될 것을 지붕 위에 서서 (사람들에게) 전하라. 등불을 켜서 감추거나 숨겨진 곳에 두는 사람은 없기 때문이다. 오히려 등불을 받침대에 두어 오가는 모든 사람이 그 빛을 보도록 한다."

해석 두 종류의 사람이 있다. 새로운 지식이나 지혜를 자신만 간직하려는 사람과 남에게 베푸는 사람. 우리는 진리가 흐르는 강이 되고 통로가 되어야 한다. 흐르지 않으면 썩는다. 자신이 아는 것을 알려주면 남이 앞서지 않을까 걱정하는 사람들도 있다. 그러나 주는 만큼 새로운 것으로 채워진다. 이것이 우주법칙이다.

문제는 작은 지식으로 스승 노릇하려는 사람, 비밀로 간직해야 할 내용을 과시욕으로 누설하는 경우이다. 이 글은 예수가 제자들에게 자신의 가르침을 사람들에게 전해줄 것을 당부하는 내용이다. 아래는 비슷한 구절이다.

"내가 어두운 데서 말하는 것을 너희는 밝은 데서 말하고, 귀에 대고

속삭이는 말을 지붕 위에서 외쳐라."(마태복음 10:27)

"등불을 켜서 됫박으로 덮어두는 사람은 없다. 누구나 등경 위에 얹어둔다. 그래야 집 안에 있는 사람들을 다 밝게 비출 수 있지 않겠느냐?"(마태복음 5:15)

"등불을 켜서 그릇으로 덮어두거나 침상 밑에 두는 사람이 어디 있겠느냐? 누구나 등경 위에 얹어놓아 방에 들어오는 사람들이 그 빛을 볼 수 있게 할 것이다."(누가복음 8:16)

도마복음 34절

눈먼 인도자들이여!

Jesus said, "If a blind man leads a blind man, they will both fall into a pit."

예수께서 말씀하길, "소경이 소경을 인도하면 둘 다 구덩이에 빠질 것이니라."

해석 이 세상에는 거짓 가르침으로 사람들을 그릇된 길로 인도하는 사람들(특히 종교인들)로 넘쳐난다. 한정된 지식을 가지고 남을 인도하는 사람들은 자신은 물론 자신을 따르는 사람들마저 어둠으로 인도하는 셈이다.

문자에 매여 경전을 좁게 해석하여 자신들의 해석 외에는 다른 해석을 인정하지 않는 종교 근본주의자들, 자신이 믿는 신만이 최고라 생각하여 타종교를 무시하고 차별하는 사람들, 타인의 자유를 침해하면서까지 지하철이나 공공장소에서 자신의 종교를 선교하는 사람들, 신도의 점이나 운명을 보아주고 돈 받는 종교인들, 있지도 않은 죽은 조상이나 태아의 영혼을 천도한다며 신도들에게 적지 않은 돈을 요구하는 종교인들, 재물이나 명예욕 때문에 하느님 재산인 교회를 자식에게 물려주는 종교인들, 신도들의 시주 돈으로 호화로운 생활하는 종교인들, 하늘나라보다 명예를 추구하는 종교인들, 작은 영적 경험으로 전부를 아는 것처럼 사람들을 미혹에 빠뜨리는 사람들, 이들도 소경인 점은 마찬가지이다.

유사한 구절

"그대로 버려두어라. 그들은 눈먼 길잡이들이다. 소경이 소경을 인도하면 둘 다 구렁에 빠진다."(마태복음 15:14)

예수께서는 또 이렇게 비유를 들어 말씀하셨다. "소경이 어떻게 소경의 길잡이가 될 수 있겠느냐? 그러면 둘 다 구덩이에 빠지지 않겠느냐?"(누가복음 6:39)

"율법학자들과 바리사이파 사람들아, 너희 같은 위선자들은 화를 입을 것이다. 너희는 박하와 회향과 근채에 대해서는 십분의 일을 바치라는 율법을 지키면서 정의와 자비와 신의 같은 아주 중요한 율법은 대수롭지 않게 여긴다. 십 분의 일세를 바치는 일도 소홀히 해서는 안 되겠지만 정의와 자비와 신의도 실천해야 하지 않겠느냐? 이 눈먼 인도자들아, 하루살이는 걸러내면서 낙타는 그대로 삼키는 것이 바로 너희들이다."(마태복음 23:23~24)

도마복음 35절

신의 속성인 정의와 자비

Jesus said, "It is not possible for anyone to enter the house of a strong man and take it by force unless he binds his hands; then he will (be able to) ransack his house."

예수께서 말씀하길, "힘이 센 사람의 집에 들어가 강제로 집을 차지하려면 먼저 그의 손을 결박하여야 한다. 그러면 그의 집을 약탈할 수 있느니라."

해석 해석이 쉽지 않은 구절이다. 도마복음 곳곳에 카발라의 상징이 숨어있다. 표면적인 의미로는 너무 평범하고 왜 이것이 도마가 주장하는 비밀 가르침이 되어야 하는지 의문이 들 수 있다. 이 구절도 너무 당연한 내용으로 보인다.

마가복음(3:27 또 누가 힘센 사람의 집에 들어가서 그 세간을 빼앗아가려면 먼저 그 힘센 사람을 묶어놓아야 하지 않겠느냐? 그래야 그 집을 털어갈 수 있을 것이다.)에 비슷한 내용이 나온다.

이 구절은 카발라 가르침과 관련된다. 카발라의 핵심은 10개의 빛(光, 세피로트)로 이루어진 생명나무[18]이다. 이 생명나무는 우주를 상징하고 동시에 소우주인 인간에 반영되기도 한다. 생명나무를 신체에 대비하여 보면 오른손은 자비, 왼손은 정의를 상징하고 힘이 센 사람은 소우주인 인간을 상징한다. 인간에게 이 자비(오른손)와 정의(왼손)가 결박당한다면(사라진다면) 무엇이 남을 것인가?

18) 부록에 나오는 "생명나무" 그림 참조할 것.

신의 정의와 자비가 우리에게 활동하지 못하면 우리를 보호하는 양심과 이성의 장벽이 사라지는 것이 된다. 이런 상태에서 악은 쉽게 사람에게 침입하여 마음을 지배할 것이다. 악은 자비와 정의가 있는 곳에 들어올 수 없다. 자비와 정의는 신의 속성이며 그것은 어둠(악)을 몰아내기 때문이다. 그래서 악은 늘 인간에게서 자비와 정의를 없애려고 시도하여 왔다. 자비 없는 세상, 정의 없는 세상은 바로 악의 세상이다.

유사한 구절

"힘센 사람이 빈틈없이 무장하고 자기 집을 지키는 한 그의 재산은 안전하다. 그러나 그보다 더 힘센 사람이 달려들어 그를 무찌르면 그가 의지했던 무기는 모조리 빼앗기고 재산은 약탈당하여 남의 것이 될 것이다."(누가복음 11:21~22)

도마복음 36절

먼저 하늘나라를 구하라!

Jesus said, "Do not be concerned from morning until evening and from evening until morning about what you will wear."

예수께서 말씀하길, "밤낮으로 무엇을 입을 것인지 걱정하지 말라."

이 구절은 나그함마디의 콥트어 사본의 내용이고 옥시링쿠스에서 발견된 그리스 사본에는 좀 더 긴 내용이 나온다.

Jesus said, "Do not fret, from morning to evening and from evening to morning, [about your food--what you're going to eat, or about your clothing--] what you are going to wear. [You're much better than the lilies, which neither card nor spin. As for you, when you have no garment, what will you put on? Who might add to your stature? That very one will give you your garment.]"
예수께서 말씀하시길, "밤낮으로 무엇을 먹을까, 무엇을 입을까 염려하지 말라. 그대들은 길쌈도 하지 않는 백합보다 더욱 귀하니라. 그대들에게 의복이 없을 때 무엇을 입겠느냐. 누가 그대 키를 크게 하겠느냐. 바로 그분이 그대들에게 의복을 주실 것이니라."

해석 마태복음(6:26~34)에 이와 유사한 구절이 나온다.

"공중의 새들을 보아라. 그것들은 씨를 뿌리거나 거두거나 곳간에 모아들이지 않아도 하늘에 계신 너희의 아버지께서 먹여주신다. 너희는 새보다 훨씬 귀하지 않느냐? 너희 가운데 누가 걱정한다고 목숨을 한 시간인들 더 늘일 수 있겠느냐?
또 너희는 어찌하여 옷 걱정을 하느냐? 들꽃이 어떻게 자라는가 살펴보아라. 그것들은 수고도 하지 않고 길쌈도 하지 않는다. 그러나 온갖 영화를 누린 솔로몬도 이 꽃 한 송이만큼 화려하게 차려 입지 못하였다.
너희는 어찌하여 그렇게도 믿음이 약하냐? 오늘 피었다가 내일 아궁

이에 던져질 들꽃도 하느님께서 이처럼 입히시거든 하물며 너희야 얼마나 더 잘 입히시겠느냐?

그러므로 무엇을 먹을까 무엇을 마실까, 또 무엇을 입을까 하고 걱정하지 마라. 이런 것들은 모두 이방인들이 찾는 것이다. 하늘에 계신 아버지께서는 이 모든 것이 너희에게 있어야 할 것을 잘 알고 계신다.

너희는 먼저 하느님의 나라와 하느님께서 의롭게 여기시는 것을 구하여라. 그러면 이 모든 것도 곁들여 받게 될 것이다.

그러므로 내일 일은 걱정하지 마라. 내일 걱정은 내일에 맡겨라. 하루의 괴로움은 그 날에 겪는 것만으로 족하다."

예수는 이렇게 말하고 있다. "공중에 나는 새들도 들판에 피어나는 들꽃도 하느님이 보살피는데 하물며 신의 일부분인 인간은 오죽하겠느냐? 세상의 주인이 먹을 것과 입을 것을 걱정하는 것과 다를 것이 없어 보이노라."

사람들은 자신의 참된 신분과 능력을 망각하고 밤낮으로 살아갈 일에 걱정한다. 우리는 하늘나라를 먼저 찾지 않고 자기 자신(물질세계)을 먼저 찾는다. 우리의 참 자아는 육체가 아니라 영혼이다.

예수는 **"먼저 하늘나라를 구하라. 그러면 모든 것이 주어질 것이다.(마태 6: 33)"**라고 말을 한다. 우리는 물질나라(외면)는 온갖 것으로 치장하고 가꾸면서 진짜 중요한 하늘나라(내면)는 버려두고 있다. 우리가 신의 속성을 지닌 존재라는 것을 알게 되고 신과 연결되어 있음을 깨닫게 되면, 우리의 근심 걱정은 사라진다. 하늘나라의 풍족함이 우리를 통하여 넘쳐날 것이기 때문이다.

도마복음 37절

예수의 본 모습을 보려면 가식을 버려라!

His disciples said, "When will you become revealed to us and when shall we see you?"
Jesus said, "When you disrobe without being ashamed and take up your garments and place them under your feet like little children and tread on them, then will you see the son of the living one, and you will not be afraid."

제자들이 묻기를, "당신은 언제 우리에게 드러낼 것이며 언제 우리가 그런 당신을 볼 수 있겠나이까?" 예수께서 말씀하길, "그대들이 어린 아이처럼 부끄럼 없이 옷을 벗어 집어 들고는 발밑에 두고 밟을 때 그대들은 살아있는 분의 아들을 보게 될 것이며 두려워하지 않을 것이다."

해석 여기서 제자들의 질문 요지는 예수의 참 모습, 정체는 무엇이며 언제 그 참 모습을 볼 수 있겠느냐는 것이다. 이 질문 시점이 언제일까? 여러 독립적이고 단편적 글을 모아 놓은 경전이라 사건의 순서를 알 수가 없다. 병자를 고치고 물 위를 걷고 수천 명 분의 음식을 만들어 내기까지 한 예수였다. 제자들은 이런 기적을 보고도 질문을 한 것일까?

하여간 제자들은 자신들이 따르고 있는 예수란 사람이 누구인지 궁금하였다. 아는 만큼 이해한다는 말이 있듯이 깨달은 자가 깨달은 자를 알아본다. 제자들은 아직 예수의 참 모습을 볼 수준이 되지 않았다.

예수는 제자들이 자신의 참 모습을 보려면 어린아이처럼 부끄럼 없이 옷을 벗어 집어 들고는 발밑에 두고 밟을 때라고 말한다. 벗는다는 것은 가식을 벗어던지는 것을 말하고 밟는다는 것은 형식이나 명예에 집착하지 않음을 말하는 것이다. 어린아이와 같아야 하늘나라에 갈 수 있다는 구절처럼 예수는 위선과 명예에 대한 집착을 버리면 자신을 바로 볼 수 있음을 말한다.

제자들은 예수를 따르면서도 스승에 대한 믿음이 약하여 자주 흔들렸고 위선적 태도를 보였고 명예에 집착을 하고 있었다. 이런 상태의 제자들이 예수를 알아 볼 수는 없는 일이었다. 제자들의 영적 수준이 문제였다. 그러나 그들은 무지하여 하늘나라가 어디에 있는지, 예수가 자신들을 구원할 구세주인지, 하늘나라에 자신들의 자리가 보장되어 있는지에 관심이 있었다. 마가복음에 보면 이런 사실을 추측할 수 있는 내용이 나온다.

> 제베대오의 두 아들 야고보와 요한이 예수께 가까이 와서 "선생님, 소원이 있습니다. 꼭 들어주십시오."하고 말하였다. 예수께서 그들에게 "나에게 바라는 것이 무엇이냐?"하고 물으시자 그들은 "선생님께서 영광의 자리에 앉으실 때 저희를 하나는 선생님의 오른편에 하나는 왼편에 앉게 해주십시오."하고 부탁하였다. 그래서 예수께서는 "너희가 청하는 것이 무엇인지나 알고 있느냐? 내가 마시게 될 잔을 마실 수 있으며 내가 받을 고난의 세례를 받을 수 있단 말이냐?"하고 물으셨다. 그들이 "예, 할 수 있습니다."하고 대답하자 예수께서 다시 이렇게 말씀하셨다. "너희도 내가 마실 잔을 마시고 내가 받을 고난의 세례를 받기는 할 것이다. 그러나 **내 오른편이나 왼편 자리에 앉는 특권은 내가 주는 것이 아니다.** 그 자리에 앉을 사람들은 하느

님께서 미리 정해 놓으셨다."

이 대화를 듣고 있던 **다른 열 제자가 야고보와 요한을 보고 화를 냈다.** 그래서 예수께서는 그들을 가까이 불러놓고 "너희도 알다시피 이방인들의 통치자로 자처하는 사람들은 백성을 강제로 지배하고 또 높은 사람들은 백성을 권력으로 내리누른다. 그러나 **너희는 그래서는 안 된다.** 너희 사이에서 누구든지 높은 사람이 되고자 하는 사람은 남을 섬기는 사람이 되어야 하고 으뜸이 되고자 하는 사람은 모든 사람의 종이 되어야 한다. 사람의 아들도 섬김을 받으러 온 것이 아니라 섬기러 왔고, 또 많은 사람들을 위하여 목숨을 바쳐 몸값을 치르러 온 것이다."하셨다.(마가복음 10:35~45)

도마복음 38절

예수의 비밀가르침

Jesus said, "Many times have you desired to hear these words which I am saying to you, and you have no one else to hear them from. There will be days when you will look for me and will not find me."

예수께서 말씀하시길, "그대들은 여러 차례 내가 그대들에게 전하고자 하는 이런 말들을 듣고 싶어 하였도다. 이런 가르침을 그대들에게 전해 줄 사람은 아무도 없도다. 그대들이 나를 찾는 날이 있겠지만

나를 찾지는 못할 것이니라.”

해석 예수는 자신이 전해주는 지식의 귀함을 말하고 있다. 성경에 나오는 예수 어록은 훌륭하고 도덕적 지침을 주나 여기서는 그것을 말하고자 함이 아니다. 그런 말은 예수 말고도 인품을 갖춘 사람이면 누구나 말할 수 있는 상식적인 말이다. 하늘나라 이야기, 도덕적 훈계가 예수를 다른 사람과 구별 짓는 위대한 가르침은 아니다.

예수의 참 가르침은 숨겨져 있다. 예수는 죽은 자를 살려내고 물 위를 걷고, 물고기나 빵과 같은 물질 창조를 하였고 부활까지 하였다. 이런 기적 때문에 예수를 높게 보는 것은 사실이지만 사람들은 예수가 전하고자 하는 가장 중요한 메시지를 놓치고 있다. 이런 기적 뒤에 존재하는 우주법칙이 그것이다. 왜 이런 기적이 가능하였는지 사람들은 관심이 없다. 그가 하느님의 아들이고 그리스도라서 모든 것이 가능하였다고 생각한다.

예수의 의도는 이런 것이 아니었다. 우주법칙의 작동법을 알면 누구나 자신처럼 할 수 있음을 보여주기 위함이었다. 자신을 통하여 구원이 아니라 자신이 전하는 법칙을 통하여 구원(무지탈출, 깨달음)을 얻기를 바랐다. “진리를 너희를 자유롭게 하리라.”는 말이 딱 맞다.

법칙의 결과만 나와 있을 뿐 그 법칙이나 원리가 성경에는 나오지 않는다. 하늘나라에 대한 비유적 설명은 있지만 그곳에 가는 구체적인 설명은 없다. 기독교인들은 믿음을 근거로 내세우는데 무엇을 알아야 믿음도 생기는 법이다. 동양 종교에 비하여 기독교는 수련법이 거의 없다. 그냥 하늘나라만 믿으면 가는 것이 아니다. 강 건너에 목적지가 있으면 그 강을 건너야한다. 그런데 그 강을 건너는 일이 믿음만으로는 이루어지지 않는다. 배가 필요하고 배를 젓는 기술이 필요하다.

이웃을 자신의 영혼처럼 사랑하라 했는데 성경을 믿고 예수를 따른다고 이웃을 자기 자신처럼 사랑하게 되던가? 그렇게 못하니까 문제인 것이다. 성경만 읽는다고 이웃을 자신처럼 사랑하게 되지는 않는다. 행동이 따르려면 물질 욕심을 버리고 마음을 정화해야 한다. 마음을 다스리는 방법을 알아야 하고, 지긋지긋하게 버리기 힘든 물질 욕망에서 해방되는 방법을 알아야 한다. 그 방법이 없다 보니 말만 하늘나라를 내세우지 마음은 지옥에 있는 것이다. 이런 사람들을 보고 예수는 "이 위선자들아!"라고 말할 것이 틀림없다.

예수의 이런 핵심 가르침은 성경에 나오지 않으며 예수는 그런 가르침을 준비된 제자들에게만 전하였다. 예수가 제자들에게 전수한 가르침은 이러하다.

> "나는 분명히 말한다. 많은 예언자와 의인이 너희가 지금 보는 것을 보려고 했으나 보지 못하였고 너희가 지금 듣는 것을 들으려고 했으나 듣지 못하였다."(마태복음 13:17)
>
> 제자들이 예수께 가까이 와서 "저 사람들에게는 왜 비유로 말씀하십니까?"라고 묻자 예수께서 이렇게 대답하셨다. "너희는 하늘나라의 신비를 알 수 있는 특권을 받았지만 다른 사람들은 받지 못하였다. 가진 사람은 더 받아 넉넉하게 되겠지만 못 가진 사람은 그 가진 것마저 빼앗길 것이다. 내가 그들에게 비유로 말하는 이유는 그들이 보아도 보지 못하고 들어도 듣지 못하고 깨닫지도 못하기 때문이다."(마태복음 13:10~13)

예수의 가르침은 예언자도 듣기를 원하였을 만큼 소중한 우주의 신비를 담고 있는 것이었다. 그러나 지금 우리가 보고 있는 성경에는 도덕적 지침이 대부분이며 그나마 깊은 내용은 상징으로 숨겨져 있고 비밀 가르침 대부분은 성경에서 사라졌다. 안타까운 일이다.

도마복음 39절

지혜롭고 순수하라!

Jesus said, "The pharisees and the scribes have taken the keys of knowledge (gnosis) and hidden them. They themselves have not entered, nor have they allowed to enter those who wish to. You, however, be as wise as serpents and as innocent as doves."

예수께서 말씀하시길, "바리새인들과 학자들이 지식(영지)의 열쇠들을 취하여 감추었느니라. 그들 자신도 들어가지 않으며 들어가기를 원하는 자들도 들어가도록 허용치 않느니라. 그러나 그대들은 뱀들처럼 지혜롭고 비둘기들처럼 순수 하라."

해석 비슷한 구절이 누가복음(11:52)에 나온다.

> "너희 율법 교사들은 화를 입을 것이다. 너희는 지식의 열쇠를 치워 버렸고 자기도 들어가지 않으면서 들어가려는 사람마저 들어가지 못하게 하였다."

예수 탄생 오래 전에 유대인들은 훌륭한 명상법과 가르침을 가지고 있었다. 그러나 세월이 흐르면서 고대 히브리어로 기록되거나 구전되어진 가르침과 명상법은 성직자나 학자들의 전유물이 되어갔다. 왜냐하면 예수가 활동하는 시기에 이미 유대인들은 고대 히브리어 대신 당시 유대 지방에 광범위하게 사용되던 아람어를 사용하였고 고대 히브리어는 문서 속에만 존재하는 언어가 되어있었다. 일반인들은 히브리어로 기록된 문서를 읽을 수가 없었다.

대중이 무지할수록 정치지도자나 종교지도자들은 쉽게 대중을 지배할 수 있고 자신들의 역할은 커지는 법이다. 유대 성직자들이나 학자들은 일반인이 알아보기 어려운 히브리어를 사용하여 자신들의 권위를 높였다. 그러나 이들도 의미보다는 의식(Ritual)에만 치우쳤고 유대 고대지혜는 사람들에게 잊혀져갔다. 예수는 당시의 상황을 말하고 있다.

이런 위선적인 예를 우리 주변에서도 볼 수 있다. 읽어도 무슨 뜻인지 일 수 없는 어려운 한자로 구성된 법규, 무슨 뜻인지 쉽게 다가오지 않는 성경, 영어로 휘갈겨 쓴 의사 처방전, 신도들의 발길을 돌리게 하는 한자투성이 불경 등이 그러하다. 자신들의 권위를 높이려는 얄팍한 의도가 숨어있다.

예수는 제자들이 뱀처럼 지혜롭고 비둘기처럼 양순하라고 한다. 이 구절은 마태복음(10:16)의 내용과 비슷하다.

> "내가 너희를 보내는 것은 마치 양을 이리떼 가운데 보내는 것과 같다. 그러므로 너희는 뱀같이 슬기롭고 비둘기같이 양순해야 한다."

창세기에서 뱀은 하와를 유혹하여 죄에 빠뜨리는 사악한 존재로 등장한다(창세기 3:1~24). 마태복음(23:33)에서 예수가 율법학자와 바리새인을 위선자로 비난하는 글에 이런 말이 나오기도 한다. “이 뱀 같은 자들아, 독사의 족속들아! 너희가 지옥의 형벌을 어떻게 피하랴?”

사람들은 창세기 구절 때문에 뱀에 대한 부정적 이미지가 강한데 여기서 예수는 뱀을 지혜로운 존재로 비유한다. 단어에 여러 의미가 내포되어 있음을 고려하면 이해 못할 것도 없다.

사실 뱀은 옛날부터 여러 문화에서 지혜를 상징하는 동물이었다. 힌두교에서는 뱀은 삶의 지혜와 은혜의 신이다. 인도의 요가 중에 쿤달리니 요가라는 것이 있다. 이 요가는 척추 가장 아래 부위(미저골)에 잠자고 있는 에너지를 끌어 올려 머리 중심으로 가지고 오면 깨달음을 얻는다고 한다. 이들은 자신들을 각성시키는 이 신성한 쿤달리니 에너지를 상징적으로 똬리를 틀고 있는 뱀으로 표현한다. 인도나 캄보디아 지역의 힌두교나 불교 신전의 조각상에는 뱀 그림이 많이 나온다. 이집트 파라오는 왕의 권위를 나타내는 성스러운 뱀 머리 모양의 장식을 사용하였다. 우주와 영원성을 상징하는 우로보로스[19]도 뱀의 형상이다.

예수는 제자들에게 지혜와 순수함을 내세운다. 이 덕목은 무지하고 위선적인 바리새인이나 학자와 비교가 된다. 비밀의 열쇠를 가지고 있으면서 비밀을 알려고 하지 않는 **어리석음**과 커다란 권세라도 가진 듯 대중에게 접근을 허락하지 않는 **추한 마음**을 본받지 말고 그 반대 덕목인 **지혜와 순수함**을 지니라는 말이다.

19) 자신의 꼬리를 집어삼키는 뱀

도마복음 40절

어둠속에 버려질 것이니라!

Jesus said, "A grapevine has been planted outside of the father, but being unsound, it will be pulled up by its roots and destroyed."

예수께서 말씀하시길, "포도나무가 아버지에게서 떨어져 나와서 심어졌으나 튼튼하지 못하여 뿌리 채 뽑히어 파괴 될 것이다."

해석 포도나무는 자라나서 열매를 맺어야 한다. 이것이 포도나무가 존재하는 이유이다. 그러나 잘 자라지 못하여 열매를 맺지 못하면 아무 소용이 없으므로 뽑아버려야 하는 것이 정상이다. 이 구절에서 포도나무는 사람을 상징하고 밭에 심어졌다는 것은 세상에 태어났음을 상징하며 튼튼하지 못함은 태어난 목적을 달성하지 못한 것을 상징한다. 사람이 태어남은 원래의 신성을 되찾기 위한 것이다. 그러나 욕망에 이끌려 물질에 매여 살아가는 사람은 자신의 역할(깨달음)을 다하지 못한 까닭으로 여지없이 버려진다는 것이다

보통 버려진다는 것은 하늘나라에 머물지 못하고 윤회를 한다는 뜻이나 이것이 성경의 마지막 심판의 날과 관련되면 다른 의미를 가진다. 윤회가 끝없이 존재하는 것은 아니다. 어느 시기까지 깨달음에 이르지 못하면 어둠 속에 버려진다. 이 시기가 예수가 말하는 마지막 심판의 날과 관련된다.

성경에서 말하는 최후의 날 구절에는 오컬트 차원에서 많은 비밀이 숨겨져 있다. 마지막까지도 빛보다 어둠을 더 사랑하여 물질 욕망

에 매여 있는 사람은 더 이상 기회가 주어지지 않고 빛이 사라지고 어둠만이 남은 공간에 버려진다. 성경에는 하늘과 땅이 사라지는 날이라고 되어있다. 이날까지 빛이 되지 못한 영혼은 어둠 속에 남겨질 것이다. 이 구절은 그 사실을 말하고 있다.

도마복음 49절에 보면 우리는 하늘나라에서 왔으며 하늘나라에 돌아간다는 말이 나온다. 즉 하늘나라에 돌아가는 것이 우리의 운명이며 존재 이유이다. 그 하늘나라는 멀리 있는 것이 아니라 우리 내부에 있으며 자신의 내부에서 신성을 찾은 사람은 하늘나라를 찾은 사람이고 깨달은 사람이다. 이 참 모습을 찾도록 윤회가 주어졌으나 이 윤회 기회가 무한정 주어지는 것은 아님을 우리는 기억해야 한다. 이 구절은 카발라에서 말하는 "지구 사이클"[20]에 대하여 알면 이해가 쉽다.

20) 김우타 <소리 없는 소리> 하모니, 2010(89~97쪽)

5 장

제 3의 눈

도마복음 41절

가진 자가 더 가지리라!

Jesus said, "Whoever has something in his hand will receive more, and whoever has nothing will be deprived of even the little he has."

예수께서 말씀하시길, "가진 자는 더 많이 받을 것이며 가진 것이 없는 사람은 자신이 가진 작은 것 마저 빼앗길 것이니라."

해석 공관복음서에 유사한 구절이 있다.

> "가진 사람은 더 받아 넉넉하게 되겠지만 못 가진 사람은 그 가진 것마저 빼앗길 것이다."(마태복음 13:12)

> "누구든지 있는 사람은 더 받아 넉넉해지고 없는 사람은 있는 것마저 빼앗길 것이다."(마태복음 25:29)

이 구절을 어떻게 이해할 것인가? 예수의 이 말이 이해가 되는가? 어떻게 부자는 더 가지게 되고 가난한 자는 더 가난하게 되리라 말하는가? "부자가 천국에 가기는 밧줄이 바늘구멍 통과하기 만큼 어렵다."[21] 하시면서 부자는 더 가지게 되리라는 말은 이해하기 어려운 말일 수 있다.

---

21) 성경에는 밧줄이 아니라 낙타로 나와 있으나 오늘날 성경학자들에 의하면 원본을 필사하는 과정에서 나온 오역으로 본다. 문맥상 '낙타가 바늘구멍 통과하기'는 밧줄이 바늘구멍 통과하기'보다 잘 어울리지 않는 말이다.

이것은 이런 식으로 이해를 해야 한다. 여기서 가진 자는 지혜로운 자를 말하고 갖지 못한 자는 무지 속에 살아가는 사람을 의미한다. 그러므로 지혜에 눈을 뜬 사람은 지혜의 빛으로 더욱 지혜롭게 되고, 무지한 사람은 그 무지로 더욱 곤궁한 삶을 영위할 것이란 말이다. 영적 빈곤의 악순환이다.

붓다는 이 세상이 고통으로 차 있고 그 괴로움의 원인을 집착이나 갈망으로 보았으며 이것을 멸하면 도를 이룬다고 하였다. 이것이 사성제의 내용이다. 집착이나 갈망을 멸하는 방법으로 8정도를 말씀하셨고 그 첫째 항목이 정견(바른 견해)이다. 무지함은 정견의 부족 때문에 일어나는 일이다.

우리는 눈에 보이는 세상이 환영임을 모르고 이 환영적인 세상에 집착하여 고통을 경험한다. 그러므로 바른 견해가 필요하다. 바른 견해는 우리를 바른 길로 인도하여 우리를 영적으로 풍요롭게 한다. 반대로 무지는 우리를 집착과 혼란 그리고 파괴로 이끌어 우리를 영적으로 더욱 빈곤하게 만든다.

도마복음 42절

삶에 초연하라!

Jesus said, "Become passers-by."

예수께서 말씀하시길, "지나가는 사람이 되라."

해석 이 짧고 평범한 문장을 통하여 예수는 무엇을 말하고자 하는가? 실로 당혹스러운 글이다. 예수는 지나가는 사람 즉 나그네가 되라고 한다. 걸망 하나 둘러매고 바람처럼 떠돌아다니는 나그네에게 집착의 대상인 사람과 재산에 미련이 쌓이지 않는 법이다. 이런 나그네처럼 삶에 집착하지 말고 바람처럼 걸림 없이 초연하게 살아가라는 말이다.

인생은 나그네길이다. 나그네처럼 살아야지 누구 말대로 백년도 못살면서 천년만년 살듯 온갖 욕심을 부리며 이 세상에 자신의 왕국을 세우며 살아서는 안 된다. 가진 자나 없는 자나 못난 사람이나 잘난 사람이나 싸늘한 땅에 묻혀 한줌 흙으로 돌아가는 것은 마찬가지이다.

우리 대다수는 죽음이 자신과는 상관없는 일이라도 되듯이 평생 욕심 부리면서 남에게 해를 끼치며 살아간다. 욕 얻어 먹어가며 힘들게 번 돈을 하늘나라에 가지고 갈 수는 없다. 사람들은 재산을 하늘나라에 보관해야 함을 잊고 있다. 생전에 착한 일 하고 공덕을 쌓는 것이 하늘나라에 재산을 보관하는 일이다. 누가복음(12:33)에 이런 구절이 나온다.

"너희는 있는 것을 팔아 가난한 사람들에게 주어라. 해어지지 않는 돈지갑을 만들고 **축나지 않는 재물 창고를 하늘에 마련하여라**. 거기에는 도둑이 들거나 좀먹는 일이 없다."

예수의 지나가는 사람이 되라는 말은 법구경에 나오는 "그물에 걸리지 않는 바람처럼, 천둥소리에 놀라지 않는 사자처럼 무소의 뿔처럼 혼자서 가라."는 말과 같다. 또한 이 말은 남의 일에 간섭하기 좋아하고 개입하기 좋아하는 사람들에 대한 경계의 글이기도 하다. 우리는 자신의 앞가림도 못하면서 직위나 신분, 나이를 이유로 또는 친분 관계를 이유로 자신은 실행하지 못하는 일을 남에게 요구하기도 하고, 남에 대한 험담이나 가십으로 소중한 시간을 소비한다. 그 시간에 자신을 성찰하는 편이 자신을 위하여 유익하다.

이 구절과 관련하여 생각할 수 있는 것이 생각 지켜보기이다. 대다수 사람은 생각의 주인이기보다는 생각의 노예이다. 그것은 생각과 자신을 동일시하거나 생각과 자신(자아)을 분리시켜 지켜볼 수 없기 때문이다. 10분, 아니 1분이라도 아무런 생각 없이 존재할 수 있는 사람이 몇 명이나 될 것인가? 생각을 하지 않으려 하면 할수록 온갖 생각들이 꼬리에 꼬리를 물고 일어난다. 남의 일에 개입하듯 우리는 생각에 개입하여 생각의 사슬에 매여 버린다. 마음이 분주하다. 이러니 마음의 평화는 생각할 수도 없다.

생각에 머물지 않고 지나가는 자가 되어야 한다. 생각에 초연할 수 있을 때 우리는 생각의 사슬에서 벗어나 내면의 참된 자아와 만나게 된다. 우리는 삶의 나그네가 되어야 한다. 어느 시에 나오는 구절처럼 구름에 달 가듯이 집착하지 않는 삶을 살아가야 한다.

도마복음 43절

믿음이 약한 사람들이여!

His disciples said to him, "Who are you, that you should say these things to us?" 〈Jesus said to them,〉 "You do not realize who I am from what I say to you, but you have become like the Jews, for they (either) love the tree and hate its fruit (or) love the fruit and hate the tree."

제자들이 예수께 묻되, "우리에게 이러한 것들을 말씀하시는 당신은 누구시나이까?"

"그대들은 내가 그대들에게 말해주는 것을 듣고도 내가 누구인지 알지 못하도다. 왜냐하면 그대들은 유대사람과 같아졌으니 이는 그들이 나무는 사랑하되 그 열매는 미워하거나 열매는 사랑하되 나무를 미워하기 때문이니라."

해석 제자들은 예수가 누구인지 질문한다. 참으로 끈질긴 질문이다. 하나를 말하면 둘을 알지 못하더라도 그 하나만이라도 알아야 하는데 제자들은 여전히 예수의 존재에 대하여 의문을 던진다. 그러니 예수는 "내 말을 듣고도 내가 누구인지 모르니 참으로 답답하도다." 라고 말을 하는 것이다.

유대인인 제자들에게 유대인과 같아졌다는 말은 율법학자나 바리새인들처럼 위선적이 되었다는 의미이다. 예수는 그들을 나무는 사랑하나 열매는 미워하는 사람으로 표현한다. 이 얼마나 모순된 사고인가? 나무가 없으면 열매가 없고 또한 열매가 없으면 나무의 존재가치가 없을 터인데 당시 일부 유대인들은 이런 터무니없는 위선적 태도를 지니고 있었다.

제자들은 예수를 따르면서도 그 참 말씀에 귀 기울이지 않고 이전 율법이나 규칙에 매여 있었다. 이것은 나무를 사랑하되 열매는 미워하는 꼴이었다. 예수의 가르침에 공감하면서도 예수가 자신들의 권위를 무너뜨린다고 예수를 미워한 율법학자나 바리세인들은 열매를 사랑하면서 나무를 미워하는 꼴이었다.

도마복음 44절

성령에 불경을 저지르지 말라!

Jesus said, "Whoever blasphemes against the father will be forgiven, and whoever blasphemes against the son will be forgiven, but whoever blasphemes against the holy spirit will not be forgiven either on earth or in heaven."

예수께서 말씀하시길, "아버지에 불경(不敬)을 저지르는 사람은 용서받을 것이며 그 아들에게 불경을 저지르는 사람도 용서받을 것이나 성령에게 불경을 저지르는 사람은 지상에서나 하늘에서 용서 받지 못할 것이다."

해석 하느님이나 예수에게 불경을 저지르는 것은 용서되나 성령에 저지르는 불경은 용서되지 않는다고 한다. 성령이 신으로부터 나온 것인데 이것이 가능한 일인가? 구약을 보면 하느님에게 불경을 저질러 그 보복을 받은 경우가 얼마나 많은가? 사실 구약의 신과 신약의 신은 많이 다르게 표현된다. 같은 하느님인데도 전혀 다른 모습으로 나타난다. 흥미로운 일이다.

하여간 예수는 하느님과 그 아들에게 불경을 저지르는 것은 용서된다고 하니 사람들이 알고 있는 상식을 깨는 말이 아닐 수 없다. 사람들에게 있어 신은 자비와 사랑의 신인가 징벌과 심판의 신인가? 엄한 아버지인가 자상한 아버지인가?

카발라에 보면 신을 상징하는 생명나무가 나오고 신의 속성을 나타내는 10개의 광(光, 세피로트)이 생명나무를 구성한다. 이 10개 광 중에는 지혜, 지성, 아름다움, 자비(사랑)와 정의(심판) 등이 있다. 그러므로 신의 속성에는 사랑과 정의가 동시에 존재한다. 자비(사랑)가 지나치면 인간은 잘못을 반복하여 교훈을 얻지 못할 것이며 정의(심판)가 지나치면 개선의 기회가 주어지지 않을 것이다. 이 사랑과 정의를 적절히 사용하여 인간의 잘못을 저울질하는 것이 신이기도 하다.

앞에서 삼위일체를 설명하면서 성령을 신의 말씀(진리)으로 해석하였다. 즉 구원, 무지에서 해방은 예수를 통해서가 아니라 예수가 전하는 말을 통하여 가능하다고 앞에서 해석하였다. 비유를 든다면 대통령이나 장관에 대해 불경은 용서되지만, 대통령이 공고하여 시행 중인 법을 위반하면 벌을 받는 것과 마찬가지이다. 신은 아들을 통하여 자신의 말을 전하였다. 그 말은 우주 법칙이며 변할 수 없는 진리이다. 이 진리가 우리를 자유롭게 하듯 이 진리에 대한 불경은 우리를 어둠 속에 가두어 버릴 것이다.

신의 말씀이 자신들 경전에만 실려 있다고 믿는 종교인들 특히 성경에만 실려 있다고 믿는 기독교인들이 많다. 타종교 가르침을 사탄의 가르침으로 비난하고 자신들만 진리를 가르친다고 믿는 사람들은 성령에 대한 불경죄를 저지르는 셈이다. 신은 모든 곳에 편재하며 작은 풀잎 하나에도 스치는 바람에도 신의 말씀이 스며들어 있는데 타종교 가르침을 비하하는 사람은 진리에 대한 불경을 저지르는 셈이다. 슬픈 일이지만 무지한 사람들은 자신들이 무슨 죄를 저지르는지 모른다. 무지는 사람을 용감하게 만드나 그 죄는 피할 수 없다. 가장 큰 죄는 진리에 대한 불경(不敬)이기 때문이다.

간디가 "나는 예수를 사랑한다. 그러나 크리스천은 싫어한다. 왜냐하면 그들은 예수를 닮지 않았기 때문이다."라는 말을 하였다. 오늘날 일부 근본주의 기독교인들의 행동을 보면 이 말이 맞지 않나 싶다. 그들에게 자신들의 행동은 선이고 그 반대편은 악이라는 이상한 이분법으로 세상을 바라본다.

지하철 선교, 가정방문 선교, 공원이나 캠퍼스 선교를 보면 타인을 배려하는 마음은 찾아볼 수 없다. 그들 마음에는 성경은 최고이고 누구나 믿어야 할 가르침인 것이다. 자신들의 가르침에 대한 자부심, 불신자에 대한 안타까움(?), 길 잃은 영혼을 하느님에게 인도한다는 사명감, 선교에 대한 하느님으로부터 보상 기대감 등이 전도에 대한 극렬함은 낳고 있다. 목사의 경우는 여기에 신도 확보에 따른 경제적 기대감도 있을 것이다.

가장 바람직한 전도는 자신의 조화로운 삶으로 주변 사람들을 감응시키는 것이다. 말과 행동이 다르면서, 남을 배려하는 사소한 예의도 지키지 않으면서, 입으로만 천국을 부르짖는 위선자는 되지 말아야 한다.

유사한 구절

"나는 분명히 말한다. 사람들이 어떤 죄를 짓든 입으로 어떤 욕설을 하든 그것은 다 용서받을 수 있으나 성령을 모독하는 사람은 영원히 용서받지 못할 것이며 그 죄는 영원히 벗어날 길이 없을 것이다."
(마가복음 3:28~29)

"또 사람의 아들을 거역해서 말하는 사람은 용서받을 수 있어도 성령을 거역해서 말하는 사람은 현세에서도 내세에서도 용서받지 못할 것이다."(마태복음 12:32)

도마복음 45절

뿌린 대로 거두리라!

Jesus said, "Grapes are not harvested from thorns, nor are figs gathered from thistles, for they do not produce fruit. A good man brings forth good from his storehouse; an evil man brings forth evil things from his evil storehouse, which is in his heart, and says evil things. For out of the abundance of the heart he brings forth evil things."

예수께서 말씀하시길, "가시나무에서 포도를 엉겅퀴에서 무화과를 수확하지 못하느니라. 이는 이들이 과실을 산출하지 못하기 때문이니라.

선한 자들은 자신의 창고에서 좋은 것을 가져오고 악한 자는 그들 마음속의 악한 창고에서 악한 것을 가져오고 악한 것을 말하느니라. 이는 그 마음에 넘쳐나는 악으로부터 그들이 나쁜 것을 가져옴이라."

해석 이 구절은 한 마디로 "뿌린 대로 거두리라!"는 말이다. "콩 심은데 콩 나고 팥 심은데 팥 난다."라는 속담과 어울리는 말이다. 악업을 쌓은 사람이 좋은 결과를 바라는 것은 가시나무에서 포도를 구하는 것과 마찬가지이다. 선업을 쌓은 사람은 삶으로 좋은 것을 가져오고 악업을 쌓은 사람은 삶으로 나쁜 것을 가져온다. 예수는 카르마 법칙을 말하고 있다.

우리가 잘 알고 있는 카르마는 원인과 결과의 법칙이라고도 하는데 이것은 우주를 지배하는 주요 법칙 중의 하나이다. 세상은 이 법칙에 따라 움직인다. 세상에 우연은 없고 모든 것은 이 법칙에 따라 운행된다. 누구도 이 법칙을 벗어날 수 없다. 이것이 있으니 저것이 있는 법이다. 사람들이 이 법칙을 이해하고 살아간다면 세상은 참으로 살기 좋은 곳이 될 것이다.

유사한 구절

"너희는 행위를 보고 그들을 알게 될 것이다. 가시나무에서 어떻게 포도를 딸 수 있으며 엉겅퀴에서 어떻게 무화과를 딸 수 있겠느냐? 이와 같이 좋은 나무는 좋은 열매를 맺고 나쁜 나무는 나쁜 열매를 맺게 마련이다. 좋은 나무가 나쁜 열매를 맺을 수 없고 나쁜 나무가 좋은 열매를 맺을 수 없다. 좋은 열매를 맺지 못하는 나무는 모두 찍혀 불에 던져진다. 그러므로 너희는 그 행위를 보아 그들이 어떤 사람인지 알게 된다."(마태복음 7:16~20)

도마복음 46절

제 3의 눈!

Jesus said: "From Adam to John the Baptist there is among the children of women none higher than John the Baptist, for **his eyes** were not destroyed (?). But I have said: Whoever among you becomes small will know the kingdom and will be higher than John."(46절은 Blatz 영어본 사용)

예수께서 말씀하시길, "아담으로부터 세례 요한까지 여자에게서 태어난 사람들 가운데 세례 요한보다 더 위대한 자가 없으니 왜냐하면 그의 눈이 파괴되지 않았기 때문이니라. 그러나 너희 가운데 어린아이가 되는 사람은 누구든지 왕국을 알게 될 것이며 요한보다 위대하게 될 것이라고 나는 말하였느니라."

해석 세례요한은 예수의 오심을 알린 자이며 예수를 받아들이도록 사람들을 준비시킨 자이다. 예수는 요한을 엘리야라고 말한다(마태복음 11장 14절, 17장 10~13절). 엘리야가 세례요한이므로 엘리야가 윤회하여 세례 요한으로 태어난 것이 되는 셈이다. 이것은 윤회와 관련되는 성경 구절 중의 하나이다.

예수는 여자에게서 태어난 요한 즉 깨닫지 못하여 육체를 통하여 태어난 사람 중에 세례요한이 가장 위대하다고 말한다. 그러나 왕국을 알게 되는 사람(깨닫게 되는 사람)은 요한보다 더 위대하다고 말한다.

여기서 “그의 눈이 파괴되지 않았기 때문이라.”는 흥미로운 말이 나온다. 이 말은 무엇일까? 눈은 무엇을 의미하는지 상당히 당혹스럽다. 성경에 눈에 대한 흥미로운 구절이 있다.

> “눈은 몸의 등불이다. 그러므로 네 **눈이 성하면** 네 온 몸이 밝을 것이요, 네 눈이 성하지 못하면 네 온 몸이 어두울 것이다. 그러므로 네 속에 있는 빛이 어두우면, 그 어둠이 얼마나 심하겠느냐?”
> “The light of the body is the eye: if therefore **thine eye be single**, thy whole body shall be full of light. But if thine eye be evil, thy whole body shall be full of darkness. If therefore the light that is in thee be darkness, how great is that darkness.”(마태복음 6:22~23)

성경학자들은 ‘Single eye’를 바른 눈(성한 눈)으로 해석하지만 오컬트에서 ‘Single Eye’는 영혼이 거주한다는 제3의 눈이며 머리 중심의 송과선을 상징한다. 이 눈이 깨어나면 내면의 빛이 온몸을 빛으로 채운다고 하는데 마태복음 6장 22~23절은 바로 이것을 말하고 있다.

일반인의 경우 제3의 눈은 부분적으로 열려 있어서 거의 죽어있는 것과 마찬가지이다. 어둠과 미망 속에 살아가는 셈이다. 그러나 영적으로 높은 수준의 사람은 이 3의 눈이 열려 있어서 그 눈을 통하여 내면의 빛, 신의 빛, 지혜가 흘러나온다. 세례 요한의 눈이 파괴되지 않았다 함은 제3의 눈이 열려있었다는 의미이다.

제3의 눈은 여러 곳에서 보인다. 미국 1달러 지폐 뒤에는 파라미드가 나온다. 그 피라미드 꼭대기에 제3의 눈이 빛을 발하고 있다. 부처상 이마에 박힌 보석은 제3의 눈을 상징하며 이 눈을 통하여 진리가 온 세상으로 흘러나옴을 상징한다.

우리는 제3의 눈을 깨워야 한다. 그래야 상위의 힘/빛이 나와 우리 몸과 마음을 밝히고 우리에게 존재하는 어둠을 몰아낸다.

유사한 구절

"나는 분명히 말한다. 일찍이 여자의 몸에서 태어난 사람 중에 세례자 요한보다 더 큰 인물은 없었다. 그러나 하늘나라에서 가장 작은이라도 그 사람보다는 크다."(마태복음 11:11)

도마복음 47절

진리를 온전히 보존하라!

Jesus said, "It is impossible for a man to mount two horses or to stretch two bows. And it is impossible for a servant to serve two masters; otherwise, he will honor the one and treat the other contemptuously. No man drinks old wine and immediately desires to drink new wine. And new wine is not put into old wineskins, lest they burst; nor is old wine put into a new wineskin, lest it spoil it. An old patch is not sewn onto a new garment, because a tear would result."

예수께서 말씀하시길, "한 사람이 두 말을 탈 수 없고 두 활을 구부릴 수 없느니라. 그리고 한 종이 두 주인을 섬길 수 없나니 두 주인

을 섬긴다면 한 주인을 공경하고 다른 주인을 얕잡아 보는 것이 되느니라. 오래된 포도주를 마시고 즉시 새 포도주를 마시기를 원하는 사람은 없나니. 새 포도주는 오래된 포대에 넣지 않으니 이는 포대가 찢어질 수 있기 때문이요, 오래된 포도주를 새 포대에 넣지 않으니 이는 새 포대가 상할 수 있기 때문이니라. 낡은 헝겊으로 새 옷을 기우지 않으니 이는 새 옷이 찢어질 수 있기 때문이니라."

해석 비슷한 내용이 마태(6:24), 누가(16:13), 마태(9:16~17), 마가(2:21~22), 누가(5:36~39)에 나온다.

이 구절은 진리는 오직 하나임을 말한다. 오늘날 대부분의 가르침은 왜곡되었다. 성경은 대표적 예이다. 사람들은 자신들 수준에 맞추어 가르침을 해석하고 받아들이며 여기서 1차적 왜곡이 일어난다.

그리고 여기에 자신의 구미에 맞는 정체불명의 여러 가르침들을 섞어버리면 원본과는 크게 새로운 사상이 태어나게 된다. 앞에서 성령 즉 진리에 대한 불경은 용서되지 않는다고 하였는데 예수는 비유를 통하여 자신의 가르침을 기존의 가르침과 섞지 말고 온전히 보존하라고 말한다.

도마복음 48절

음양의 법칙!

Jesus said, "If two make peace with each other in this one house, they will say to the mountain, 'Move Away,' and it will move away."

예수께서 말씀하시길, "만약 두 사람이 한 집안에서 서로 평화롭게 지낼 수 있다면 그들이 산더러 '여기서 움직여라' 하면 산이 움직이리라."

해석 한 집안에서 두 사람이 평화롭게 지내는 일이 산을 움직일 만큼 위대한 기적을 가져다주는가? 물론 다른 의미가 숨어있다.

여기서 두 사람은 음과 양의 에너지(속성)를 말하고 한 집안에서 평화롭게 지낸다는 것은 사람이 음과 양의 조화와 균형 속에 있음을 상징한다. 우리가 음과 양의 균형 속에 있다면 신과 동조(同調)할 수 있고 신의 힘이 우리에게 흐르게 된다. 이러할 때 불가능한 일이 가능하게 된다.

우주법칙 중에 음양의 법칙이 있다. 존재하는 모든 것은 음과 양으로 이루어져 있다. 전기의 +와 −극, 남과 여, 원자를 구성하는 전자와 양자 등은 대표적 예이다. 또한 우리 몸은 성별과 관계없이 음과 양으로 이루어져있다. 상체는 양이고 하체는 음, 앞부분은 양이고 뒷부분은 음, 우측은 양이고 좌측은 음, 오른 코는 양의 에너지가 흐르고 왼 코는 음의 에너지가 흐른다.

인도 요가에 쿤달리니 요가라는 것이 있다. 이 요가는 척추 가장 아래 부위(미저골)에 잠자고 있는 에너지를 끌어 올려 머리 중심으로 가지고 오면 깨달음을 얻는다고 말한다. 이 에너지가 각성되기 위해서는 양코를 통하여 동일한 음과 양의 에너지가 들어와 미저골에서 합쳐져야 하며 이 음양이 하나가 된 에너지가 머리 중심 송과선에 도달하면 깨달음에 이른다고 한다.

사람들은 음과 양의 균형이 무너진 상태에 살고 있다. 질병은 몸과 마음의 균형이 무너져서 일어나는 일이며 영적 각성이 일어나지 않은 이유도 이 균형이 무너져 있기 때문이다. 몸의 균형을 잡아주는 것이 바른 호흡이다. 바른 호흡이란 느리고 깊은 호흡을 말한다. 마음의 균형을 잡아주는 것은 바른 생각이다. 부정적 생각은 우리 마음을 즉시 불균형 상태로 빠뜨린다. 마음과 육체가 균형 속에 있을 때 깨달음이 일어난다.

우리 우주도 균형 속에 존재한다. 우주 "Cosmos"가 의미하는 것도 조화이고 조화가 없다면 이 우주는 존재할 수 없다. 카발라 창조론에 보면 이 우주도 음과 양 두 힘이 만나서 이루어졌다. 두 힘의 협력으로 우주는 창조되었듯이 우리도 두 극성의 힘으로 존재한다.

유사한 구절

"내가 다시 말한다. 너희 중의 두 사람이 이 세상에서 마음을 모아 구하면 하늘에 계신 내 아버지께서는 무슨 일이든 다 들어주실 것이다."(마태복음 18:19)

도마복음 49절

혼자 있어라!

Jesus said, "Blessed are the solitary and elect, for you will find the kingdom. For you are from it, and to it you will return."
예수께서 말씀하시길, "혼자이며 선택받는 자는 복이 있나니 천국을 찾을 것이니라. 그대는 거기로부터 왔으며 거기로 돌아갈 것이니라."

해석 사람들은 혼자 남겨지는 것을 무척 싫어하고 혼자 있더라도 무엇인가를 해야 한다. 무료함이나 외로움을 견디지 못하는 것은 그 침묵에 익숙하지 못하기 때문이다. 외로움을 잊기 위하여 사람들은 술을 마시고 오락을 즐긴다. 그렇다고 외로움이 가시는 것은 아니다. 연인이나 가족, 명예, 재산이 외로움을 없애 줄 수 있는 것도 아니다.

사람들은 이 외로움의 정체를 모르고 있다. 왜 우리는 대중 속에서도 외로워하고 목말라 하는가? 그 갈증은 자신이 누구인지 모른다는 것에서 유래한다. 자신이 누구인지 모르니 하는 일은 의미가 없고 모든 것이 허전하게 느껴질 뿐이다. 외로움의 원인은 신(우주의식)과 자신의 분리의식 때문이다. 이 분리의식으로 인하여 혼자라는 외로움이 상존하는 것이다. 그러므로 외로움은 외부에서 해결책을 찾을 수가 없고 내부에서 신과 합일을 통하여 찾아야 한다.

혼자인 사람이 복이 있는 이유는 혼자 있으면 자신의 내면을 들여다볼 기회가 많기 때문이다. 신과 연결되는 순간은 혼자 있을 때이다. 깊은 산속 수도자가 혼자서도 외롭지 않은 이유는 늘 내면에서는 신과 만나기 때문이다.

우리는 침묵 속으로 들어가 내면의 참 자아와 합일하고 이어서 우주의식(신 의식)과 합일해야 한다. 이 길은 혼자서 가야 하는 좁고 바른길이며 깨달음에 이르는 길이다.

내면의 자아와 만나면 우리는 마침내 천국을 찾게 된다. 예수는 이 천국을 두고 우리가 왔고 우리가 돌아갈 곳이라고 말하고 있다. 다른 말로 우리가 이전에는 깨달음 상태에 있었다는 말이다. 상징적 표현이지만 우리가 에덴동산에서 추락 전에는 우리는 신성/불성을 지닌 고귀한 존재였다. 이 인간 추락의 이야기는 카발라 우주창조론을 보면 잘 알 수 있다.

우리 모두는 우리가 나온 이 천국으로 돌아가야 한다. 예수는 천국으로 돌아가는 방법으로 혼자가 되어 내면의 자아와 만나라 한다. 부흥회나 떠들썩한 예배, 보여주는 기도를 통하여서는 천국에 갈 수가 없음을 분명히 알아야 한다. 혼자 조용히 자신의 내면을 지켜보면 그곳에 침묵이 있고 그 침묵 속에 빛이 있고 그 빛 너머에 형상 지을 수 없는 무한이 있다.

도마복음 50절

그대들은 빛이다!

Jesus said, "If they say to you, 'Where did you come from?', say to them, 'We came from the light, the place where the light came into being on its own accord and established itself and became manifest through their image.' If they say to you, 'Is it you?', say, 'We are its children, we are the elect of the living father.' If they ask you, 'What is the sign of your father in you?', say to them, 'It is movement and repose.'"

예수께서 말씀하시길, "'사람들이 당신들은 어디서 왔느냐?'고 물으면 '우리는 빛에서 왔으며 빛이 스스로 생겨나기 시작하여 스스로 형성되고 형상으로 나타난 그곳에서 왔노라' 대답하라. 사람들이 '그것이 신이냐?'고 묻거든 '우리는 그것의 자녀들이며 살아계신 아버지의 택함을 입은 자들이라' 말하라. 만약 그들이 '당신 안의 아버지가 존재한다는 증거가 어디 있느냐?' 하면 사람들에게 말하라 '그것은 움직임과 휴식이라' 말하라."

해석 이 구절은 전형적인 카발라 우주창조론을 보여주는 내용이다. 카발라는 서양 신비주의 사상의 모태로 알려졌지만 사실 카발라는 동서양 모든 사유체계의 근원이다. 영지주의는 말할 것도 없고 인도 고대사상도 마찬가지이다. 단지 문화와 지역에 따라 다른 언어와 사유로 표현되었을 뿐이다. 카발라 창조론을 알아야 이해가 되는 구절이다.

> 시작도 끝도 없고, 공간도 존재도 없는 공(Void, 심연)에서 홀연히 빛이 나타났다. 이 빛은 주변의 공(Void)을 밀어내며 한동안 계속 확장하였고 빛이 확장하는 가운데 조화로운 움직임과 무질서한 빛의 움직임이 나타났다. 확장을 끝낸 빛은 중심에 조화로운 빛, 바깥에 조화롭지 못한 빛(부정)으로 나뉘어져서 존재하였다. 조화로운 빛은 우주 알 또는 모든 것의 근원, 횃불을 든 자, 왕 중의 왕, 호아라고

불리어졌다. 이것이 바로 존재하는 모든 것의 첫 번째 원인이며 근원적 존재이다. 이 첫 번째 원인인 조화로운 빛은 무질서한 빛을 자신처럼 조화롭게 변형시키기 위하여 첫 번째 빛을 발출하니 여기서 창조가 시작된다. 이 첫 번째 빛은 창조의 숨이며 근원자의 의지이며, 우주의 법칙으로 모든 것은 여기에서 시작되어 여기로 돌아간다.

첫 번째 빛은 무질서한 빛(부정)을 밀어내고 창조의 공간을 설정한다. 창조 공간이 생기고 첫 번째 빛에서 순서적으로 9개의 신성 빛이 확장하여 나와 우주 창조를 시작하였다. 그러므로 우주는 상징적으로 10개의 빛[22]으로 구성되었다.(좀 더 자세한 내용은 53쪽 참조할 것)

이 창조론이 도마복음 50절과 같다는 것이 **경이롭기까지 하다**. 예수는 카발라의 우주창조론을 말하고 있다. 공에서 무한 빛이 나오고 우리 영혼은 이 빛에서 나왔던 것이다. 여기서 공의 개념이 어려울 수 있는데 유한한 마음으로 무한을 설명하려다 보니 일어나는 언어와 개념의 한계 때문이다. 공의 개념을 좀 더 이해하기 위하여 영지주의 학자인 바실리데스의 우주 창조론을 살펴보자.

공(空)이란 물질(物質)도 본질(本質)도 아니며 본질의 텅 빔도 아니다. 공은 단순성도 구성의 불가능성도, 개념 없음도, 지각없음도 아니었고 인간도 천사도 신도 아니었다. **인간이 이름 붙일 수 있는 그 어떤 것도 아니었으며 인간의 지각과 개념의 범위 안에 있는 어떤 작용(움직임) 아니었다.** 생각 없고 느낌 없고, 결정함도 선택함도, 강요함도, 바램도 없는 존재 너머의 신성이 우주를 창조하려고 의지하였을 때 (만약 우리가 시간 공간 너머 상태의 '시기'에 대해 말할 수 있다면

22) 우주를 상징하는 생명나무 10개의 광.

그 '때'), 비존재의 상태는 인간의 이해력으로는 도저히 알 수 없는 것이었다. 이 우주는 우리가 알고 있는 차원적, 차별적 우주가 아니었고, 이 차별적이고 차원적인 우주는 나중에 존재하게 되었다. 모든 우주의 씨(seed)인 존재 너머 신성은 존재 너머에서 우주를 창조하였다.

예수는 우리 안에 아버지가 존재한다는 증거는 '움직임'과 '휴식'이라고 말하였다. 왜 움직임과 휴식이 아버지가 우리 안에 존재한다는 증거가 되는가? 이 말은 무엇을 말하는가? 앞에서 우리는 빛에서 왔고 그 빛은 신이라고 하였다. 그러므로 우리 내부에는 신이 존재함은 확실하다. 그런데 그 증거가 움직임과 휴식이라 한다. 그것을 알아보자.

무에서 빛이 나오고 이 빛에서 무수히 많은 영혼의 빛이 나와 우주 계획에 참여하였다. 우리 각자는 신(神)의 입으로 비유될 수 있다. 무질서(조화롭지 못한 빛)를 마셔 이것을 조화로운 빛으로 소화시키는 것이 영혼의 역할이었다. 이 모든 과정은 움직임으로 표현될 수 있다. 그러나 움직임 있으면 정지(휴식)가 있어야한다. 이것은 빛이 있으면 어둠이 있고 낮이 있으면 밤이 있고 양이 있으면 음이 있는 것과 같은 이치이다. 인도 힌두철학에서는 신이 숨을 쉴 때 창조가 일어나고 들이쉴 때 파괴가 일어난다고 말하기도 한다.

앞에 설명한 카발라 창조론에 나오지 않았지만 빛/신의 움직임이 완성될 때[23] 휴식이 찾아온다. 이것을 카발라에서는 또 다른 창조를 위한 휴식으로 설명한다. 성경에 하늘과 땅이 사라지는 마지막 날이 나오는데 이것은 또 다른 창조를 위한 휴식기간이다. 하루 일을 끝내

23) 무질서한 빛을 조화로운 빛으로 바꾸는 것.

고 다음 날 새 일을 시작하는 우리 삶과 다름없다.

"위와 같이 아래와 같이"라는 유명한 오컬트 구절처럼 위와 아래는 닮았다. 상위 법칙은 아래 법칙에도 적용되고 위에 존재하는 것은 아래에도 존재한다는 말이다. 그러므로 움직임과 휴식이라는 영적인 아버지 속성은 우리 사는 물질계에도 존재한다. 낮에 활동하고 밤에는 휴식을 취하는 것이 그 예이고 우리가 숨을 내쉬기 전에 잠시 멈추는 것도 움직임과 정지의 예이다.

이처럼 우리는 무한에서 나온 신성한 존재이다. 우리 자신을 신이라 하면 몹시 불경스럽게 생각하는 사람들이 많다. 이것은 기독교인에게 두드러진다. 도마복음 50절에서 예수는 우리가 빛에서 나온 신임을 분명히 말하고 있다. 우리가 신이라고 언급한 구절은 이것 말고도 요한복음에도 나와 있다. 예수께서는 이렇게 말씀하셨다.

> "너희의 율법서를 보면 하느님께서 '내가 너희를 신이라 불렀다.' 하신 기록이 있지 않느냐? 이렇게 성서에서는 하느님의 말씀을 받은 사람들을 모두 신이라고 불렀다. 성경 말씀은 영원히 참되시다."
> (요한복음 10장 34~35절)

6 장

깨어나면 이 자리가 천국이노라

도마복음 51절

깨어나면 이 자리가 천국이노라!

His disciples said to him, "When will the repose of the dead come about, and when will the new world come?"
He said to them, "What you look forward to has already come, but you do not recognize it."
제자들이 예수에게 말씀하길, "죽은 자의 휴식은 언제 오며 언제 새로운 세계가 오나이까?" 예수께서 제자들에게 말하길, "그대들이 기대하고 있는 것은 이미 왔으나 그대들이 단지 알아보지 못할 뿐이니라."

해석 여기서 죽은 자는 깨닫지 못한 사람을 상징할 수도 있고 성경에서처럼 죽은 후에 최후 심판을 기다리는 영혼을 의미할 수 있다. 최후 심판이 있은 후에 새로운 하늘이 열린다는 것을 들은 제자들이 언제 그날이 오느냐며 질문하는 것이다.

제자들은 새로운 세계에서 하느님 옆에 자리를 마련하여 더 이상 고생하지 않고 편안하게 휴식을 하고 싶었다. 그래서 그들은 새로운 세계, 즉 하느님 나라가 이 땅에 임하기를 간절히 바라고 있는 것이다. 도마복음에서 이미 예수는 하늘나라는 우리 내부에 있다고 하였다. 그러나 눈이 있어도 보지 못하고 귀가 있어도 듣지 못하는 제자들이라 눈앞의 천국을 모르고 있다.

이런 제자들을 보면서 오늘날 예수 재림을 바라는 사람들이 떠오른다. 예수가 지금 이 세상에 오신다면 몇 명이나 그분을 알아보고 맞이할 것인가? 예수가 살아가던 1세기에 예수를 받아들이지 않았던 유대인들이나 지금 세상 사람들 간에 무슨 차이점이 있을까? 예수의 말씀에 역행하는 교회와 신도들이 예수를 자신들의 구세주로 받아들일지 의문이다.

예수의 참 가르침이 지금 교회에 얼마나 전해졌는지 의문이다. 예수님이 신랄하게 비난하였던 바리새인과 율법학자들의 위선적 모습이 오늘날 교회의 모습과 다를 것이 무엇일까? 예수는 지금 같은 거대한 교회를 원하지 않았을 것이다. 과거 종교전쟁으로 죽어간 수많은 사람들, 여전히 계속되는 기독교와 이슬람의 분쟁과 폭력, 타종교를 용납 못하는 폭력적 행농 등은 예수의 가르침에 어긋나는 일이다. 그러나 역사를 통하여 교회는 예수 이름으로 전쟁과 폭력을 행하였다.

원래 오컬트 차원에서 예수 그리스도 재림이란 특정한 시기에 예수가 육체를 가지고 우리에게 나타나는 것이 아니라, 게개인의 의식이 영적으로 성숙하여 참된 자아가 드러나는 순간을 말한다. 우리가 깨닫게 되면 그리스도 의식이 현시하며 이것이 바로 예수 재림인 것이다. 붓다나 그리스도는 깨달은 사람을 지칭하는 보통명사일 뿐이다.

하늘나라의 도래는 개인의 영적 발달에 달려 있지 예수나 하느님이 가져다주는 것이 아님을 제자들이 잊고 있다. 그래서 예수는 제자들이 기대하고 있는 천국은 이미 왔으나 제자들이 알아보지 못할 뿐이라고 말하고 있다. 이 구절은 봄이 왔다는 소식을 듣고 봄을 찾아 온 산천을 헤매다가 지쳐서 돌아왔더니 뜰 앞에 매화가 피어있더라는 선시를 생각나게 한다. 예수님이 제자들에게 말씀하신 그 순간에도 천국은 있었고 지금 이 순간도 천국은 눈앞에 있으나 영적인 눈인 제3의 눈이 열리지 않아서 보지 못할 뿐이다.

도마복음 52절

이 순간 살아있는 자를 보라!

His disciples said to him, "Twenty-four prophets spoke in Israel, and all of them spoke in you."
He said to them, "You have omitted the one living in your presence and have spoken (only) of the dead."
제자들이 예수에게 말씀하길, "이스라엘에서 24명의 예언자가 말씀하였고 그들 모두는 당신에 대하여 말하였나이다." 예수가 말씀하시길, "그대들은 그대들 앞에 있는 살아있는 자를 빠뜨리고 죽은 자에 대하여 말하고 있도다."

해석 구약성경에는 많은 예언자들이 등장하고 있다. 이들을 자기 이름으로 책을 남긴 문서예언자와 성서에 등장하여 하느님 말씀을 전한 비문서예언자로 구분할 수 있다. 구약성경에 그 이름이 나오는 문서 예언자는 전부 17명인데 이사야, 예레미아, 에제키엘, 다니엘, 바룩, 호세아, 요엘, 아모스, 오바디야, 요나, 미가, 나훔, 하바꾹, 스바니야, 하께, 즈가리야, 말라기가 그들이다. 여기서 제자들이 말하는 24명의 예언자에는 이들이 포함될 것이다.

이스라엘 사람들은 어려운 상황에서 이스라엘과 자신들을 구원해 줄 영웅을 기대하고 있었다. 이런 바람이 반영된 것이 구약의 예언서이다. 제자들은 구약성경의 예언자들이 말하는 구세주가 자신들이 따르는 예수인지 확인하고 싶은 마음에 이런 질문을 한 것이다. 당시 제자들은 예수를 부정한 유대 대중과는 달리 예수를 자신들의 구세주로 받아들인 사람들이었으나 여전히 믿음이 약하고 의심이 강한 사람들이었다. 예수를 자신들의 구세주로 받아들이지 않았던 유대인들은 지금도 여전히 구약성경에 의거 자신들의 구세주를 기다리며 살아가고 있다.

당시 이스라엘 사람들은 구세주가 오면 자신들을 억압하고 착취하던 외세를 무찌르고 새로운 하나님의 나라를 세워 자신들을 잘살게 해 주리라 믿고 있었다. 그러나 예수는 이스라엘 사람들만을 위한 구세주가 아니었다. 인류 보편적 진리를 전파하여 사람들의 영적인 각성을 도모하고자 하였지 유대인들의 세속적 일에는 관심이 없었다. 그런 예수를 유대인은 자신들의 메시아로 받아들일 수는 없었다. 예수는 이런 질문을 하는 제자들에게 일침을 가한다.

> "지금 그대들 눈앞에 있는 나를 두고 문자 속에나 존재하는 죽은 예언자들을 언급하는 이유가 무엇이더냐? 예언자들이 언급한 메시아가 나 예수인지 아닌지는 중요하지 않도다. 이미 죽은 그들의 말에 구속되어 사람을 평가하지 말고 이 순간 나의 참 모습을 보고 그대들이 따라야 할 사람인지 아닌지 알 수 있지 않겠느냐?"

공관복음서에는 예수의 행적을 구약의 예언과 연관시키려고 하지만 도마복음은 이 52절처럼 구약의 예언과는 상관없는 예수의 모습을 보여준다. 사실 기독교인들은 예수의 생애와 죽음이 구약의 예언적 성취라고 믿어왔다. 흥미로운 것은 구약을 믿고 따르는 유대인들은 예수를 자신들의 구세주로 생각하지 않는다는 점이다. 구약을 제외하고 신약만으로 성경을 삼아야 한다는 학자도 있었다.

도마복음 53절

영의 할례

His disciples said to him, "Is circumcision beneficial or not?" He said to them, "If it were beneficial, their father would beget them already circumcised from their mother. Rather, the true circumcision in spirit has become completely profitable."

제자들이 예수에게 말씀하길, "할례가 유익하나이까?"
예수가 제자들에게 말씀하길, "할례가 유익하다면 그들 아버지가 아이를 만들 때 어미 뱃속에서 이미 할례가 되어 태어나도록 하였을 것이다. 영(靈)으로 하는 할례가 참으로 유익하도다."

해석 할례는 이슬람과 유대교에서 주로 행해진다. 특히 유대교의 경우 남성할례를 아주 엄격하게 실시하는데 이것은 구약성서(창세기 17장, 하나님은 계약의 표시로서 이스라엘 백성의 할례를 명령하였으며 이것을 어기는 자는 계약을 깨는 사람으로 간주했다)에 따른 것이다.

유대인이었던 제자들은 이 율법에 매여 예수에게 질문을 하고 있는 것이다. 그러자 예수는 할례가 유익하면 당연히 할례가 되어 태어나지 않았겠느냐고 답변하면서, 영으로 하는 할례가 정말 유익하다고 말한다. 여기서 영으로 하는 할례가 무엇인지 논하기 전에 할례의 사회적 문제점에 대하여 잠시 생각해본다.

할례는 오래전부터 유대사회, 이슬람사회, 그리고 북아프리카 지역에서 행해졌다. 할례가 오늘날 사회적 문제가 되는 것은 여성할례 때문이다. 일부 중동지역이나 북아프리카 지역에서는 여성을 할례 하는 풍습이 남아 있다. 지역에 따라 여성할례를 하는 시기도 다르고 할례를 하는 부위도 다소 다르나 할례를 받다가 출혈이 심해서 죽는 경우도 있다. 이슬람 학자들은 여성할례를 이슬람 교리라기보다는 이슬람 이전 시대의 종교적 관습으로 보고 있다. 이슬람에서는 여성할례가 명시되어 있지 않다.

현재 북아프리카 지역에서 행해지는 여아 할례는 남성 위주 사회에서 여성의 성적 기능과 충동을 억제하는 수단으로 고안된 관습으로 보인다. 전통이란 이름으로 이런 비인간적인 여성할례 의식은 북아프리카 여러 나라에서 여전히 행해지고 있는데 소말리아, 에티오피아, 수단에서는 전체 여성의 90% 정도가 할례를 당한다고 한다.

지금도 우리는 알게 모르게 율법이나 전통에 매여 이처럼 어리석은 짓을 저지르는 일이 너무도 많다. 터무니없는 무지로 인하여 불필요한 고통을 당하는 셈이다. 전통이나 율법은 사람을 위하여 존재하는 것이지 사람 위에 군림할 수 없다. 진리를 바로 보지 못하는 어리석음 때문에 일어나는 일이다. 예수는 진리가 우리를 자유롭게 하리라 하였다. 우리가 의존해야 하는 것은 진리이지 율법이나 특정 형식이 아니다.

영의 할례는 진리를 통하여 무지(표피)가 벗겨지고 무지 속에 숨겨졌던 참된 모습이 드러남을 상징한다. 표피를 제거하는 것은 영혼을 가리고 있는 어둠의 장막을 제거한다는 상징이 숨어있다.

이것은 물의 세례가 아닌 영의 세례와 같다. 물로 하는 세례는 영의 세례를 흉내 낸 것이다. 영의 세례는 진리로 우리의 그릇된 개념을 정화하여 우리가 새롭게 태어나게 한다. 영의 세례처럼 영의 할례는 영혼을 가리는 어둠을 제거하는 것이다.

도마복음 54절

욕심이 없는 자는 복이 있나니!

Jesus said, "Blessed are the poor, for yours is the Kingdom of Heaven."

예수께서 말씀하시길, "가난한 자는 복이 있나니 하늘의 왕국이 그들 것이니라."

해석 마태복음의 산상수훈(5:3)에 나오는 구절과 같은 내용이다. 이 구절을 문자 그대로 해석하는 경우가 많은데 예수는 가난한 자가 복이 있어 천국에 간다고 말하는 것일까?

그러면 부자는 가난한 자에 비하여 복이 없어 천국에 가지 못한다는 것일까? 이런 의미는 아니다. 예수가 의미하는 것은 마음에 욕심이 없는 자, 마음이 비어있어서 가난한 자를 말한다.

같은 조건이라면 가난한 것보다는 잘사는 것이 좋다. 붓다나 예수가 물질 부를 경계하는 것은 사람들이 그것에 매여 버릴까 하는 노파심이지 그 자체를 부정하지는 않았다. 물질계에 살아가려면 필연적으로 음식과 생활품 그리고 교환수단으로 금전이 필요하다.

가난이 게으름의 결과이고 부가 부지런함의 결과라면 부가 비난받아야 할 일이 아니다. 물질에 집착하지 말라는 말은 그 욕망을 경계함이지 물질을 반대함이 아니다. 재산을 버리는 것도 가진 자가 버릴 수 있지 가난하여 버릴 것조차 없는 사람은 그마저 할 수 없다. 가난한 자의 경우, 욕심이 없는 것이 아니라 욕심을 부리거나 집착할 재산이 없는 경우가 많다.

우리가 재산에 매여 있지 않다면 재산은 영적인 성장에 도움이 된다. 생계를 해결하느라 평생 바쁘게 살다 보면 명상이나 수련에 시간을 내기가 쉽지 않다. 반면에 부유하여 생계에 부담이 없는 자는 뜻만 있다면 영적 성장에 매진 할 기회가 더 많게 된다.

문제는 가진 것에 만족하지 못하고 끊임없이 부를 추구하는 우리의 어리석은 마음이다. 결국 하늘나라 열쇠는 부자나 가난한 자라는 자격에 있는 것이 아니라 마음 상태에 달려있음이다.(도마복음 23절 참고)

사랑으로 이웃을 돕고 봉사하는 백만장자나 재산에 미련 가지지 않고 수행하는 사람은 예수가 말하는 욕심이 가난한 자이나 마음은 부자인 사람들이다.

그래서 예수는 욕심이 없는 자가 복이 있다고 말한다. 이것만큼 큰 복이 어디 있겠는가? 마음에 욕심이 없는 자(가난한 자)는 모든 고통의 원인이 되는 집착에서 벗어나 있으므로 참 자아를 볼 수 있어 하늘나라가 그들 마음에 존재하기 때문이다. (도마복음 23절의 젊은 부자 이야기를 참조할 것)

도마복음 55절

자신의 십자가를 짊어지라!

Jesus said, "Whoever does not hate his father and his mother cannot become a disciple to me. And whoever does not hate his brothers and sisters and take up his cross in my way will not be worthy of me."

"자신의 아버지나 어머니를 미워하지 않는 사람은 나의 제자가 될 수 없도다. 자신의 형제자매를 미워하지 않는 사람과 나처럼 자신의 십자가를 짊어지지 않은 사람은 나에게는 가치 없는 사람이니라."

해석 원수를 사랑하라고 말씀하신 예수 입에서 부모를 미워하지 않으면 자신의 제자가 될 수 없다고 하니 실로 당혹스러운 말이다. 마태복음(10장 36~38절)에 유사한 구절이 나온다.

> 집안 식구가 바로 자기 원수다. 아버지나 어머니를 나보다 더 사랑하는 사람은 내 사람이 될 자격이 없고 아들이나 딸을 나보다 더 사랑하는 사람도 내 사람이 될 자격이 없다. 또 자기 십자가를 지고 나를 따라오지 않는 사람도 내 사람이 될 자격이 없다.

누가복음(14:26~27)에는 더 나아가 자기 자신마저 미워하지 않으면 제자가 될 수 없다고 한다.

> 누구든지 나에게 올 때 자기 부모나 처자나 형제자매나 심지어 자기

자신마저 미워하지 않으면 내 제자가 될 수 없다. 그리고 누구든지 자기 십자가를 지고 나를 따라오지 않으면 내 제자가 될 수 없다.

예수가 의미하는 것은 부모나 형제자매를 미워하라는 말이 아니라 사라질 육체에 매이고 혈족에 매여 허우적거리며 살아가는 사람들에게 무엇이 중요한지 알리고자 함이다.

우리에게 중요한 것은 무지란 긴 잠에서 깨어나는 일이다. 마약을 복용하여 행복한 환상 속에 살아가는 사람이 있다면 우리는 어떻게 해야 하나? 환영 속에 헤매다 죽게 내버려두어야 하는가, 아니면 마약을 미워하도록 해야 하는가?

깨닫기 전까지는 삶이 가져다주는 그 어떤 기쁨과 행복도 달콤한 꿈 일뿐이다. 부모나 가족은 소중하나 우리는 그들에게 감정적으로 묶여있는 것이 보통이다. 이런 집착은 필연적으로 고통을 낳을 수밖에 없다. 깨어있는 자에게 부모나 가족은 그냥 사랑하는 소중한 형제자매일 뿐 특별한 감정은 없다. 우리가 깨어날 때 우리는 비로소 부모나 형제자매를 있는 그대로 보고 바르게 사랑하게 된다. 그전까지는 꿈속의 사랑일 뿐이다.

예수 눈에 제자들은 자신 내면의 불성과 하늘나라를 잊어버리고 물질세계에 취하여 살아가는 어리석은 중생이었다. 예수는 집착에서 벗어나야 비로소 자신이 제자가 될 수 있다고 말한다.

"제자가 준비가 되면 스승이 나타난다."라는 가르침이 있다. 제자가 스승을 선택하는 것이 아니라 스승이 제자를 선택한다. 스승이 제자를 받아들일 때 그들이 세속 욕망에서 얼마나 벗어나 있는지를 보고 판단한다. 이런 욕망에는 사람이나 물질에 대한 집착과 남에 대한 지배력 행사나 힘을 과시하려는 욕망이 포함되며 이런 욕망을 버리지 못한 사람들은 제자로 받아들여지지 않는다.

예수는 중요한 말을 한다. 자신처럼 자신의 십자가를 짊어지지 않은 사람은 가치 없는 사람이라는 말을 한 것이다. 자신의 십자가를 짊어지지 않으려는 사람이 너무도 많다. 많은 기독인교인들은 예수가 자신들의 죄를 대신하여 십자가에 못 박혀 죽었다고 한다. 그러므로 자신들은 예수를 믿기만 하면 구원받는다고 믿는다.

이것은 자신의 십자가를 짊어지지 않으려는 터무니없는 생각이며 예수의 가르침과는 전혀 다른 주장이다. 예수는 우리의 죄를 대신하여 십자가에 못 박혀 돌아가신 것이 아니다. 그것은 부활을 통하여 인간이 죽음도 극복할 수 있음을 보여주기 위함이었다. 인간이 극복해야 할 마지막 적은 죽음이다. 죽음을 극복함은 다른 말로 깨달음이며 신과 하나 되는 것이기도 하다.

우리는 각자 자신이 극복해야 할 업(과거에 설정한 행위의 결과)이 있으며 자신을 대신하여 업을 짊어질 사람은 존재하지 않는다. 업을 해소하는 수단으로 윤회가 존재하는 것이다. 신은 법칙으로 움직이지 인간처럼 개인에 대한 호감이나 특정한 감정으로 판단하지 않는다. 법칙이 무너지면 우주의 존재 근거는 사라진다. 신은 질서이며 우주도 질서이고 우리도 질서 속에 살아가고 있다. 신은 우주법칙으로 나타난다.

예수는 분명히 말한다. "나처럼 자신의 십자가를 짊어지지 않은 사람은 나에게는 가치 없는 사람이니라." 우리 모두는 자신의 십자가(업)를 짊어져야한다. 사실 십자가에는 우리가 알고 있는 의미 외에 카발라 차원에서 깊이 숨겨진 의미가 있다. 십자가의 참된 의미를 알고 있는 사람은 얼마나 될 것인가?

도마복음 56절

세상을 이해하면 시체를 발견하리라!

Jesus said, "Whoever has come to understand the world has found (only) a corpse, and whoever has found a corpse is superior to the world."

예수께서 말씀하시길, "이 세상을 이해하게 되면 누구든지 시체를 발견하며 시체를 발견한 사람은 누구든지 이 세상보다 위대하느니라."

해석 이 세상을 이해하기란 쉽지 않다. 삶의 목적과 본질, 자신과 신과의 관계, 우주법칙, 삶과 죽음의 비밀, 시공간의 비밀 등을 알아야 우리는 세상의 이치를 이해한다고 말할 수 있을 것이다. 이런 수준에 이른 사람은 세상의 참 실체를 알게 된다. 영원할 것 같고 굳건하게만 보이는 이 세상이 환영임을 알게 된다. 살아 있는 것처럼 보이나 사실은 죽어있음을 알게 된다. 살아 움직이는 것처럼 보이는 영화 속의 장면이 필름에 맺힌 이미지의 흐름이듯 이 세상은 신의 이미지가 투영된 그림자임을 알게 된다. 구름처럼 모였다 흩어지는 그림자일 뿐이다. 이 세상에 영원한 것은 영혼밖에 없다.

깨달은 사람의 눈에는 이 세상은 죽어있는 거대한 시체일 뿐이다. 세상이 죽어있는 시체임을 알게 된 자는 이 세상에서 가장 위대한 자이다. 왜냐하면 그는 더 이상 물질에 매이지 않으며 윤회에 구속되지도 않기 때문이다.

도마복음 57절

잠들기 전에 의식을 빛으로 채워라!

Jesus said, "The Kingdom of the Father is like a man who had good seed. His enemy came by night and sowed weeds among the good seed. The man did not allow them to pull up the weeds; he said to them, 'I am afraid that you will go intending to pull up the weeds and pull up the wheat along with them.' For on the day of the harvest the weeds will be plainly visible, and they will be pulled up and burned."

예수께서 말씀하시길, "아버지 왕국은 좋은 씨를 가진 사람과 같도다. 그 사람의 적이 밤에 와서 좋은 씨 사이에 잡초를 뿌렸노라. 그 사람은 일꾼들에게 잡초를 뽑지 말도록 하였도다. 그 사람은 일꾼들에게 '그대들이 잡초를 뽑으려다 잡초사이에 있는 밀을 뽑지는 않을까 걱정이 되노라.'라고 말하였노라. 추수하는 날에 잡초는 쉽게 눈에 띌 것이며 잡초는 뽑혀서 불살라질 것이니라."

해석 이 구절과 비슷한 내용이 마태복음(13:24~30)에 나온다.

> 예수께서 또 다른 비유를 그들에게 말씀하셨다. "하늘나라는 어떤 사람이 밭에 좋은 씨를 뿌린 것에 비길 수 있다. 사람들이 잠을 자고 있는 동안에 원수가 와서 밀밭에 가라지를 뿌리고 갔다. 밀이 자라서 이삭이 팼을 때 가라지도 드러났다. 종들이 주인에게 와서 '주인님, 밭에 뿌리신 것은 좋은 씨가 아니었습니까? 그런데 가라지는 어디서

생겼습니까?' 하고 묻자 주인의 대답이 '원수가 그랬구나!'하였다. '그러면 저희가 가서 그것을 뽑아버릴까요?' 하고 종들이 다시 묻자 주인은 '가만 두어라. 가라지를 뽑다가 밀까지 뽑으면 어떻게 하겠느냐? 추수 때까지 둘 다 함께 자라도록 내버려두어라. 추수 때에 내가 추수꾼에게 일러서 가라지를 먼저 뽑아서 단으로 묶어 불에 태워버리게 하고 밀은 내 곳간에 거두어들이게 하겠다.'하고 대답하였다."

이것에 대한 예수의 설명은 다음과 같다.

그 뒤에 예수께서 군중을 떠나 집으로 들어가셨다. 그러자 제자들이 와서 "그 밀밭의 가라지 비유를 자세히 설명해 주십시오."하고 청했다. 예수께서는 이렇게 설명하셨다. "좋은 씨를 뿌리는 이는 사람의 아들이요, 밭은 세상이요, 좋은 씨는 하늘나라의 자녀요, 가라지는 악한 자의 자녀를 말하는 것이다. 가라지를 뿌린 원수는 악마요, 추수 때는 세상이 끝나는 날이요, 추수꾼은 천사들이다. 그러므로 추수 때에 가라지를 뽑아서 묶어 불에 태우듯이 세상 끝날에도 그렇게 할 것이다."(마태복음 13:36~40)

그러나 위의 구절은 다르게 해석되기도 한다. 이것을 좀 더 깊이 있게 해석하려면 이 세상이 창조되고 왜 어둠의 세력이 존재하게 되었는지 그 연유와 그들의 활동과 목적, 그리고 추수하는 날(마지막 심판)에 대한 설명과 이해가 필요하다. 이들 설명은 카발라 우주창조론을 참조해야 한다.

여기서 보면 적이 '밤'에 와서 잡초를 뿌렸다고 하는데 이것이 상징하는 것은 파괴적 생각의 주입이다. 우리는 낮에는 의식이 어느 정도 깨어있어서 무엇이 올바르고 그른지 판단할 수 있기 때문에 되도록 긍정적인 생각을 선택한다. 그러나 밤에 잠이 들게 되면 의식은 거의 무장해제를 당한다. 수면 상태에서 의식은 잠재의식에 머물게 된다. 최면도 이런 상태에서 이루어진다. 문제는 이 수면 상태에서 파괴적이고 부정적인 생각이 심어지면 그대로 머릿속에 각인되어 버린다는 것이다.

누가 파괴적이고 부정적인 생각을 사람 마음에 심겠느냐고 하겠지만 오컬트 가르침에 따르면 악의 세력이 이런 부정적 생각을 사람들 마음에 주입하여 이 세상을 혼란과 파괴 그리고 무질서로 이끌려고 한다.

멀쩡한 사람이 하룻밤 사이에 야수로 변하여 엄청난 범죄를 저지르는 사건이 종종 일어난다. 무엇이 짧은 시간에 사람을 그렇게 파괴적으로 변화시켰을까? 단순히 숨겨진 본능이 드러났다고 보기에는 설명이 되지 않는 부분이 많다. 사건을 저지른 사람도 자신의 행동을 이해하지 못한다. 그것은 마치 최면에 걸려 자신이 무엇을 하는지에 대한 또렷한 자각 없이 저지른 사건과 비슷하다. 눈에 보이지 않지만 여기에 개입하는 것이 바로 어둠의 힘이다.

이 말이 쉽게 다가오지 않을 수도 있다. 알게 모르게 집단의식에 휘둘리는 것이 사람이다. 인종차별이나 지역주의도 이성에 앞서 자신이 속한 집단의식에 의하여 최면이 걸린 것이다. 광고도 소비자 의식에다 특정 이미지나 생각을 각인시키는 작업의 일종이다. 이처럼 사람의 마음은 특정 힘에 의하여 생각보다 쉽게 최면에 걸린다는 것이다.

세상을 어둠과 혼란으로 몰아가는 힘이 존재한다. 이들 어둠의 세력은 빛보다 어둠을 더 사랑하며 혼돈 속에서 생명을 얻는다.

그래서 비의 수행자는 잠들기 전에 긍정적 내용의 책을 읽거나 영적인 좋은 생각을 한다. 특정한 보호 의식(Ritual)을 하기도 한다. 이것은 어둠이 침범할 수 없게 의식을 빛으로 채우는 보호 행위이다. 어둠은 빛의 부재이다. 빛이 있는 곳에 어둠은 사라진다. 그러므로 잠들기 전에 의식을 빛의 속성(참된 가르침, 진언, 긍정적 생각, 신의 사랑 등)으로 채우면 악은 접근할 수 없다.

낮에도 의식이 깨어있지 못하면 부정적 생각에 휘말리는데 잠 속에서는 말할 것도 없다. 낮이고 밤이고 깨어있는 삶, 지켜보는 삶이 필요한 이유이다.

도마복음 58절

고생하여 생명을 발견한 자는 복이 있도다!

Jesus said, “Blessed is the man who has suffered and found life.”
예수께서 말씀하시길, “고생하여 생명을 발견한 자는 복이 있도다.”

해석 삶이란 온갖 시련과 역경으로 차있고 슬픔도 그림자처럼 따라 다닌다. 붓다 말대로 삶을 곰곰이 살펴보면 고(苦)임이 틀림없다. 하루 앞도 내다보지 못하는 인간에게 설사 행복이 주어진다 해도 그것은 불안한 행복일 수밖에 없다. 붓다의 말처럼 “삶이란 바람 앞의 촛불 같고 지붕 위의 서리 같다.”

이 불안한 삶을 살아가면서 사람들은 안락을 구한다. 불교 경전에 인간의 일생을 비유한 재미있는 설화가 있다.

> 어떤 사람이 미친 코끼리에 쫓겨 덩굴을 타고 우물 속으로 내려갔으나, 바닥에는 독룡이 입을 벌리고 있었고 우물 네 벽에는 4마리 독사가 혀를 날름거리고 있었다. 위에는 코끼리가 버티고 서 있고 아래에는 독룡이 입을 벌리고 있으니 진퇴양난이었다. 그에게 의지할 것이라곤 잡고 있는 덩굴뿐이었다. 그런데 위를 쳐다보니 흰 쥐 한 마리와 검은 쥐 한마리가 나타나 덩굴을 갉기 시작했다. 마침 그때 위에 있는 벌집에서 꿀이 떨어지니 그 절박한 순간에도 그 사람은 입안으로 떨어지는 꿀의 단맛에 취해 있었다.

이처럼 사람들은 한치 앞도 보지 못하고 삶의 단맛에 취하여 있다. 이런 식으로는 삶이 무엇인지 찾을 수가 없다. 예수는 고생하여 생명을 발견한 자는 복이 있다고 한다. 물질 욕망에 취하여 편하게 살려는 사람은 결코 참 생명이 무엇인지 알 수가 없다. 고통스럽지만 물질욕망과 집착의 유혹에서 벗어난 자만이 참 생명을 발견하는 법이다. 참 생명을 발견한 자는 더 이상 윤회의 수레바퀴에 구속되지 않으니 참으로 복이 있다고 할 것이다.

고생이란 단어 속에 많은 의미가 내포되어 있다. 이것은 누가 대신 행복이나 하늘나라를 가져다주는 것이 아니라 오직 자신의 노력으로 얻어야 함을 말함이다. 신은 특정인을 사랑하지도 미워하지도 않는다. 법칙으로 우리의 행동을 판단할 뿐이다.

도마복음 59절

살아 있는 동안 살아있는 분을 모셔라!

Jesus said, "Take heed of the **living** one while you are alive, lest you die and seek to see him and be unable to do so."

예수께서 말씀하시길, "그대들이 살아있는 동안 살아있는 분을 모셔라. 죽어서 그분을 보려 해도 볼 수 없게 되지 않도록 하라."

해석 여기에 살아있는 예수라는 말이 나온다. 도마복음 첫 구절에 살아계신 예수님의 말씀을 전한다는 말이 나왔다. 앞에서 설명하였지만 도마가 예수에게 "살아있는"이라는 단어를 사용한 이유는 예수를 "깨달은 사", "완성 자"로 표현하고자 함이었다. 혼이 깨어있지 못하다면 그것은 죽은 삶이나 마찬가지이기 때문이다. 그런 의미에서 일반인들은 죽은 사람이다.

성경(누가복음 9:60)에 보면 예수는 "죽은 자가 죽은 자를 묻게 하라."고 말한다. 숨은 의미를 모르는 사람들은 오해할 수 있는 구절이지만 예수가 의미한 것은 내면의 자신의 불성/신성을 모르고 살아가는 무지한 사람들을 죽은 자로 표현한 것이다

예수는 제자들에게 그들이 살아있는 동안 깨달은 자신을 모시라고 한다. 여기에 스승 예수의 제자 사랑이 있다. 일반인이 예수 같은 위대한 스승과 함께 할 기회는 많지 않다. 그 기회를 최대한 이용하여 진리를 깨우치라는 배려가 숨어있다.

죽고 나서 어디에서 위대한 스승 예수를 만나겠는가? 당시 제자들 수준으로 보아서는 죽어서 예수가 말하는 하늘나라에 갈 제자들은

없었기 때문이었다. 물론 하늘나라는 깨달음의 세계를 상징한다. 당시 제자들 수준을 고려하면 그들은 윤회의 수레바퀴에서 벗어나지 못하고 다시 이 물질세계로 태어날 운명이었다.

유사한 구절

예수께서 이르시되 "내가 너희와 함께 조금 더 있다가 나를 보내신 이에게로 돌아가겠노라 너희가 나를 찾아도 만나지 못할 터이요 나 있는 곳에 오지도 못하리라."(요한복음 7:33~34)

도마복음 60절

휴식장소를 구하라!

〈They saw〉 a Samaritan carrying a lamb on his way to Judea. He said to his disciples, "Why does that man carry the lamb around?" They said to him, "So that he may kill it and eat it."
He said to them, "While it is alive, he will not eat it, but only when he has killed it and it has become a corpse."
They said to him, "He cannot do so otherwise."
He said to them, "You too, look for a place for yourself within repose, lest you become a corpse and be eaten."

제자들은 유대 땅으로 가는 도중에 양을 운반하는 사마리아인을 보았

다. 예수께서 제자들에게 말씀하시길, "저 사람은 왜 양을 운반하고 있는가?"하니, 제자들이, "양을 죽여서 먹으려고 그럽니다."라고 하자 예수께서 "양이 살아있는 동안은 양을 먹지 못할 것이니라. 양을 죽였을 때 비로소 사체가 되노라(그래서 먹을 수 있도다)."
제자들이 "그는 다른 방법(먹기 위해서 죽이는 것)이 없을 겁니다."라고 말하였다. 그러자 예수께서 "시체가 되어 먹혀지지 않도록 그대들도 자신을 위한 휴식장소를 구하라."고 말씀하였다.

해석 의미가 쉽게 다가오지 않은 구절 중의 하나이다. 양을 운반하는 사마리아인, 양, 사체, 휴식장소 등은 무엇을 상징할까? 사마리아인에게 식사용으로 운반되어 가는 양을 보면서 무슨 생각이 드는가? 곧 목숨이 끊어지리라 생각 못하는 어리석은 양은 자신이 살아있음에 안심하고 있을 것이다. 그러고 보면 자신의 운명을 알지 못한 체 세월의 흐름에 떠밀려 살아가는 우리의 모습과 비슷하지 않는가? 허송세월 보내다 보면 누구든 죽음의 골짜기에 이르고 마침내 죽음에 잡혀 먹히는 것이다.

그러므로 예수는 죽어 허무하게 삶을 마치기 전에 휴식 장소를 구하라는 것이다. 사람들은 휴식 장소를 죽어서 가는 천국으로 오해할 수 있는데 예수는 분명히 죽기 전에 휴식장소를 구하라고 한다. 우리가 살아있든 죽어있든 영적으로 깨어나지 않으면 안식 즉 휴식은 없다.

깨어날 때까지 휴식 없이 윤회해야 하는 것이 우리 운명이다. 우리는 내면에서 영원한 휴식 장소를 찾아야 한다.

7 장

자기 자신을 알라

도마복음 61절

빛으로 채워져라!

Jesus said, "Two will rest on a bed: the one will die, and the other will live."

Salome said, "Who are you, man, that you ... have come up on my couch and eaten from my table?"

Jesus said to her, "I am he who exists from the undivided. I was given some of the things of my father."

〈...〉 "I am your disciple."

〈...〉 "Therefore I say, if he is destroyed, he will be filled with light, but if he is divided, he will be filled with darkness."

예수께서 말씀하시길, "두 사람이 한 침대에서 쉬고 있는데, 한 사람은 죽고 다른 한 사람은 살 것이니라." 살로메가 묻기를 "당신은 누구시기에 저의 침상에 올라와 식탁에서 식사를 하셨나이까?"

예수께서 그녀에게 말씀하시길,

"나는 나누어지지 않은 분으로부터 온 자이니라. 나에게 아버지 일의 일부가 주어졌노라."

(살로메) "저는 당신의 제자입니다."

(예수) "그러므로 내가 말하노니, 그가 파괴되지 않는다면 빛으로 채워질 것이나 그가 나누어진다면 어둠으로 채워질 것이니라."

해석 공관복음서에서 유사한 구절이 나온다.

"그때에 두 사람이 밭에 있다면 하나는 데려가고 하나는 버려둘 것이다. 또 두 여자가 맷돌을 갈고 있다면 하나는 데려가고 하나는 버려둘 것이다. 이렇게 너희의 주인이 언제 올지 모르니 깨어 있어라."(마태복음 24:40~42)

"잘 들어두어라. 그날 밤에 두 사람이 한 침상에 누워 있다면 하나는 데려가고 하나는 버려둘 것이다. 또 두 여자가 함께 맷돌질을 하고 있다면 하나는 데려가고 하나는 버려둘 것이다."
(누가복음 17:34~35)

이 공관복음서의 내용은 마지막 심판의 날과 관련된다. 도마복음도 마찬가지이다. 여기서 두 사람의 상징은 한 사람은 빛을 선택한 사람, 또 다른 한 사람은 어둠을 선택한 사람을 말한다. 마지막 날에 빛의 길을 선택한 사람은 살아남을 것이며 어둠의 길을 선택한 사람은 버려짐을 말한다.

마지막 날에 하늘과 땅이 사라지고 신과 합일 상태인 혼들은 새로운 세계에서 지복 속에 살아가고 빛보다 어둠을 더 사랑하여 그날(마지막 날)까지도 부정을 벗어던지지 못한 영혼들은 어둠 속에 버려진다는 뜻이다.

두 번째 문장에서 살로메가 예수가 누구인지 물어본다. 예수는 나누어지지 않은 분에게서 왔다고 한다. 모든 것이 근원하는 존재인 신은 합일 상태, 공의 상태에 머문다. 인간 영혼은 근원적 존재인 신으로부터 확장되어 나왔다. 신에게서 확장되어 나온 인간은 신과 완전한 합일 상태에 있었으나 특정 사건(카발라 창조론 참조)으로 인하여 신성 상태에서 추락하였고 이것이 바로 신과의 분리를 가져왔다.

우리가 다시 근원으로 돌아가는 것은 지금의 분리에서 나누어지지 않은 합일 상태로 복귀함이다. 이 돌아가는 길은 카발라에서 생명나무 32개의 길로 표현된다. 공 상태에 도달하는 방법을 보여주는 불교 가르침이나 우주와 합일을 추구하는 요가 수련도 원래 자리로 돌아가는 고향 길이다. 공은 아무 것도 없는 무의 상태가 아니라 모든 개념을 넘어선 언어로 표현할 수 없는 초월상태를 의미한다.

마지막 문장에서 예수는 사람이 파괴되지 않는다면 빛으로 채워질 것이나 사람이 나누어진다면 어둠으로 채워질 것이라고 한다. 여기서 깨달음 즉 합일 상태를 이해하여야 한다. 깨달으면 그 자리가 하늘나라(분리가 없는 곳)라고 이전에 해석하였는데 일반 대중은 내면의 참된 본성과 분리되어 살아간다. 인간은 신으로서 원래 완전한 공 상태, 깨달음 상태에 있었으나 추락으로 부정/어둠에 둘러싸여 자신의 참 모습을 보지 못하고 분리의식 속에 살아간다. 그러므로 깨달은 사람은 신처럼 빛으로 채워질 것이나 나누어진 사람(분리된 사람)은 어둠으로 채워져서 버려질 것이다.

도마복음 62절

비밀을 지켜라!

Jesus said, "It is to those who are worthy of my mysteries that I tell my mysteries. Do not let your left (hand) know what your right (hand) is doing."

예수께서 말씀하시길, "나의 비밀을 받을만한 가치 있는 자들에게만 나의 비밀을 말하노라. 그대 오른손이 하는 일을 왼손이 알지 못하도록 하라."

해석 돼지에게 진주를 던져주는 일은 없어야 한다. 예수는 자신의 비밀 가르침을 받을 준비가 되어있는 사람에게만 전해준다고 말한다. 이것은 충분히 이해가 되는 구절이다. 그러나 다음에 오는 문장이 앞 문장과 잘 어울려 해석이 되지 않는다.

성경에 착한 일을 함에 오른손이 하는 일을 왼손이 알지 못하도록 하라는 말이 있다(마태복음 6:3). 여기서도 같은 의미로 사용한 것일까? 그렇게 해석하면 앞 문장과 뒤 문장은 어울리지 않는다. 두 문장을 같이 사용한 것으로 보아서 뒤 문장은 앞 문장의 비밀 가르침과 관련이 있다.

비의 단체에서는 비밀 가르침을 전수 받는 사람에게 그 비밀을 아직 받을 준비되지 않은 사람에게 누설하지 않겠다는 서약을 받는다. 그러나 알고 있는 비밀을 혼자 간직하려면 엄청난 주의와 노력이 필요하다. 예수는 자신의 비밀 가르침을 오른손이 하는 일을 왼손이 알지 못할 정도로 엄격하게 지킬 것을 말하고 있다.

유사한 구절

예수께서 이렇게 대답하셨다. "너희는 하늘나라의 신비를 알 수 있는 특권을 받았지만 다른 사람들은 받지 못하였다."(마태복음 13:11)

예수께서는 이렇게 대답하셨다. "너희에게는 하느님 나라의 신비를 알게 해주었지만 다른 사람들에게는 모든 것을 비유로 들려준다." (마가복음 4:11)

도마복음 63절

어리석고 허무한 삶이여!

Jesus said, "There was a rich man who had much money. He said, 'I shall put my money to use so that I may sow, reap, plant, and fill my storehouse with produce, with the result that I shall lack nothing.' Such were his intentions, but that same night he died. Let him who has ears hear."

예수께서 말씀하시길, "많은 돈을 가진 부자가 있었느니라. 그가 '내가 나의 돈을 들여 씨를 뿌리고 길러서 수확하여 창고에 가득 채워 아무런 부족함이 없게 하리라.' 생각하였으나 그날 밤 그는 죽었느니라. 여기 귀 가진 자들은 들으라."

해석 누가복음 12장 16~21절에 이와 비슷한 글이 나온다.

> 비유를 들어 이렇게 말씀하셨다. "어떤 부자가 밭에서 많은 소출을 얻게 되어 '곡식을 쌓아둘 곳이 없으니 어떻게 할까?'하며 혼자 궁리하다가 '옳지! 좋은 수가 있다. 내 창고를 헐고 더 큰 것을 지어 거기에다 내 모든 곡식과 재산을 넣어두어야지. 그리고 내 영혼에게 말하리라. 영혼아, 많은 재산을 쌓아두었으니 너는 이제 몇 년 동안 걱정할 것 없다. 그러니 실컷 쉬고 먹고 마시며 즐겨라.'하고 말했다.
> 그러나 하느님께서는 '이 어리석은 자야, 바로 오늘 밤 네 영혼이 너에게서 떠나가리라. 그러니 네가 쌓아둔 것은 누구의 차지가 되겠느냐?'하셨다.
> 이렇게 자기를 위해서는 재산을 모으면서도 하느님께 인색한 사람은 바로 이와 같이 될 것이다."

참으로 어리석은 사람 이야기다. 100년도 못살면서 천년만년 살아갈듯 재산을 모으는 사람들이 얼마나 많은가? 잠자리에 들어 다음날 깨어나지 못할 수 있는 것이 삶임을 예수는 말하고 있다. 그러나 죽을 때까지 재산과 명예에 집착하며 살아가는 어리석은 사람이 바로 우리가 아닌가 싶다. 우리는 삶에 있어 무엇이 가장 중요한지 모르고 살아간다. 자신이 누구인지 모르면 백만장자가 되거나 높은 직위에 올라도 주인 없는 삶이 되는 것이다.

언제 죽을지 모르는 불안한 삶에서 운명의 주인이 되는 당당한 삶을 살아야 한다. 하늘나라는 지금 이 순간 우리 안에 있기 때문이다. 주인이 되는 삶이란 살아서 하늘나라를 즐기는 삶이며 깨달음의 삶이다. 법구비유경(제2권, 13. 우암품)에 이와 비슷한 어리석은 중생 이야기가 나온다.

옛날 부처님께서 사위국에 계셨다. 그때 성 안에 나이 80 먹은 어떤 바라문이 있었는데, 그 사람은 재물이 수없이 많았으나, 그의 사람됨이 완고하고 미련하며 인색하고 탐욕이 많아 교화하기 어려웠다. 도덕을 알지도 못하고 무상함을 생각하지도 않았다. 게다가 집짓기를 좋아하여 앞에는 사랑채를 짓고, 뒤에는 별당을 지었으며, 시원한 다락과 따듯한 방을 만들고, 동서 양쪽으로는 수십 칸의 행랑을 지었다. 다만 뒤채 별당의 앞 차양을 아직 마치지 못했을 뿐이었는데, 그 바라문은 항상 직접 그 공사를 경영하면서 온갖 일을 지휘하고 있었다.
부처님께서는 도안(道眼)으로 그 노인이 그날이 다하기 전에 죽을 것을 아셨다. 그러나 그는 그런 줄도 모르고 한창 바삐 돌아다니느라 몸은 여위고 힘은 다 빠져 정신이 없었으니 매우 가엾은 일이었다. 부처님께서 아난을 데리고 그 집으로 가서 그를 위로하셨다.
"노인장, 얼마나 고생스럽소? 지금 이 집들을 이렇게 지어 누가 살려고 하는 것이오?" 그가 대답하였다.
"앞 사랑채에서는 손님을 대접하고 뒤채 별당에서는 내가 살고, 동서 양쪽의 행랑에서는 자식과 종들을 살게 하고 또 재물을 보관할 것입니다. 여름에는 시원한 다락에 오르고 겨울에는 따뜻한 방에 들어갈 것입니다."
부처님께서 말씀하셨다.
"노인장의 이름은 이미 오래 전에 들었는데 만나 이야기하는 것이 늦었소. 마침 생사(生死)와 관련된 중요한 게송이 있어 일러주고 싶었는데, 잠깐 일을 멈추고 같이 앉아 이야기할 수 없겠소?"
그가 대답하였다.
"지금 한창 바빠 앉아서 이야기할 겨를이 없습니다. 뒷날 다시 오시면 함께 대화를 나누도록 하겠습니다. 중요한 게송이 있다 하셨으니 그 게송이나 말씀해 주십시오."
이에 세존께서는 게송을 말씀하셨다.

자식이 있고 재물이 있다 하여
어리석은 사람 공연히 허덕이누나.
나라고 하는 이 몸도 내가 아니거니
자식과 재물을 무엇 때문에 걱정하리.

더울 때는 여기서 머물고
추울 때는 저기서 머물겠다고
어리석은 사람 미리 걱정 많건만,
다가오는 변고는 알지 못하네.

어리석고도 어리석은 사람은
제 자신을 두고 지혜롭다 하나니,
어리석은데 뛰어나게 지혜롭다 말하면
그야말로 지극히 어리석은 사람이라네.

재산을 바로 사용하지 못하는 것도 죄악이다. 욕심 부리고 살다가 죽고 나면 그 재산은 누구 것이 되겠는가? 자식이 어리석어 재산을 헛되이 낭비한다면 죽은 자의 책임도 면할 수 없는 법이다. 그러므로 현자는 혈연관계를 떠나 자기의 재산을 바르게 사용할 수 사람에게 물려주며 죽기 전에 자선을 베풀어 하늘나라에 공덕을 쌓는다.

사회나 공익단체에 재산을 기부하고 자선을 베푸는 것은 개인의 공덕이 되고 사회의 정의를 세우는 일이다. 우주에서 나의 것이라 주장할 것은 아무 것도 없다. 재산이란 신이 우주적 차원에서 영적 성장과 사회 정의를 위하여 우리에게 잘 사용하라고 위탁한 것이다. 잘못 사용하면 책임이 따른다. 모든 금전 철학에서 주장하듯 우리는 돈이 흐르는 통로가 되어야 하지 돈이 머무는 댐이 되어서는 안 된다.

재산축적이나 자선과 관련하여 유대인에게 배울 점이 있다. 오늘날 유대인에 대한 사람들의 고정관념은 돈에 크게 집착하는 좋지 않은 이미지이나 이들의 금전철학을 이해한다면 공감할 것이 많이 있다. 유대인들은 생계에 투자하고 남는 시간은 지혜(토라)를 공부하는 시간으로 본다.

유대 전통은 돈을 탐욕의 수단이나 억압의 도구가 아니라 사회정의와 더 나은 세계를 이루기 위한 긍정적 도구로 보며 영적인 공부와 학습을 위한 시간 확보의 수단으로 본다.

유대인의 금전철학에 있어 가장 중요한 요소가 체다카이다. 이 체다카라는 자선이란 단어로 번역되기도 하나 체다카는 '사랑'의 의미를 지닌 자선과는 개념이 다르다. 체다카는 '정의 또는 정의롭게 하기' 라는 의미를 지니고 있다.

유대교는 이 체다카를 중시하여 일상생활을 이 체다카로 채울 것을 요구한다. 유대인들은 사회를 정의롭게 하기 위한 차원에서 돈을 기부하고 남을 돕는다. 그들은 체다카를 통하여 부에 대한 강박관념이나 욕망의 불꽃을 현명하게 잠재운다.

도마복음 64절

무엇이 중요한지 알라!

Jesus said, "A man had received visitors. And when he had prepared the dinner, he sent his servant to invite the guests.
He went to the first one and said to him, 'My master invites you.' He said, 'I have claims against some merchants. They are coming to me this evening. I must go and give them my orders. I ask to be excused from the dinner.'
He went to another and said to him, 'My master has invited you.' He said to him, 'I have just bought a house and am required for the day. I shall not have any spare time.'
He went to another and said to him, 'My master invites you.' He said to him, 'My friend is going to get married, and I am to prepare the banquet. I shall not be able to come. I ask to be excused from the dinner.'
He went to another and said to him, 'My master invites you.' He said to him, 'I have just bought a farm, and I am on my way to collect the rent. I shall not be able to come. I ask to be excused.'
The servant returned and said to his master, "Those whom you invited to the dinner have asked to be excused.' The master said to his servant, 'Go outside to the streets and bring back those whom you happen to meet, so that they may dine.' Businessmen

and merchants will not enter the places of my father."

예수께서 말씀하시길, "어떤 사람이 손님을 초대하였느니라. 저녁 만찬을 준비한 다음, 하인을 보내어 손님들을 모셔오게 하였느니라. 하인이 첫 번째 손님에게 가서, '저희 주인님께서 당신을 초대했습니다.' 라고 말했으나 그 사람이 '상인들에게 청구할 것이 있는데 그들이 오늘밤에 나를 찾아 올 것이요. 나는 가서 그들에게 지시를 해야 하겠으므로 초대에 응하지 못하겠소. 만찬에서 나를 제외 시켜달라고 전하시오.'라고 말하였느니라. 이에 그 하인이 다음 손님에게 가서 그에게 '저희 주인님께서 당신을 초대했습니다.'라고 말하였으나 그 사람이 하인에게, '나는 방금 집을 한 채 샀는데 그것 때문에 바빠서 시간을 낼 수 없소'라고 하였느니라. 그 하인이 또 다른 손님에게 가서,
'저희 주인님께서 당신을 초대하였습니다.'라고 하였으나 그 사람이 말하기를, '내 친구가 곧 결혼을 할 예정이므로 내가 연회를 준비해야 하므로 가지 못하겠소. 만찬에서 나를 제외시켜 달라고 전하시오.'라고 말했느니라. 이에 하인이 다시 다른 사람에게 가서 말하기를,
'저희 주인님께서 당신을 초대했습니다.'라고 했으나 그 사람이 하인에게, '나는 농장을 하나 샀는데 그 소작료를 받으러 가야 하므로 가지 못하겠소. 나를 제외시켜 달라고 전하시오.'라고 했느니라.
이에 그 하인이 돌아가 주인에게,
'주인께서 만찬에 초대하신 사람들이 모두 핑계를 대며 그 초대를 거절했나이다.'라고 하니 주인이 하인에게,
'거리로 나가서 그대가 길에서 만나는 사람들을 데려와 그들이 만찬을 즐기게 하라.'고 했느니라. 장사꾼과 상인들은 내 아버지의 집에 들어가지 못할 것이니라."

해석 이와 비슷한 내용이 마태복음과 누가복음(14:16~24)에 나온다.

> 예수께서 또 비유를 들어 그들에게 말씀하셨다.
> "하늘나라는 어느 임금이 자기 아들의 혼인 잔치를 베푼 것에 비길 수 있다. 임금이 종들을 보내어 잔치에 초청받은 사람들을 불렀으나 오려 하지 않았다. 그래서 다른 종들을 보내면서 '초청을 받은 사람들에게 가서 이제 잔칫상도 차려놓고 소와 살진 짐승도 잡아 모든 준비를 다 갖추었으니 어서 잔치에 오라고 하여라.'하고 일렀다. 그러나 초청받은 사람들은 대수롭지 않게 여기고 어떤 사람은 밭으로 가고 어떤 사람은 장사하러 가고 또 어떤 사람들은 그 종들을 붙잡아 때려주기도 하고 죽이기도 했다. 그래서 임금은 몹시 노하여 군대를 풀어서 그 살인자들을 잡아 죽이고 그들의 동네를 불살라 버렸다.
> 그러고 나서 종들에게 '혼인 잔치는 준비되었지만 전에 초청받은 자들은 그만한 자격이 없는 자들이었다. 그러니 너희는 거리에 나가서 아무나 만나는 대로 잔치에 청해 오너라.'하고 말하였다. 그래서 종들은 거리에 나가 나쁜 사람 좋은 사람 할 것 없이 만나는 대로 다 데려왔다. 그리하여 잔칫집은 손님으로 가득 찼다.
> 임금이 손님들을 보러 들어갔더니 예복을 입지 않은 사람이 하나 있었다. 그를 보고 '예복도 입지 않고 어떻게 여기 들어왔소?'하고 물었다. 그는 할 말이 없었다. 그러자 임금이 하인들에게 '이 사람의 손발을 묶어 바깥 어두운 데 내쫓아라. 거기서 가슴을 치며 통곡할 것이다.'하고 말하였다. 부르심을 받은 사람은 많지만 뽑히는 사람은 적다."(마태복음 22:1~14)

이 구절은 사사로운 작은 일에 매여 정말 중요한 것을 놓치는 어리석은 사람들을 비유한 이야기다. 상거래, 친구결혼, 소작료 등을 이유로 저녁 만찬 초대를 취소한 사람들은 눈앞의 작은 이익만 챙길 줄 알지 신의 부름에는 관심이 없어 신과의 약속이나 신의는 쉽게 저버린다. 이들은 신의 초대는 받았으나 선택되지 않은 사람들이다. 사람들은 물질세계에 빠져 하느님이 준비한 만찬 즉 지혜와 진리는 관심이 없다.

도마복음 65절

예수의 운명!

He said, "There was a good man who owned a vineyard. He leased it to tenant farmers so that they might work it and he might collect the produce from them. He sent his servant so that the tenants might give him the produce of the vineyard. They seized his servant and beat him, all but killing him. The servant went back and told his master. The master said, 'Perhaps they did not recognize him.' He sent another servant. The tenants beat this one as well. Then the owner sent his son and said, 'Perhaps they will show respect to my son.' Because the tenants knew that it was he who was the heir to the vineyard, they seized him and killed him. Let him who has ears hear."

예수께서 말씀하시길, "포도원을 소유한 선한 사람이 있었느니라. 그는 포도밭을 몇몇 농부들에게 소작을 주어 그 대가로 수확물을 거두려 하였느니라. 그가 소작료를 받고자 하인을 농부들에게 보냈으나 그들은 하인을 붙잡아 심하게 때렸느니라. 하인이 돌아와 주인에게 일어난 일을 보고하였노라. 주인이 말하길, '아마 농부들이 하인을 몰라보았으리라.'하고는 다른 종을 보내었다. 농부들이 마찬가지로 그를 때렸느니라. 그러자 주인은 자신의 아들을 보내며 말하길, '아마 그들이 나의 아들에게는 경의를 표하리라.'고 하였다. 이는 그 농부들이 그가 포도원의 상속자임을 알고 있었기 때문이니라. 그러나 농부들이 그 아들을 붙잡아죽였도다. 귀 있는 자는 들으라."

해석 마태복음(21:33~39), 누가복음(20:9~15), 마가복음(12:1~8)에도 비슷한 내용이 나오는 우리에게 너무 잘 알려진 글이다.

하인은 선지자, 선한 사람은 신, 아들은 예수, 농부는 바리새인과 율법학자, 포도밭은 세상을 상징한다고 볼 수 있다. 재미있는 것은 농부들이 주인의 아들임을 알면서도 죽였다는 점이다.

성경을 보면 당시 종교인들이나 율법학자들은 예수가 하는 말이 틀림이 없고 진리임을 알고 있었으나 자신들의 종교적 권위와 체계를 유지하기 위하여 세상에 진리의 불을 던지러 온 예수를 거절한다. 예수는 당시 상황을 비유로 설명하며 자신의 운명을 예측하고 있었다.

도마복음 66절

나는 주춧돌이노라!

Jesus said, "Show me the stone which the builders have rejected. That one is the cornerstone."

예수께서 말씀하시길, "건축자들이 버린 돌을 내게 보여 주거라. 이것이 바로 주춧돌이도다."

해석 도마복음은 114 구절이 각각 독립된 글이나 이 구절은 예외적으로 65절과 이어지는 것으로 보인다. 마태복음과 마가복음(12:10), 누가복음(20:17)에도 같은 내용이 나온다.

> 그래서 예수께서는 그들에게 이렇게 말씀하셨다. "너희는 성서에서, '집 짓는 사람들이 버린 돌이 모퉁이의 머릿돌이 되었다. 주께서 하시는 일이라, 우리에게는 놀랍게만 보인다.' 한 말을 읽어본 일이 없느냐?"(마태복음(21:42)

이들 공관복음 구절은 도마복음 65절의 내용과 같은 내용인 마태복음(21:33~39), 누가복음(20:9~15), 마가복음(12:1~8)에 이어서 나오는 것으로 보아 66절은 65절 해석에 이어지는 설명이 되어야 한다. 예수가 마태복음 21장 42절에서 인용한 성서 구절은 구약에 나온다.

> "집 짓는 자들이 버린 돌이 모퉁이의 머릿돌이 되었나니, 우리 눈에는 놀라운 일 야훼께서 하신 일이다."(시편 118:22~23)

여기서 건축자들은 바리새인과 율법학자들이며 이들이 거절한 돌은 예수(예수의 말씀/진리)이며 그들이 거절한 예수의 말씀이 세상의 주춧돌이 되리라는 의미이다.

도마복음 67절

자기 자신을 알라!

Jesus said, "If one who knows the all still feels a personal deficiency, he is completely deficient."

예수께서 말씀하시길, "모든 것을 알되 자기 자신을 모르는 사람은 아무것도 모르는 사람이니라."

해석 도마복음 3절에 "너희가 네 자신을 알게 되면 너희는 알려질 것이요 살아계신 아버지의 자녀가 자신임을 깨닫게 되리라. 그러나 자신을 모른다면 빈곤 가운데 사는 것이며 빈곤 그 자체이니라." 라는 구절과 같은 맥락으로 이해하면 된다.

붓다, 예수, 소크라테스 등과 같은 현자들은 하나같이 "자기 자신을 알라"고 한다. 모든 것의 출발점은 자신이다. 자신이 누구인지 모르면 세상의 어떤 명예, 학위, 부귀도 관중 없이 혼자 돌아가는 영사기 필름처럼 의미 없다. 매일 신에게 기도하고 십일조에다 감사 헌금을 하고 성경말씀을 따르고 열심히 전도까지 해도 자기 자신을 모르면 하늘나라에 결코 갈 수 없다.

예수만 믿으면 구원을 얻는다고 믿는 기독교인들이 많다. 그러나 도마복음에서 예수는 일관되게 내면에 천국이 있고 자기 자신을 알게 되면 모든 것을 알게 되고 자신이 하느님 자녀임을 알게 된다고 한다. 더 나아가 우리 모두는 빛에서 나온 존재라고 말한다. 예수는 자신을 믿으면 구원받는다는 말을 하는 대신에 도마복음 55절에 보면 자신처럼 십자가를 짊어지라고 하였다.

예수가 말하는 십자가는 무엇일까? 그것에는 여러 의미가 숨겨져 있다. 하나는 자신에게 주어진 책임을 다하라는 말이고 다른 하나는 진리 전파에 같이 나서자는 말이다. 또 다른 중요한 하나는 자신의 업(운명)을 극복하여 깨달아서 십자가가 되라는 말이다.

이를 이해하려면 우선 십자가에 숨어 있는 의미를 알아야 한다. 기독교인이 십자가를 자신들의 상징[24]으로 사용하기 오래 전에, 십자가는 이집트나 인도 등 여러 나라에서 생식이나 장수 등의 상징으로 사용되었다. 불교의 스와스티카(卍)도 십자가의 또 다른 형태이다. 그러므로 엄밀한 의미에서 십자가는 기독교적인 것이 아니다. 기독교가 십자가의 상징을 자신의 것으로 차용했을 뿐이다.

카발라에서는 십자가를 깨달음과 관련하여 설명한다. 카발라에 의하면 이 우주는 4계(영계, 멘탈계, 아스트럴계, 물질계)로 이루어져 있으며 우리 인간은 욕망과 부정에 빠져서 물질계(우리가 사는)너머 상위의 계와 접촉할 수 없다고 한다.

이 4계를 극복하고 균형 상태에 도달할 때 우리는 전체(무한자)에게 돌아가서 하나가 된다. 십자가를 구성하는 동서남북 4개의 점은 4

24) 4세기 초 기독교가 공인되면서 십자가가 기독교 예술 전면에 등장하였고 787년 제2차 니케아 공의회에서 공식적으로 승인함. 영광, 생명, 평화의 상징으로 받아들임.

개의 세계를 의미하며 십자가 중심은 모든 것이 나온 무한자를 상징한다. 그래서 십자가는 완성을 의미하며 깨달음의 상징이다.

예수님이 십자가에 못 박히신 것은 우주의식(신)과 합일을 상징한 것이었다. 그러므로 우리 모두는 십자가가 되어야 한다.

도마복음 55절에서 예수가 말하는 십자가는 작게는 자신의 십자가를 걸머지고 크게는 인류의 깨달음을 위한 봉사의 십자가를 걸머져야 함을 가리키는 말이었다.

이처럼 사람들이 그토록 찾는 구원은 외부에서 오는 것이 아니라 자신의 내면을 아는 것에서 온다. 자신이 누구인지 알게 될 때, 신이 무엇이며, 우주가 무엇인지, 신과 자신과의 관계가 무엇인지 알게 되며, 십자가가 되어(완성) 세상의 주인이 된다.

붓다가 35세에 깨달음을 얻고 80세까지 법을 설한 것도 우리 자신이 붓다임을 알라는 것이었고 예수가 우리에게 전한 복음도 하느님이 우리 안에 있고 우리가 하느님 안에 있으니 우리 자신을 알면 신을 알게 된다는 말이었다. 자신을 알라는 지극히 평범한 말에 우주와 바꿀 수 없는 진리가 숨어있다.

자신을 안다는 것을 너무 쉽게 생각하는 경향이 있다. 근본적인 질문, "당신은 누구인가?"에 답을 할 수 있는가? 부모가 지어준 이름과 몸뚱이를 자신이라 주장하는 사람은 없겠지만 태어나 자라오면서 축적한 모든 기억과 경험, 지식의 합체를 자신이라 주장하는 사람은 많다. 그런 것이 자아라면 엄청난 정보를 보관하고 자료를 인식하고 적절한 답을 주는 인공지능 컴퓨터도 자아가 있다고 하여야 할 것이다. 자아는 생각 너머의 침묵 속에 우리의 생각이나 행동을 지켜보는 자(Watcher) 즉 참나(眞我)이다. 이 참모습을 찾기 위하여 우리는 명상하고 마음을 닦고 자기성찰을 하는 것이다.

도마복음 68절

박해받은 자는 복이 있나니!

Jesus said, "Blessed are you when you are hated and persecuted. Wherever you have been persecuted they will find no place."

예수께서 말씀하시길, "미움 받고 박해받을 때 복이 있나니. 그대들이 박해받는 장소에서 그들은 아무 장소도 찾지 못하리라."

해석 공관복음서에도 유사한 내용이 나온다.

"나 때문에 모욕을 당하고 박해를 받으며 터무니없는 말로 갖은 비난을 다 받게 되면 너희는 행복하다."(마태복음 5:11)

"사람의 아들 때문에 사람들에게 미움을 사고 내어 쫓기고 욕을 먹고 누명을 쓰면 너희는 행복하다."(누가복음 6:22)

예수 당시에 변화보다는 현실에 만족하고 위선적으로 살아가는 사람들은 미움 받고 박해받을 이유가 없었다. 그러나 예수(진실)의 편에 선 사람들은 기존 체제에 반대하는 사람들로 간주되어 박해를 받을 위험이 있었다. 권력을 지닌 집권층에게 그들은 자신들이 누리는 부와 권력을 무너뜨릴 수 있는 위험한 존재들이기 때문이었다.

미움 받고 박해받지만 위선을 배제하고 용감히 진리의 길을 걸으므로 이들에게 복이 있음이다. 물질이 주는 복은 모래 위에 세우진 집 같으나 진리가 주는 영적인 복은 반석 위에 세워진 튼튼한 건물

같기 때문이다.

마지막 문장에서 박해하는 사람들이 아무 장소를 찾지 못한다는 말은 박해자들은 휴식(깨달음)을 위한 자신의 자리 즉 바른 가르침을 찾지 못한다는 말이다. 그들이 의존하는 것이 위선이고 거짓이니 어디에서 안식을 구할 것인가?

도마복음 69절

배고픈 자들은 복이 있나니!

Jesus said, "Blessed are they who have been persecuted within themselves. It is they who have truly come to know the father. Blessed are the hungry, for the belly of him who desires will be filled."

예수께서 말씀하시길, "자신들 내면에서 박해받는 자들은 복이 있나니 그들이 진실로 하늘에 계신 아버지를 알게 된 사람들이니라. 배고픈 자들은 복이 있나니 그들의 배고픔은 채워질 것이니라."

해석 69절 두 번째 내용과 유사한 구절이 공관복음서에도 있다.

> "옳은 일에 주리고 목마른 사람은 행복하다. 그들은 만족할 것이다." (마태복음 5:6)

"지금 굶주린 사람들아, 너희는 행복하다. 너희가 배부르게 될 것이다."(누가복음 6:21a)

내면에서 박해를 받는다는 말은 정신적 박해를 말한다. 육체적 고통보다는 정신적 박해로 인한 고통은 견디기 힘들다. 박해를 받고 고통과 갈등을 견디어낸 사람만이 영적으로 성장하여 하늘나라를 알게 된다는 말이다.

두 번째 문장의 배고픈 자의 숨은 의미는 기존의 가르침에 만족하지 못하고 진리에 갈증을 느끼는 사람을 의미한다. "구하라 그러면 구할 것이요, 두드려라 그러면 열릴 것이다."란 말처럼 이런 사람들에게 진리가 주어질 것이다.

오늘날 자신의 종교 도그마에 매여 다른 가르침을 이해하지 않으려는 배부른 사람들이 많다. 타종교를 베척하고 자신들만 진리라고 앵무새처럼 재잘거린다. 이성은 사라지고 맹목적인 믿음을 강조하는 소리가 거리를 시끄럽게 어지럽힌다. 남을 배려하는 대신에 술에 취한 취객처럼 자기 멋대로 행동하고 생각한다. 이들은 진리에 대한 갈증도 없고 진리가 들어갈 공간도 없다. 불행하게도 이들은 진리에 취한 것이 아니라 자신의 무지에 취하였다.

도마복음 70절

무지가 그대를 살해하리라!

Jesus said, "That which you have will save you if you bring it forth from yourselves. That which you do not have within you will kill you if you do not have it within you."

예수께서 말씀하시길, "그대 안에 있는 것을 열매 맺게 한다면 그것이 그대를 구원할 것이며 그대 안에 그것을 가지지 않는다면 그대가 가지지 않은 그것이 그대를 죽일 것이니라."

해석 여기서 안에 있는 것은 인간 모두에게 내재하는 불성(佛性), 신성(神性)을 말하는 것이며 이것이 꽃 피어나 열매를 맺는다는 것은 깨달은 자가 되었음을 상징한다. 깨닫게 되면 무지에서 구원되어 세상의 주인이 되나 내면의 불성을 각성시키지 못하여 깨닫지 못하면 죽은 거나 마찬가지인 무지 속에 살아가는 것이 된다.

도마복음 1절에서도 "살아있는 예수의 말씀"이라는 말이 나온다. 상징적으로 살아있는 사람은 깨어있는 삶을 살아가는 사람이고 죽은 사람은 무지 속에 살아가는 사람을 이르는 말이다. 매 순간 무지가 우리 영혼을 살해하고 있다.

도마복음이 다른 4복음서와 다른 점이 바로 70절과 같은 내용이다. 하느님에게 순종하고 믿어 구원을 얻는 것이 아니라 무지 상태에서 각성하여 내면의 참 본성을 아는 것이 구원임을 말하고 있다. 정통 기독교의 구원관과는 많이 다르며 오히려 무지에서 해방을 내세우는 불교의 구원관과 같다고 볼 수 있다. 구원은 절대자가 주는 은혜로운 선물이 아니라 누구나 노력하면 얻을 수 있는 것이다.

도마복음에서는 우리가 신의 속성을 띠고 있는 존재라는 점을 강조하고 있다. 그 본성을 알 수 있게 하는 것이 바로 비밀가르침인 영지(지식)이다. 그러나 우리가 지식을 통하여 신성한 존재임을 배워 알아도 여전히 우리는 물질에 매여 살아간다. 그러므로 말만이 아닌 실제로 신성한 존재가 되기 위해서는 내면의 신성을 깨워야 한다. 아쉽게도 신성을 깨우는 구체적 방법(수련법)은 도마복음에 언급되어 있지 않다.

8 장

홀로된 자만이
신부의 방에 들어가리라

도마복음 71절

이 집을 헐겠으니
아무도 이것을 짓지 못할 것이니라!

Jesus said, "I shall destroy this house, and no one will be able to build it [...]."

예수께서 말씀하시길, "나는 이 집을 헐겠으니 아무도 이것을 짓지 못할 것이니라."

해석 예수의 가르침은 상징과 비유로 이루어져서 의미의 중첩이 많다. 이것은 준비되지 않은 사람들에게 참된 의미를 숨기려는 까닭이었다. 도마복음 1절에 "누구든지 이 비밀 말씀을 해석하여 의미를 깨닫게 되는 자는 죽음을 경험하지 않으리라."라는 말을 기억할 필요가 있다. 이것을 예루살렘의 제3 성전(聖殿)의 파괴를 예언한 것으로 생각할 수도 있으나 사실 이 구절은 완전한 문장이 아니다. 뒤에 어떤 문장이 사라졌는지 모를 일이다. 그러나 남아 있는 문장과 유사한 구절은 요한복음(2:18~22)에 나온다.

> 그때에 유대인들이 나서서 "당신이 이런 일을 하는데, 당신에게 이럴 권한이 있음을 증명해 보시오. 도대체 무슨 기적을 보여주겠소?" 하고 예수께 대들었다. 예수께서는 "이 성전을 허물어라. 내가 사흘 안에 다시 세우겠다."하고 대답하셨다. 그들이 예수께 "이 성전을 짓는데 사십육 년이나 걸렸는데, 그래 당신은 그것을 사흘이면 다시 세우겠단 말이오?" 하고 또 대들었다. 그런데 예수께서 성전이라 하신 것

은 당신의 몸을 두고 하신 말씀이었다. 제자들은 예수께서 죽었다가 부활하신 뒤에야 이 말씀을 생각하고 비로소 성서의 말씀과 예수의 말씀을 믿게 되었다.

도마복음 71절이 요한복음(2:19)과 같은 의미를 내포하고 있는지 알 수가 없으나 일반적으로 집은 영혼이 머무는 육체를 상징한다는 점에서 유사성이 있다. 예수는 3일 만에 부활하여 자신의 육체를 다시 세웠다. 죽은 후에 부활하여 육체를 다시 세운 사람은 예수 말고는 없었다. 일반인은 감히 상상도 할 수 없는 기적 같은 일이었다.

예수와 관련하여 사람들이 오해하는 것 중 하나가 예수의 죽음이다. 예수는 우리의 죄를 짊어지고 대신 죽은 것이 아니었다. 누구도 남의 죄를 대신할 수는 없다. 목마른 자를 우물가에 인도할 수 있지만 마지막으로 물을 마시는 것은 각자가 해야 할 일이듯 마음속의 때(부정)는 각자가 씻어야 한다. 성자들은 씻는 방법을 보여주셨지 사람들 마음의 때를 대신 닦아주지는 못한다. 영혼은 각자 자유의지를 지니고 있기 때문이다.

예수가 부활한 이유는 우리도 예수처럼 죽음을 극복할 수 있음을 보여주기 위함이었다. 예수는 요한복음(10장 34~35절)[25]에서 이미 우리가 신임을 말씀하셨다. 신이 전능하고 불사(不死)이듯 우리 영혼도 같은 속성을 지닌 존재들이다. 예수는 우리 안에 신이 존재함을 즉 우리가 신임을 알려주려고 오신 분이었다.

이 구절을 이렇게 해석할 수도 있다. 집은 어둠과 무지로 차있는 우리 사는 세상을 상징하고 예수는 진리의 불꽃으로 이런 세상을 정

---

25) "너희의 율법서를 보면 하느님께서 '내가 너희를 신이라 불렀다.' 하신 기록이 있지 않느냐? 이렇게 성서에서는 하느님의 말씀을 받은 사람들을 모두 신이라고 불렀다. 성경 말씀은 영원히 참되시다."

화하여 다시는 어느 누구도 이 세상을 혼란과 어둠 속으로 이끌지 못하게 하리라는 의미를 지닐 수도 있다.

참고 **예루살렘 성전**

성서시대의 예루살렘에는 같은 장소에 세 곳의 성전이 있었다. 제1성전은 솔로몬왕이 세운 솔로몬 성전이다. 이것은 BC 587년경 바빌로니아의 네브카드네자르(느부갓네살) 2세에 의해 파괴되었다. 제2 성전은 유대인들이 바빌로니아 포로 상태에서 귀환하여, 스룹바벨의 지휘로 파괴된 솔로몬 성전을 재건축한 스룹바벨 성전이다. 이 성전은 로마의 폼페이우스에 의해 다시 파괴되었다. 제3 성전은 유대왕 헤로데가 폐허가 된 스룹바벨 성전 터 위에 세운 헤로데 성전인데, 이것은 70년 로마군이 파괴하였다. 현재의 '통곡(痛哭)의 벽'은 이 제3 성전 서쪽 벽의 남은 잔해에 해당한다.(네이버 백과사전)

도마복음 72절

나는 합일자이니라!

A man said to him, "Tell my brothers to divide my father's possessions with me." He said to him, "O man, who has made me a divider?" He turned to his disciples and said to them, "I am not a divider, am I?"

한 사람이 예수께, "나의 형제들에게 말씀하시어 내 아버지의 재산을 나와 나누도록 해주소서."라고 요청하자, 예수께서 그 사람에게 말씀하시길, "이 사람아, 누가 나를 나누는 자로 만들었는가?"하시고는 제자들에게 돌아서서 "나는 나누는 자가 아니로다. 그렇지 아니한가?"라고 말씀하셨다.

해석 누가복음에 유사한 구절이 나온다.

> "너희는 회당이나 관리나 권력자들 앞에 끌려갈 때에 무슨 말로 어떻게 항변할까 걱정하지 마라. 성령께서 너희가 해야 할 말을 바로 그 자리에서 일러주실 것이다."
> 군중 속에서 어떤 사람이 예수께 "선생님, 제 형더러 저에게 아버지의 유산을 나누어주라고 일러주십시오." 하고 부탁하자 예수께서는 "누가 나를 너희의 재판관이나 재산 분배자로 세웠단 말이냐?" 하고 대답하셨다.(누가복음 12:11~14)

예수는 진리를 전하는 영적 스승이지 개인의 사소한 금전 문제를 해결해주는 세속적인 지도자는 아니었다. 예수는 우리 내면에 있는 천국을 보여주기 위하여 이 세상에 왔지 세속의 지도자가 되려고 오지 않았다.

예수의 위대함을 보지 못하고 이런 사소한 질문을 하는 사람에게 답을 해야 하는 예수의 당혹스러운 미소가 보인다. 어찌 보면 정말 맥 빠지게 하는 질문이다. 당시 사람들이 관심이 진리보다는 세속적 욕망에 있었음을 보여주는 예이다.

앞의 해석이 문자적 해석이라면 다른 숨은 의미는 없을까? 예수가 제자들에게 돌아서서 "나는 나누는 자가 아니로다. 그렇지 아니한가?"라고 말씀하셨을 때 떠오르는 장면은 예수와 제자들의 미소이다. 즉 예수의 비밀 가르침을 이해한 몇몇 제자들과 예수의 염화미소.

아버지 재산을 나누어 달라는 말에 예수는 자신은 나누는 자가 아님을 말한다. 여기서 예수는 자신이 신과 인간을 분리시키는 나누는 자가 아니라 두개를 조율시켜 서로 합일시키는 자임을 말하고 있다. 근원에서 떨어져 나온 것이 분리라면 근원으로 돌아가는 것이 합일이다. 하늘나라는 우리 안에 있고 우리가 빛에서 온 존재임을 강조한 예수는 참으로 위대한 스승이며 합일자였다.

도마복음 73절

영혼의 일꾼들!

Jesus said, "The harvest is great but the laborers are few. Beseech the Lord, therefore, to send out laborers to the harvest."

예수께서 말씀하시길, "추수할 것은 많되 추수할 일꾼이 적으니, 들판으로 일꾼들을 급히 보내달라고 주님에게 청하라."

해석 공관복음서의 유사한 구절

예수께서는 모든 도시와 마을을 두루 다니시며 가시는 곳마다 회당에서 가르치시고 하늘나라의 복음을 신포하셨다. 그리고 병자와 허약한 사람들을 모두 고쳐주셨다. 또 목자 없는 양과 같이 시달리며 허덕이는 군중을 보시고 불쌍한 마음이 들어 제자들에게 이렇게 말씀하셨다. "추수할 것은 많은데 일꾼이 적으니 그 주인에게 추수할 일꾼들을 보내달라고 청하여라."(마태복음 9:35~38)

그 후 주님께서 달리 일흔두 제자를 뽑아 앞으로 찾아가실 여러 마을과 고장으로 미리 둘씩 짝지어 보내시며 이렇게 분부하셨다. "추수할 것은 많은데 일꾼이 적으니 주인에게 추수할 일꾼들을 보내달라고 청하여라."(누가복음 10:1~2)

신이 수확해야 할 영혼들은 세상에 넘쳐난다. 비유적으로 수확시기를 놓치면 곡식이 들판에서 썩어가거나 야생동물(어둠)의 먹이가 되듯이, 영혼을 빛으로 인도할 영적 일꾼들이 없으면 사람들은 어둠의 희생자가 된다. 그러므로 이 세상에는 영혼을 하늘나라(깨달음)로 인도할 일꾼이 많이 필요하다.

역사적으로 수많은 일꾼들이 사람들을 영적 길로 이끌기 위하여 이 세상에 태어났다. 일꾼 중 거부되거나 박해받은 자도 있었고, 받아들여져 가르침을 전한 사람도 있었으며, 대중 사이에서 소리 없이 봉사하다 사라진 일꾼들도 있었다.

대승불교에서 보살은 세상의 모든 중생을 구원하겠다는 서원과 함께 잠시 신과 합일을 미룬 사람을 가리킨다. 이들이 바로 일꾼들이다. 예수나 위대한 스승들이 지상에 태어난 이유도 아직 어둠 속에 헤매는 영혼들에게 빛을 전하고자 함이었다. 자유로운 영혼에게 육체는 감옥과 같은 곳이나 그것을 감내하고 태어난 것은 모든 중생을 구하고자 하는 사랑 때문이다.

도마복음 74절

바른 스승을 만나라!

He said, "O Lord, there are many around the drinking trough, but there is nothing in the cistern."

그분이 말씀하길, "주여, 우물가에 많은 이들이 둘러 모여 있으나, 우물 안에는 아무 것도 없나이다."

해석 물을 길으려 우물가에 사람들이 모였으나 물이 없으니 어이할까? 즉 영적 목마름을 해소하려고 종교단체에 모여들었으나 그곳에는 진리가 없음을 비유하는 글이다. 목을 축이려고 우물가에 갔으나 빈 우물일 수 있고 곧 말라버릴 우물일 수도 있다. 샘물처럼 늘 넘쳐나는 것이 진리이다. 우리는 그런 진리를 찾아야 한다.

세상에 넘쳐나는 것이 사이비 종교인이다. 현란한 말솜씨로 여러 가지 교리를 합성하여 그럴듯한 가르침을 펴는 사람들이 많다. 그들의 목적은 돈과 지배력 그리고 명예 획득에 있다. 비유적으로 말한다면 이들의 가르침은 텅 비어 있거나 또는 눈속임용 물이 조금 있거나 아니면 비가 오지 않으면 곧 말라버릴 우물인 셈이다.

더욱 심각한 것은 어둠의 가르침을 전하는 사람들이다. 이들의 우물은 물로 가득 차 있으나 정신을 혼미하게 하는 약이 들어있어 마시는 사람은 이성을 잃고 미치게 된다.

그러므로 빛의 길로 안내하는 참 진리를 찾아야 한다. 참 스승에 대한 기준은 다음과 같아야 한다.

★ 거짓 스승들은 빠르고 쉬운 길을 약속한다. 그들의 달콤한 말에 빠져 잘못된 길로 들어서지 않도록 해야 한다.

★ 위대한 스승은 자신이 마스터라고 말하지도 않고 자신의 힘에 대하여 말하지 않는다. 아주 겸손하며 지혜로 가득 찼다.

★ 스승은 제자에게 깨달음(우주의식과 합일)에 필요한 가르침을 준다. 이 가르침이 아닌 다른 것에 우선을 둔다면 거짓 스승이다.

★ 말은 바로 하나 행동이 따르지 못한다면 거짓 스승이다. 이런 거짓 스승은 그럴싸한 약속과 말로 사람들을 유혹하므로 이성과 식별력으로 잘 판단하여야 한다.

★ 세속적 명성이나 재산에 관심이 있고 다른 사람의 성공을 시기하는 자는 거짓 스승이다.

★ 자신의 의견을 강요하는 자, 자신의 방식대로 제자가 살아가도록 기대하는 자는 참된 스승이 아니다.

★ 자신의 이익을 위하여 행동하며 자신의 만족을 위하여 자신에 대한 남의 믿음을 이용하는 자는 참된 스승이 아니다.

★ 우월감을 가지거나 충고에 분개하는 자는 참된 스승이 아니다.

★ 편협한 의식을 가지고 있거나 사람에게서 좋은 점 보다 나쁜 점을 보는 자는 참된 스승이 아니다.

★ 자신 주변에 추종자를 가지려는 욕망이 있는 자는 참된 스승이 아니다.

도마복음 75절

홀로된 자만이 신부의 방에 들어가리라!

Jesus said, "Many are standing at the door, but it is the solitary who will enter the bridal chamber."

예수께서 말씀하시길, "많은 이들이 문 앞에 서있으나, 홀로된 자만이 신부의 방에 들어가리라."

해석 이 구절은 마태복음(22:14, 부름 받은 사람은 많으나, 뽑힌 사람은 적다.)과 상징적으로 유사한 점이 있다. 여기서 홀로된 자가 상징하는 것은 무엇일까? 명예, 재산, 집착을 다 버리고 혼자인 사람을 의미한다. 도마복음 54절에서 마음에 욕심이 없는 자가 하늘나라에 간다고 하듯이 마음이 세속적 욕망으로부터 비워져서 철저히 혼자인 사람은 신부의 방에 들어간다는 말이다. 그러면 신부의 방은 무엇을 상징할까?

비전 단체에서는 입문(비전)의식이 있다. 단체에 따라 다르지만 구성원은 초보입문에서 시작하여 최종입문까지 여러 단계의 과정을 거쳐야한다. 최종입문은 신과의 합일을 상징한다. 이를 위한 조건이 마음의 정화이다. 마음에 부정적인 생각이 조금이라도 남아있으면 최종입문을 통과할 수가 없다. 말 그대로 홀로되어야 한다.

티끌 한 점 없는 맑은 마음 상태가 되어야 한다. 이럴 때 내면의 빛이 방해 없이 드러나고 내 안의 하느님을 보게 된다.

오컬트 가르침에서 신부의 방(비전/입문의 방)은 합일의 방을 상징한다. 이곳에서 신랑은 신부와 하나가 된다. 전체에서 분리되어 참 모습을 보지 못하던 우리가 마침내 전체와 합일하여 원래의 모습을 발견하는 곳이다.

성경에 보면 기도할 때는 골방에서 하라는 구절이 있는데 이 골방이 비밀 가르침에서는 신부의 방(비전의 방)이다. 여기서 골방은 영혼이 거주한다는 머리 중심의 송과선을 말한다.

우리가 깨끗한 마음으로 영혼이 거주하는 송과선에 들어가 영혼과 합일하면 우리는 이 영혼을 통하여 전체(신)와 합일하게 된다. 이전까지는 우리는 무지와 부정적 생각 등으로 영혼의 희미한 빛만으로 살아온 셈이다. 그래서 오컬트 가르침은 마음의 정화와 무지의 극복을 깨달음의 첫째 조건으로 강조하고 있다.

1940년대 이집트 나그함마디에서 발견된 〈빌립 복음서〉에서도 신부의 방이 나오는데 이들 구절을 보면 도마복음의 신부의 방이 무엇을 상징하는지 짐작할 수 있다.

> "신부의 방은 동물을 위한 것이 아니요 노예를 위한 것도 아니며 불경한 여자를 위한 것도 아니다. 신부의 방은 자유로운 사람과 동정녀를 위한 것이다."

여기서 자유로운 사람과 동정녀는 도마복음 75절의 홀로된 자와 같은 의미이다. 이 구절에 나오는 동물이나 노예, 불경한 여자는 저급한 동물적 본능이나 욕망 같은 부정적 속성을 지닌 사람들은 의미하며 이들은 신부의 방에 들어가지 못한다.

〈빌립 복음서〉의 또 다른 구절에 "진리의 신비는 형태와 이미지로 드러나나 신부의 방은 숨겨져 남아 있으며 이것은 신성 중의 신성이다(the holy in the holy)."라는 말이 나온다. 성전의 지성소는 신성 중의 신성(the holy of the holies)으로 불리고 또한 송과선을 상징하는 말이기도 하다. 그러므로 이 숨겨진 신부의 방은 송과선이 확실하다. 이곳에 들어가려면 우리는 홀로 되어야 한다. 마음이 정화되고 욕망에서 해방이 되어야 우리는 신부의 방에 들어갈 수 있다.

도마복음 76절

영원한 보물을 찾으라!

Jesus said, "The kingdom of the father is like a merchant who had a consignment of merchandise and who discovered a pearl. That merchant was shrewd. He sold the merchandise and bought the pearl alone for himself. You too, seek his unfailing and enduring treasure where no moth comes near to devour and no worm destroys."

예수께서 말씀하시길, "아버지의 나라는 많은 물건을 가지고 있던 중에 진주 하나를 발견한 장사꾼과 같도다. 그 장사꾼은 현명한 사람이어서 가지고 있던 모든 물건을 팔아서는 자기 자신을 위하여 단지 진주 하나만을 샀느니라." 그러므로 그대도 벌레가 먹지 않고 좀도 슬지 않는 곳에 영원히 존재하는 그런 보물을 찾으라."

해석 마태복음에 비슷한 구절이 있다.

"또 하늘나라는 어떤 장사꾼이 좋은 진주를 찾아다니는 것에 비길 수 있다. 그는 값진 진주를 하나 발견하면 돌아가서 있는 것을 다 팔아 그것을 산다."(마태복음 13:45~46)

진주 하나는 진리를 상징한다. 여기서 장사꾼은 진주의 가치를 아는 사람이다. 그는 가진 것 모두를 팔아 진주를 구입한다. 현명한 자는 장사꾼처럼 진리를 만나면 다른 것에 집착하지 않고 그 진리만 구하는 법이다. 석가가 왕위와 부귀영화를 버리고 왕궁을 나선 것도 이 진주를 찾기 위함이었다. 우리가 찾아나서야 할 것이 이 진주이다.

예수는 다음 문장에서 "벌레가 먹지 않고 좀도 슬지 않는 곳에 영원히 존재하는 그런 보물"을 찾으라 한다. 다른 말로 진리를 구하라는 말이다. 세상의 보화나 명예는 세월이 지나면 사라지거나 못쓰게 되겠지만 진리만은 영원하기 때문이다.

도마복음 77절

나는 빛이며 전체이노라!

Jesus said, "It is I who am the light which is above them all. It is I who am the all. From me did the all come forth, and unto me did the all extend. Split a piece of wood, and I am there. Lift up the stone, and you will find me there."

예수께서 말씀하시길, "나는 모든 것들 위에 있는 빛이며 나는 전체이니라. 나로부터 모든 것이 나왔고, 모든 것은 나에게로 이르느니라. 나무토막을 쪼개보라. 내가 그곳에 있을 것이요. 돌을 들추어보라. 그러면 거기에서 나를 발견할 것이니라."

해석 예수는 여기서 강력하게 자신의 존재를 밝힌다. 빛이고 전체이며 모든 것의 근원이고 모든 곳에 존재함을 말한다. 신과 합일 상태에 있는 예수는 신이며 전체이며 빛인 까닭이다. 요한복음에 유사한 구절이 있다.

> 예수께서는 사람들에게 또 말씀하셨다. "나는 세상의 빛이다. 나를 따라오는 사람은 어둠 속을 걷지 않고 생명의 빛을 얻을 것이다." (요한복음 8:12)

> "나는 길이요 진리요 생명이다. 나를 거치지 않고서는 아무도 아버지께 갈 수 없다."(요한복음 14:6)

예수는 자신이 세상의 빛임을 선언하고 있다. 그러나 요한복음 14장 6절을 들어 많은 기독교인들이 예수가 유일한 길이라고 주장하기도 한다. 예수의 참 가르침을 모르는 사람들의 오해일 뿐이다. 도마복음 여러 구절에서 예수는 우리 모두가 빛임을 말하고 있다. 도마복음 50절에서 예수는 우리가 빛에서 왔음을 선언하였다.

> "예수께서 말씀하시길, '사람들이 당신들은 어디서 왔느냐?'고 물으면 '우리는 빛에서 왔으며 빛이 스스로 생겨나기 시작하여 스스로 형성되고 형상으로 나타난 그곳에서 왔노라' 대답하라. 사람들이 '그것이

당신이냐?'고 묻거든 '우리는 그것의 자녀들이며 살아계신 아버지의 택함을 입은 자들이라' 말하라."(도마복음 50절)

다른 가르침을 거부하고 예수만이 진리임을 내세우는 사람들은 자신 또한 빛임을 모르고 있음이다. 세상의 비극 그리고 인간의 비극은 자기 자신을 모르는 데에서 비롯된다. 우리도 예수처럼 될 수 있다. 예수가 하느님 아들이듯 우리도 하느님 아들인 까닭이다.

예수는 나무토막에도 돌을 들추어도 그곳에 자신이 있다고 말한다. 이것은 모든 것에 신이 존재한다는 힌두교의 범신론이나 만물에 불성이 있다는 불교 가르침과 비슷하다. 근원적인 존재에서 모든 것이 분출되어 나와서 수많은 형상으로 존재하나 근원은 하나이며 모든 것은 근원의 속성을 띠고 있기 때문이다.

서양 오컬트의 아버지 헤르메스는 "위와 같이 그렇게 아래와 같이"라는 유명한 말을 남겼다. 이 한마디는 우주가 어떻게 구성되고 운영되는지에 대한 핵심을 보여준다. 카발라에 보면 생명나무(대우주, 신 상징)는 우리 인간(소우주 상징)에게 반영되어 존재한다. 오컬트 법칙에 따르면 가장 작은 것이 가장 큰 것과 같고, 처음은 마지막과 같고, 위의 것은 아래와 같다고 한다. 이것은 모든 것은 하나같이 긴밀하게 연결되어 분리될 수 없음을 말함이며 불교의 인드라 망도 같은 의미이다.

영국 신비주의 시인 윌리엄 블레이크는 "모래 한 알에 온 우주를 보고 한 떨기 들풀에서 천국을 보라."고 하였다. 눈앞의 작은 나뭇가지에도 나무토막 속에도 우주와 진리가 깃들어 있음을 노래하였듯이 진리의 화신인 예수도 쪼갠 나모토막에, 들추어본 돌에 존재하고 있음이다.

도마복음 78절

그대는 왜 광야에 나왔느냐!

Jesus said, "Why have you come out into the desert? To see a reed shaken by the wind? And to see a man clothed in fine garments like your kings and your great men? Upon them are the fine garments, and they are unable to discern the truth."

예수께서 말씀하시길, "그대들은 왜 광야로 나왔는가? 바람에 흔들리는 갈대를 보려고 왔는가? 그대 왕들과 세력가들처럼 좋은 옷을 입고 있는 사람을 보려고 왔는가? 그들이 좋은 옷은 입고 있으나 그들은 진리를 알 수 없느니라."

해석 이 구절과 비슷한 내용이 마태복음에 나온다.

> 요한의 제자들이 물러간 뒤에 예수께서 군중에게 요한을 두고 이렇게 말씀하셨다. "너희는 무엇을 보러 광야에 나갔더냐? 바람에 흔들리는 갈대냐? 아니면 무엇을 보러 나갔더냐? 화려한 옷을 입은 사람이냐? 화려한 옷을 입은 사람은 왕궁에 있다. 그렇다면 너희는 무엇을 보러 나갔더냐? 예언자냐? 그렇다! 그런데 사실은 예언자보다 더 훌륭한 사람을 보았다. 성서에, '너보다 앞서 내 사자를 보내니 그가 네 갈 길을 미리 닦아놓으리라.'하신 말씀은 바로 이 사람을 가리킨 것이다."(마태복음 11:7~10)

도마복음 구절이 마태복음처럼 세례요한을 두고 하는 말인지 아니면 예수를 두고 하는 말인지는 분명히 알 수는 없으나 예수 자신을 가리킨다고 보는 것이 좋을 것 같다.

예수는 자신을 보려고 모인 사람들에게 질문을 던진다. "왜 그대들은 이 거친 광야로 나왔는가? 바람에 흔들리는 갈대 구경나왔는가 아니면 왕이나 세력가처럼 귀한 옷을 차려입은 사람을 보려고 나왔는가?" 이 질문은 외관(가진 것, 직위 등) 으로 사람을 평가하려는 사람들에게 그 의미 없음을 말하려는 것이다.

그러나 이 구절을 달리 해석하면 집안에 편히 있지(즉 기존 가르침에 따라 편하게 살지) 왜 거친 광야(기존 가르침에 비하여 사회 개혁적이어서 위험하고 박해가 따르는 예수 가르침을 따르는 것)로 나왔느냐 물어보는 것이다.

그러면서 이들이 왕이나 세력가처럼 세속 권력이나 재산을 지닌 사람을 찾고 있다면 자신은 그런 사람이 아님을 말하면서 그런 사람들은 좋은 옷을 입고 있으나(부귀영화를 지니고 있으나) 진리를 모르는 사람이라고 말한다. 예수는 자신이 세속의 영예는 아니지만 진리는 보장하겠다는 말이다.

도마복음 79절

진리에 귀 기울이는 사람이 복이 있도다!

A woman from the crowd said to him, "Blessed are the womb which bore you and the breasts which nourished you."
He said to her, "Blessed are those who have heard the word of the father and have truly kept it. For there will be days when you will say, 'Blessed are the womb which has not conceived and the breasts which have not given milk.' "

군중 속에 한 여자가 예수께, "당신을 잉태한 자궁과 당신을 먹였던 젖가슴은 복되옵니다."라고 하였다. 그러자 예수께서 대답하시기를, "하늘에 계신 아버지의 말씀을 듣고 이를 진실로 간직한 이들은 복되도다. 왜냐하면 오히려 너희가 '아이를 잉태하지 않은 자궁과 모유를 내지 않은 젖이 복되다.'라고 말할 날들이 있게 되리라."

해석 유사한 구절이 누가복음에 나온다.

> 예수께서 이 말씀을 하고 계실 때에, 무리 가운데서 한 여자가 목소리를 높여 그에게 말하였다. "당신을 밴 태와 당신을 먹인 젖은 참으로 복이 있습니다." 그러나 예수께서 이렇게 말씀하셨다. "오히려, 하나님의 말씀을 듣고 지키는 사람이 복이 있다."(누가복음 11:27~28)

군중 속의 여자는 "위대한 예수를 낳은 마리아는 얼마나 복이 있을까."라고 생각하고 한 말이었다. 여자는 자식의 성공은 부모의 성공이고, 자식을 부모의 일부분으로 생각하고 있었다. 그러나 예수는 사람은 육체가 아니라 신성한 영혼임을 말하고 있다. 예수에게 마리아는 생물학적 부모지만 영혼만 두고 본다면 깨닫지 못한 중생일 뿐이었다. 그래서 예수는 자신을 낳아준 사람보다는 진리에 귀를 기울이는 사람이 복이 있다고 하는 것이다.

이 구절은 오늘날 우리의 현실에도 잘 적용되는 내용이다. 자식에게 자신의 인생을 거는 부모가 많은데 이것은 무지 때문에 발생하는 일이다. 〈예언자〉를 쓴 명상가 칼릴 지브란이 이런 말을 했다.

> "자식은 부모의 자식 아니라 자신들의 삶을 갈망하는 혼들이다. 그들이 부모를 통하여 왔지만 부모에게서 온 것은 아니며 부모와 함께 있어도 소유물이 아니다. 부모는 자식에게 사랑을 줄 수는 있지만 자신들의 생각을 줄 수는 없다. 자식들은 자기 나름의 생각을 가지고 있기 때문이다. 부모는 자식을 위해 주거를 제공할 수는 있으나 그들 혼에게는 그리할 수 없다. 자식의 혼은 미래에 머물기 때문이다. 부모는 자녀처럼 되려고 노력할 수는 있지만 자식을 자신처럼 만들려고 하면 안 된다. 왜냐하면 그들 삶은 뒤로 가지 않고 부모와 함께 머물지 않기 때문이다."

자식의 영혼(영적 성장)에 무심하고 자식의 육체(세속적 출세)만을 사랑해서는 안 된다. 자식과 부모는 서로 사랑하되 그 사랑은 물질 집착이 아닌 영적 성장을 도와주는 것이어야 한다.

자식이 부모의 인생을 보상해주지 않는다. 자식을 훌륭히 키우되 부모는 자신의 영혼은 스스로 책임지고 가꾸어야 한다. 자식의 세속적 성공이 부모의 세속적 성공에 상당 부분 기여하겠지만 부모 자신의 영적 성공은 개인이 책임져야 할 문제이기 때문이다.

영혼은 누구의 부모도 누구의 자식도 아니다. 영혼은 나이 많고 적음이 없고 직위의 높낮이도 없다. 단지 모두 신의 자녀일 뿐이다.

뒤의 구절 "'아이를 잉태하지 않은 자궁과 모유를 내지 않은 젖이 복되다.'라고 말할 날들이 있게 되리라."는 무엇을 의미하는 걸까? 이것을 미래에 일어날 환난 즉 아마겟돈과 연관 지어 설명할 수도 있다. 즉 자식이 없으면 환난 시에 자식이 죽어가는 일은 없을 것이기 때문이다.

그러나 먼 미래의 일이라기보다는 자식을 낳아 기르면서 겪게 될 부모의 고생을 말하는 것일 수도 있다. 늘 훌륭한 자식만 태어나는 법이 아니다. 말썽꾸러기, 범죄인, 신체 부자유자, 머리 나쁜 자식, 부모보다 일찍 죽는 자식 등 복이 아니라 고통을 줄 수도 있음을 말한다.

도마복음 80절

육체를 발견한 자는 위대하도다!

Jesus said, "He who has recognized the world has found the body, but he who has found the body is superior to the world."
예수께서 말씀하시길, "세상을 알게 된 사람은 육체를 찾았도다. 그러나 육체를 찾은 사람은 이 세상보다 더 위대하도다."

해석 육체를 아는 자 얼마나 될까? 육체는 신이 거주하는 사원이다. 이 육체 사원(육체에는 여러 신비 센터, 생명나무, 혼의 자리 등이 있다)에 대하여 알게 된 자는 위대한 자이다. 육체는 신성한 혼이 거주하는 성소이며 눈에 보이지 않는 상위 차원의 에너지가 흘러들어오는 장소이기도 하다.

영혼과 마음이 육체에 어떻게 작동하고 육체가 영혼에 어떤 영향을 미치는지 아는 자는 세상의 이치를 아는 사람이다. 육체와 그 육체로 말미암아 일어나는 모든 현상을 통제할 수 있어야 세상을 안다고 할 수 있고 이렇게 육체를 통제할 수 있는 사람은 세상의 주인이며 세상 그 누구보다 위대하게 된다.

이 구절은 도마복음 56절과 같은 의미로 해석이 될 수도 있다. 세상을 안다는 것은 삶의 목적과 본질, 자신과 신과의 관계, 우주법칙, 삶과 죽음의 비밀을 안다는 것이다. 이처럼 세상의 이치를 깨닫게 되면 우리가 애지중지하는 육체가 영혼을 가두는 무덤임을 알게 된다. 이렇게 되면 삶의 무상함을 알게 되고 집착은 사라진다. 그런 눈에 이 세상은 죽어있을 뿐이다.

9 장

내면의 신성을 깨우라

도마복음 81절

부유한 자가 왕이 되도록 하라!

Jesus said, "Let him who has grown rich be king, and let him who possesses power renounce it."

예수께서 말씀하시길, "부유하게 된 자가 왕이 되게 하고, 권력을 가진 자는 그것을 버리도록 하라."

해석 부자가 권력을 가지고 나라를 다스리고 대신 권력을 지닌 자는 물러나라는 말처럼 들릴 수 있으나 금권정치를 말하는 것이 아니라 여기서 부자는 마음이 부자인 사람, 즉 지혜가 많아 영적인 사람을 말한다.

가장 좋은 통치 체계는 무엇일까? 민주제, 공화제, 귀족정치, 철인정치, 금권정치, 공산제 등 참으로 많은 통치체계가 존재하였다. 예수는 우리에게 필요한 통치체계가 현자정치임을 말한다.

현자정치라 무엇인가? 영적으로 가장 지혜로운 사람이 나라를 다스리는 것을 말한다. 중세의 교황 통치나 이슬람의 정교통합 정치는 현자정치를 흉내만 낸 군주정치였다. 여기서 현자정치란 예수나 붓다처럼 지혜로운 자가 다스리는 나라를 의미한다. 불교에서 말하는 미륵이 다스리는 세계가 그 예가 될 것이다.

인류는 유토피아를 꿈꾸어왔다. 과연 이것이 가능할지 가능하다면 어떤 통치체계로 운영될까? 그러나 확실한 것은 사람들의 욕망이 정화되지 않으면 어떤 체제도 사람들의 의식수준에 맞게끔 변형되고 왜곡될 것이라는 점이다.

이상적으로 보였던 공동생산, 공동소유, 무계급을 주장한 공산주의는 결코 성공할 수 없는 이념이었다. 그들은 물질만을 기준으로 공동소유와 신분 평등의 이상을 추구하려했지만 사람들이 지닌 다양한 의식 수준을 경시하였다. 인간의 이상(理想)은 물질평등으로는 만족될 수 없으며 사람들이 지닌 욕망은 공산주의의 이상 실현에 가장 큰 적일 수밖에 없었다. 제도로 사람의 의식을 변화시키기는 쉽지 않다. 변화는 내면에서 먼저 시작되어야 한다.

확실한 것은 유토피아는 물질적 풍요가 아니라 정신적 풍요이며 그곳은 현자가 다스리는 세계일 것이다.

도마복음 82절

불 가까이 있으라!

Jesus said, "He who is near me is near the fire, and he who is far from me is far from the kingdom."

예수께서 말씀하시길, "내 곁에 가까이 있는 자는 불에 가까이 있음이요, 나로부터 멀리 떨어져 있는 자는 하느님 나라로부터 멀리 떨어져 있음이라."

해석 불의 세례가 영에 의한 세례를 의미하듯이 불은 예로부터 신의 현시 혹은 진리로 간주되었다. 이 문장에서 불은 신과 진리를 의미하여 예수를 따르면 신과 진리를 만나게 됨을 말하고 있다.

도마복음 83절

내면의 빛!

Jesus said, "The images are manifest to man, but the light in them remains concealed in the image of the light of the father. He will become manifest, but his image will remain concealed by his light."

예수께서 말씀하시길, "형상들은 사람들에게 분명히 드러나나, 사람들 안에 있는 빛은 아버지 빛의 형상 안에 감추어져 있느니라. 그(아버지)는 자신을 드러내겠지만 그의 형상은 그의 빛에 의해 감추어져 있을 것이니라."

해석 성경에 신은 자신의 형상으로 인간을 창조하고 이 창조된 형상에 신이 생기를 불어 넣자 비로소 생명이 되었다고 한다. 이 비유에서 볼 수 있듯이 신의 모습을 닮은 우리 육체(형상)는 드러나나 신의 속성을 지닌 신에서 나온 육체 안의 빛(영혼)은 신이 그러하듯 드러나지 않고 숨겨져 있다. 신은 모든 곳에 존재하지만(존재를 드러내지만) 우리는 신을 형상으로 볼 수는 없다. 신은 형상 없는 존재이기 때문이다.

도마복음 84절

악마의 자식들

Jesus said, "When you see your likeness, you rejoice. But when you see your images which came into being before you, and which neither die not become manifest, how much you will have to bear!"

예수께서 말씀하시길, "그대가 자신과 닮은 것을 볼 때 기뻐하지만, 그대에 앞서 존재한 죽지도 않고 드러내지도 않은 그대 모습들을 본다면 그대가 얼마만큼 그것을 감당하리오."

해석 "그대에 앞서 존재한 죽지 않고 드러나지도 않는 이미지들"이 무엇을 의미할까? 우선은 생각을 들 수 있다. 우리가 한 생각은 사라지는 것이 아니라 영원히 존재한다. 생각이나 경험은 우리 뇌 속에 기록될 뿐 아니라 아카식 레코드라는 우주 공간에도 기록된다. 아카식 레코드는 우주의 뇌로 이해하면 된다. 우주의 모든 것은 진동으로 존재하며 이 진동은 이미지와 소리가 비디오테이프에 저장되듯 우주 공간에 기록된다.

이처럼 생각은 기록으로 남을 뿐 아니라 경우에 따라 상당 기간 생명을 유지하며 살아가는 경우도 있는데 이를 상념체라 한다.

흑마법에서는 생각으로 인공 엔터티(상념체)를 만들어 부정적인 목적에 사용하기도 한다. 우리가 의식적으로 또는 무의식적으로 방출한 부정적 생각(상념)은 우리 눈에는 보이지 않지만 무서운 형상으로 존재하는데 오컬트에서는 이를 악마의 자식으로 부르기도 한다.

흉한 모습의 생각이 생명을 가지고 우리와 함께 살아가고 있다니 소름끼칠 일이다. 오컬트 가르침에서는 이런 부정적 생각을 정화하지 않고는 결코 깨달음을 얻을 수 없다고 한다. 생각할 때마다 상념체가 형성되고 이들은 우리의 생각이 낳은 보이지 않은 자식인 셈이다.

우리는 오감(안이비설신, 眼耳鼻舌身)과 의식(意識)으로 사물을 지각하고 판단한다. 생각은 우리 오감으로 지각할 수 없는 무형의 존재이다. 우리는 생각을 보거나 듣거나 냄새나 맛이나 촉각으로 감지할 수는 없다. 그러나 만약 우리가 물질 눈이 아니라 영적 눈으로 추한 생각들을 보게 된다면 그 형상이 얼마나 추할 것인가? 그러므로 미움, 증오, 시기 등 이런 부정적 생각의 형상을 보게 될 때 우리가 견딜 수 있을까?

다음으로는 생각할 수 있는 것이 우리의 전생이다. 우리가 기억은 못하지만 우리는 참으로 다양한 삶을 살았으며 이것은 현재 우리를 있게 만든 원인이기도 하다. 모든 기억이 저장된 아키식 레코드를 통하여 전생기억을 불러올 수 있다.

우리는 전생에 거지나 신체부자유자, 악당, 사기꾼일 수도 있다. 그런 자신의 모습을 본다면 견디어낼 수 있을까? 심하게는 지금의 가족이 전생에 자신을 해한 사람이었다면 그 심리적 충격을 견디어낼 수 있을까?

예수는 현재 치장하고 가꾼 자신의 모습을 보고 흡족해하는 사람들에게 눈에 보이는 그 형상이 전부가 아니라 사람들이 창조한 물질 눈으로는 보이지 않는 흉측스러운 상념의 존재와 전생의 모습을 말하고 있다.

도마복음 85절

그대들은 아담보다 더 가치 있노라!

Jesus said, "Adam came into being from a great power and a great wealth, but he did not become worthy of you. For had he been worthy, he would not have experienced death."

예수께서 말씀하시길, "아담이 큰 권능과 큰 부유함에서 왔으나 너희들만큼 가치 있지는 않았느니라. 왜냐하면 아담이 가치가 있었더라면, 아담은 죽음을 맛보지 않았으리라."

해석 창세기에 의거 아담을 인류의 조상으로 믿는 순진한 사람도 있을 것이다. 구약을 문사 그대로 해석하여 믿어버리는 어리석음은 없어야 한다. 성경은 거의가 비유나 상징으로 되어있기 때문이다.

창세기에 보면 아담이 생명나무와 선악과가 있는 에덴동산에서 살다가 뱀의 유혹으로 선악과를 따먹고 에덴동산에서 쫓겨난다. 여기서 아담은 특정한 사람을 지칭하는 것이 아니라 인류 전체를 지칭하는 상징이다. 그러므로 아담 한 사람으로부터 70억의 황인, 흑인 백인이 기원하지 않았다.

카발라 천지창조론을 보면 신은 수많은 불꽃으로 퍼져 나와 인간의 영혼이 되었다. 즉 처음부터 영혼의 숫자는 결정되어 있었으며 그 숫자는 변동이 없다. 이 많은 영혼들이 일시에 특정 사건으로 인하여 추락한 것을 비유로 표현한 것이 아담 설화이다.

그러면 혼의 숫자가 정해져 있다면 인구증가를 어떻게 설명할 수 있는가라고 의문을 표하는 사람도 있을 것이다. 우리는 생명이 지구에만 존재한다는 그릇된 사고를 지니고 있다. 우주에는 수많은 태양계가 있고 그들 행성에는 수많은 생명이 존재한다. 다만 대기나 환경이 지구와는 다르므로 그 조건에 어울리는 형태로 생명이 존재한다. 그러나 영혼은 물질이 아니므로 어떤 형태에 거주하든 그 본질은 변화가 없다.

우리는 모든 것을 지구 환경을 기준으로 판단한다. 우리는 생명 생존 조건으로 물, 기온, 산소, 대기, 등을 내세우나 생명이 반드시 그런 조건에만 생존 가능하다고 믿는 것은 우리가 지구인이기 때문이다. 영혼은 윤회를 하며 인구 증가는 윤회를 통한 행성 간의 영혼의 이동이다.

카발라에 따르면 에덴동산의 생명나무는 신과 우리 영혼을 연결하는 생명선이었으며 선악과는 부정 혹은 조화롭지 못한 빛이 들어오는 통로였다. 사람의 영혼이 이 부정의 문을 열다가 조화롭지 못한 빛에 휩싸여버린 것이 아담의 추락이었다. 추락으로 신과 연결되어 있는 생명나무가 제 기능을 하지 못하게 되자 영혼은 신성 능력을 상실하게 되어서 죽음을 맛보게 된다. 그런 점에서 아담이 "큰 권능과 큰 부유함에서 왔다."는 도마복음의 말은 이해가 된다.

추락한 아담은 인간을 상징하고 원래 상태로 돌아가는 것은 깨달음이며 에덴동산으로 복귀이다. 여기서 예수가 아담보다 제자들이 더 가치 있다는 말은 한다. 즉 쓸모가 있다는 말이다. 예수는 추락한 사람을 에덴동산으로 돌아가게 하는 방법을 가지고 온 분이었고 제자들은 그 가르침을 펴는 사람들이니 아담보다 가치가 있는 것이다.

아담 이야기를 하면 빠트릴 수 없는 것이 원죄설이다. 하와가 뱀의 꾐에 빠져서 아담을 유혹하여 에덴동산에 있는 선악과를 먹게 하여 하나님의 저주를 받아 에덴동산에서 추방당하게 되는 구절이 원죄설의 원천이다. 그런데 이 원죄설을 신학적으로 정리한 사람이 바울이다. 그는 로마서(5:12, 한 사람이 죄를 지어 이 세상에 죄가 들어왔고 죄는 또한 죽음을 불러들인 것같이 모든 사람이 죄를 지어 죽음이 온 인류에게 미치게 되었습니다.)에서 아담의 죄를 원죄설의 근거로 제공했다. 원죄를 둘러싸고 여러 이론이 주장되었으며 418년 카르타고회의 결의 중에 원죄의 교의가 확인되었고, 트리엔트공의회에서 재확인되었다.

창세기 3장이 원죄의 사상을 담고 있다고는 보이지 않는다. 구약에는 아담의 죄가 모든 인류에 전가되었다는 구체적인 언급은 없다. 어떻게 선대의 죄가 후대에 전해진단 말인가? 아담의 죄가 육제의 유전자로 전해지는가 아니면 영혼에 심어지는가? 각자 자신의 업이 있는 법인데 수천 년 전 일어난 남의 업을 후손이 계속 받는다는 것을 이성적으로 받아들일 수 있는 건가? 이런 상식 밖의 이야기를 믿어야 하는가?

사실 아담은 인류의 조상이 아니라 인간을 상징하는 대표 이름일 뿐이다. 추락 때에 우리 모두는 같은 입장에 있었고 아담이 바로 우리 자신이었다. 원죄는 개인이 해결해야 할 업의 다른 이름이다. 신성한 영혼이 추락하여 부정에 둘러싸여 신성을 바로 보지 못하는 것이 원죄이며 업이다. 이런 업을 극복하라고 성인들이 가르침을 주었고 수많은 사람들이 깨달음을 얻어 하늘나라를 발견하였다. 영혼은 유전과는 상관이 없는 불멸의 존재이며 윤회의 주체이기도 하다.

그런데 오늘날 기독교인들은 스스로 죄인임을 소리 높여 떠들며 사람들에게 불필요한 죄의식을 심고 있다. 생각하는 대로 된다는 말이 있듯 자기긍정은 대단히 중요한데 스스로 죄인으로 부르고 신과 자신의 관계를 피조물 위치에 두니 그 폐해가 상당하다. 신과 자신의 관계를 어떻게 설정하느냐에 따라 세상의 주인이 되기도 하고 종이나 자유의지 없는 로봇이 되기도 한다. 의식에 어떤 한계를 두면 그것은 넘어서기 어려운 운명이 되기 때문이다. 아직 깨어나지 않은 상태이지만 인간은 신성을 지닌 위대한 신과 같은 존재이다.

도마복음 86절

쉴 곳이 없도다!

Jesus said, "The foxes have their holes and the birds have their nests, but the son of man has no place to lay his head and rest."
예수께서 말씀하시길, "여우들도 자기들의 굴이 있고 새들도 자기들의 둥지가 있으나, 사람의 아들은 누워 쉴 곳이 없도다."

해석 환영 받지 못하고 시기와 모함을 받는 처지를 말하고 있다.

유사한 구절

예수께서 이르시되 여우도 굴이 있고 공중의 새도 거처가 있으되 오직 인자는 머리 둘 곳이 없다 하시더라.(마태복음 8:20)

누가복음(9:58)에도 비슷한 구절이 나온다.

도마복음 87절

육체에 의존하는 가련한 영혼

Jesus said, "Wretched is the body that is dependant upon a body, and wretched is the soul that is dependent on these two."

예수께서 말씀하시길, "하나의 육체에 의지하는 이 육체란 얼마나 초라한가, 그리고 이 둘에 의지하는 영혼은 얼마나 초라한가."

해석 우리는 육체와 영혼으로 존재한다. 육체는 영혼의 집이며 영혼이 물질계에 현시하려면 육체에 의존해야 한다. 그러면 우리 육체는 무엇에 의존하는가? 육체 홀로 생존할 수는 없다. 우리는 육체를 유지하기 위해서는 음식을 먹어야 하고 그 음식은 동물이나 식물의 육체일 수밖에 없다. 그러므로 영혼은 이 둘에 의지하는 것이다. 그러니 신성한 영혼이 자신의 원래 창조능력을 상실하고 육체에 의지하여 살아간다는 것은 얼마나 초라한 일이겠는가?

예수는 부활을 통하여 육체는 영혼을 구속하는 장애물이 아님을 보여주었다. 예수는 수천 명 분의 음식물을 창조해낼 수도 있었다. 깨달은 영혼은 두 개의 육체에 의존하지 않아도 되는 까닭이다.

육체를 다른 의미로도 해석할 수 있는데 육체와 아스트럴체가 그것이다. 오컬트 가르침에 따르면 인간은 육체와 육체의 틀이 되는 눈에 보이지 않는 아스트럴체를 가지고 있다. 이 아스트럴체가 없으면 육체는 존재할 수 없다. 영혼은 물질계에 현시하기 위하여 이 두 개의 체(體)에 의존한다. 이 역시 앞에서처럼 신성한 영혼이 초라하기는 마찬가지이다.

이 아스트럴체는 육체의 기본 틀이 되며 아울러 미묘한 여러 가지 고차원 에너지가 육체로 흘러들어오는 통로이기도 하다. 만약 이런 에너지가 흘러들어오지 않으면 우리는 생명을 유지할 수 없다. 우리는 공기와 음식만으로 살아가는 것이 아니기 때문이다. 동양의 기나 인도의 프라나 에너지는 아스트럴체를 통하여 흐른다.

아스트럴체는 호흡과도 긴밀한 관계가 있다. 사람들은 긴장 속에 살고 있고 호흡은 심신의 이완을 가져오는데 매우 중요하다. 그러나 호흡은 심신이완 이외에도 여러 중요한 기능이 있다.

눈을 감고 이완을 해보자. 몸과 마음의 긴장을 풀고 허리를 바로 세우고 숨을 천천히 들이쉰다. 가능한 아랫배까지 호흡을 끌어내리고 천천히 호흡을 내쉰다.

눈을 감은 상태에서 지금 어느 코로 호흡을 하는지 확인하여 본다. 내나수 사람들은 의식하지 못하고 있지만 호흡은 50~60분마다 교대로 바뀐다. 어느 한쪽 코가 더 많이 열려있을 것이다. 양코가 동시에 다 열려 호흡을 하는 사람도 있을 것이다. 그것은 교대하는 과정에서 10분 정도 양코 호흡을 하기 때문이다.

단순하게 보이는 호흡에는 많은 비밀이 숨어있다. 그러나 우리는 호흡에 대하여 깊게 생각하지 않는다. 깨어있는 삶이 아닌 습관적인 삶을 살고 있기 때문이다.

이런 말이 있다. "호흡만 바로 해도 평생 건강은 보장된다." 여기서 말하는 바른 호흡이란 천천히 그리고 깊게 숨을 들어 마셨다 천천히 내쉬는 호흡이다.

호흡을 통하여 산소만 들어오는 것이 아니라 에텔(프라나 에너지라고 함)에너지가 함께 들어온다. 우리가 많이 알고 있는 기 에너지는 주로 머리의 백회를 통하여 들어오나 이 에너지는 양코로 들어오는 에너지이다.

바른 호흡은 심신의 이완에 도움이 될 뿐 아니라 호르몬 분비에 결정적인 역할을 한다. 질병의 60~70%가 호르몬 분비 이상이라고 한다. 호르몬이 적절하게 분비되면 상당수 질병은 사라진다. 호르몬의 생성에 사용되는 프라나 에너지가 충분하게 들어오지 않아서[26] 질병이 생긴다. 호르몬 성분을 분석하면 우리가 섭취하는 음식물에서 나오지 않은 다른 성분이 발견된다. 이것은 음식물 이외에 다른 요소가 첨부되었다는 뜻이며 그것이 프라나 에너지이다.

호르몬 생성 외에도 앞에서 언급한 왼 코와 오른 코 호흡에는 중요한 기능이 있다. 왼 코로는 음의 성질을 띤 프라나 에너지가 들어오고 오른 코로는 양의 성질을 띤 프라나 에너지가 들어온다. 이 두 에너지가 미저골에서 합쳐져서 아스트럴 통로인 수슘나를 통하여 송과선으로 올라간다.

이 두 에너지는 몸에 중요한 기능을 한다. 마음의 활발한 활동, 체온 상승, 소화, 변비, 신경쇠약에는 오른 코 호흡이, 내분비물 조절, 긴장완화, 냄새 맡을 때는 왼 코 호흡이 좋다.

바른 호흡을 하려면 의식이 깨어있어야 하고 그렇게 되면 심신 이완, 육체 건강 그리고 자신을 지켜보는 수련이 동시에 된다.

사실 호흡은 명상의 시작이고 끝이기도 하다. 호흡이 깊어지면 감정에 흔들림이 없어진다. 이렇게 되면 명상은 깊어지고 우리는 내면으로 몰입해 들어가 깊은 고요 속에 머물게 된다.

---

26) 이것은 호흡이 얕아서 일어나는 일이다.

도마복음 88절

내면의 신성을 깨우라!

Jesus said, "The angels and the prophets will come to you and give to you those things you (already) have. And you too, give them **those things which you have**, and say to yourselves, 'When will they come and take what is theirs?'"

예수께서 말씀하시길, "천사들과 예언자들이 그대들에게 와서 그대들이 이미 가지고 있는 것을 그대들에게 줄 것이니라. 그대들도 자신들이 가지고 있는 것을 그들에게 주면서 스스로에게, '언제 그들이 와서 그들의 것을 가져갈까?'라고 하리라."

해석 사람들 누구에게나 내재하는 불성이 있다. 그러나 사람들은 아직 그것을 깨우지 못한 상태에 있는 잠자는 신이다. 천사나 예언자들은 사람들의 내면에 있는 이런 생명(깨달음)의 불꽃을 지피기 위하여 이 세상에 온다. 그러므로 그들이 전하는 것은 새로운 것이 아니라 이미 사람들이 가지고 있는 것이다.

도마복음 Blatz 영어 본은 다음과 같다.

Jesus said: "The angels and the prophets will come to you, and they will give you what is yours. You also, give them **what is in your hands,** and say to yourselves: 'On what day will they come to take what is theirs?'"

이 해석에 사용한 토마스 램딘 영어 본과 Blatz 본을 비교하면

"those things which you have"이 "what is in your hands"로 되어 있다. 여기서는 후자로 해석해야 의미가 좀 더 명확해질 것 같아 "사람들 손 안에 있는 것을 예언자에 주리라!"로 해석한다.

사람들이 손 안에 가지고 있는 것은 아직 자신의 신성함을 모르는 사람들이 지닌 사고나 생각을 말함이며 사람들은 예언자들이 가져다준 메시지나 가르침(깨달으면 누구나 신임을 전하는 메시지)을 자신의 것이 아니라 예언자들에게나 해당하는 것으로 생각하고 있다.

도마복음 89절

거짓이 없어라!

Jesus said, "Why do you wash the outside of the cup? Do you not realize that he who made the inside is the same one who made the outside?"

예수께서 말씀하시길, "왜 그대들은 잔의 겉만을 닦느냐? 그대들은 안을 만든 이가 또한 겉을 만든 이라는 것을 깨닫지 못하는가?"

해석 누가복음에 나오는 유사한 구절

예수께서는 말씀을 마치시고 어느 바리사이파 사람의 저녁 초대를 받아 그 집에 들어가 식탁에 앉으셨다. 그런데 예수께서 손 씻는 의식을 치르지 않고 음식을 잡수시는 것을 보고 그 바리사이파 사람은 깜짝 놀랐다. 그래서 주께서 이렇게 말씀하셨다. "너희 바리사이파 사람들은 잔과 접시의 겉은 깨끗이 닦아놓지만 속에는 착취와 사악이 가득 차 있다. 이 어리석은 사람들아, 겉을 만드신 분이 속도 만드신 것을 모르느냐?"(누가복음 11:37~40)

남에게 보이기 위하여 외면은 온갖 것으로 치장하고 가식적으로 행동하면서 보이지 않는다고 정말 중요한 자신의 내면은 돌보지 않는 사람들을 훈계하는 내용이다.

의식이나 양심은 썩어 추악한 냄새를 풍기면서 썩어 문드러질 육체를 비단과 보석 그리고 부귀영화로 치장하고 고상한척하는 사람들이 옛날이나 지금이나 넘쳐난다.

예수는 안과 겉을 만든 이가 신이라 한다. 안은 영혼, 겉은 육체를 상징하기도 한다. 영혼과 육체는 질적 차이가 있지만 근원을 따지면 전부 하나의 원천에서 온 신성한 것들이다. 힌두교에서 모든 것에 신이 깃들어 있다고 하듯이 카발라에서도 존재하는 모든 것이 하나의 근원(상징적으로 빛)에서 나온 것이라 한다.

물질을 분석하면 원자는 미립자로 분해되고 그 미립자는 어느 순간 공으로 사라지는 영역에 도달한다. 물질이 공이 되고 공이 물질이 되는 것이다. 물질이 에너지임은 잘 알려진 사실이다. 에너지가 느린 진동으로 모여 있는 것이 물질이다. 우주 공간에 수많은 종류의 에너지가 존재하고 그 근원은 역시 신 즉 빛이다.

도마복음 90절

나의 다스림은 온화하도다!

Jesus said, "Come unto me, for my yoke is easy and my lordship is mild, and you will find repose for yourselves."

예수께서 말씀하시길, "내게로 오라. 나의 멍에는 편하고 나의 다스림은 온화하니, 그대들은 자신을 위한 휴식을 얻게 되리라."

해석 마태복음의 유사한 구절

> "고생하며 무거운 짐을 지고 허덕이는 사람은 다 나에게로 오너라. 내가 편히 쉬게 하리라. 나는 마음이 온유하고 겸손하니 내 멍에를 메고 나에게 배워라. 그러면 너희의 영혼이 안식을 얻을 것이다. 내 멍에는 편하고 내 짐은 가볍다."(마태복음 11:28~30)

예수 가르침은 삶의 멍에를 풀어주고 우리를 편안케 한다. 흙탕물처럼 온갖 더러운 감정과 무지로 허덕이는 우리에게 원래의 청청한 모습을 찾게 하여 참다운 휴식을 주는 것이 예수의 비밀 가르침이다.

그러나 지금 기독교 가르침은 어떠한가? 우리의 멍에를 풀어주고 편안케 하는 종교인가? 지혜나 이성보다는 맹목적 믿음만 내세우고 설교는 십일조와 여러 종류의 헌금 권유에 모아지지 않는가? 타종교를 핍박하거나 적대시하여 사람들을 불편하게 만들지는 않는가?

확실한 것은 예수는 이런 기독교를 원하지 않았을 것이라는 점이다. 도마복음 곳곳에서 예수가 일관되게 강조하는 자신을 알라는 메시지와 하늘나라는 장소가 아니라 우리 마음 상태라는 메시지를 기독교 교회에서 찾아볼 수 없는 안타까운 현실에 살고 있다.

10 장

예수, 당신은 누구십니까?

도마복음 91절

예수, 당신은 누구십니까?

They said to him, "Tell us who you are so that we may believe in you." He said to them, "You read the face of the sky and of the earth, but you have not recognized the one who is before you, and you do not know how to read this moment."

제자들이 예수께 말하길, "저희가 당신을 믿을 수 있도록 당신이 누구인지 우리에게 말씀해 주십시오." 예수께서 그들에게 말씀하시길, "그대들은 하늘과 땅의 형세는 분간하면서 그대들 앞에 있는 사람이 누구인지는 알지 못하고 이 순간을 이해할 줄도 모르는구나."

해석 예수에 대한 확신이 부족한 제자들이 당신이 누구인지 이야기해 달라고 조른다. 이런 종류의 질문은 도마복음 앞 절에서도 여러 번 나온 것이다. 예수의 답변에는 역시 제자들의 어리석음에 대한 한심함과 힐난이 드러난다.

제자들은 하늘과 땅의 형세 즉 드러난 세속적인 일에 대해서는 잘 알면서 가까이에서 예수를 모시면서도 여전히 예수가 누구인지 확신하지 못한다. 그들에게 예수는 유대 예언자들에 의하여 예정된 구세주인지 아닌지가 가장 큰 관심이었다. 예수는 행동으로 자신을 드러내었지 자신이 누구인지 말하지 않았다.

역사적으로 자신이 구세주라고 주장 한 사람들이 많았고 지금도 한국에서만 여러 명의 자칭 구세주를 목격하고 있다. 그럼 무엇으로 진위를 알 수 있겠는가? 제자들 질문에는 예수가 구세주라고 말하면 믿고 아니면 믿지 않겠다는 어리석은 생각이 숨어있다. 예수가 구세주든 아니든 그것은 중요한 것이 아니었다. 구세주라 주장한다고 구세주가 되는 것이 아니기 때문이다.

예수는 제자들이 **이 순간을 이해할 줄** 모른다고 나무란다. 제자들은 이미 지나간 과거의 지식이나 경험으로 예수를 판단하려고 하지 이 순간 존재하는 예수의 참 모습을 보려고 하지 않음을 나무란다.

깨달은 자는 이 순간 현재에 살아가고 어리석은 사람은 과거나 미래에 살아간다. 이 순간이 과거, 현재 미래가 모이는 한 점, 영원한 지금이다. 영원한 지금만이 있을 뿐이다. 과거는 사라진 것이고 미래는 오지 않은 것이니 이 순간 말고는 존재하는 것이 없다.

이 순간을 이해하는 사람은 예수가 누구인지 물어보는 대신에 자신이 예수가 된다.

위대한 스승과 함께하는 순간은 천국의 입구에 있는 것이며 신을 보는 셈이다. 그러나 눈이 있어도 보지 못하고 귀가 있어도 듣지 못하는 제자들이라 예수와 함께하는 순간도 의심으로 흔들리고 있다.

도마복음 92절

두드려라!

Jesus said, "Seek and you will find. Yet, what you asked me about in former times and which I did not tell you then, now I do desire to tell, but you do not inquire after it."

예수께서 말씀하시길, "구하라 그러면 찾을 것이다. 예전에 그대들이 나에게 물은 것에 대하여 답변을 하지 않았느니라. 지금 말하려 해도 그대들이 그것을 찾지 않는구나."

해석 마태복음(7:7)과 누가복음에 유사한 구절이 나온다.

> "구하라, 받을 것이다. 찾아라, 얻을 것이다. 문을 두드려라, 열릴 것이다."(누가복음 11:9)

하늘도 스스로 돕는 자를 돕는 다른 말이 있듯 요청하지 않으면 주어지지 않는 것이 우주 법칙이다. 먼저 구하는 자의 행동이 있어야 한다. 우주에는 우연히 주어지는 깃이 아무 것도 없다. 원인과 결과의 법칙이 작동한다. 예수가 주려고 해도 제자들이 찾지 않으니 줄 수 없는 것이다.

이전에는 제자들 질문에 답을 하지 않은 예수였다. 왜냐하면 아직 그 답변을 듣기에 절실함이 없고 준비가 되지 않았기 때문이었다. 정말 알고 싶은 것이었다면 제자들은 당연히 다시 질문을 했어야 했다. 그들에게 절실함이 없었고 그런 상황에서 설사 답을 주더라도 이해를 하지 못할 터였다.

무엇을 구하든 절실함이 있어야 한다. 절심함이나 의지가 없으면 돼지에게 진주를 던지는 꼴이 되기 때문이다. 예수는 제자들의 구도 태도에 실망하고 있다.

도마복음 93절

진주를 돼지에게 던지지 말라!

〈Jesus said,〉 "Do not give what is holy to dogs, lest they throw them on the dung-heap. Do not throw the pearls to swine, lest they [...] it [...]."

(예수께서 말씀하시길) "거룩한 것들을 개에게 주지 말라. 개들이 그것을 거름더미 위로 던져버릴 것이니라. 진주를 돼지에게 던져주지 말라. 돼지들이 그것을(　　　)."

해석 92절과도 연관되는 구절이며 마태복음에도 나오는 내용이다.

> "거룩한 것을 개에게 주지 말고 진주를 돼지에게 던지지 마라. 그것들이 발로 그것을 짓밟고 돌아서서 너희를 물어뜯을지도 모른다." (마태복음 7:6)

일상적인 대화를 나누다가도 서로 말이 통하지 않으면 커다란 장벽을 느낀다. 그런 경우 어떤 말도 튕겨 나오고 튕겨 나오는 말에 상처를 입기도 한다. 그런데 진리를 전하는 경우 그 장벽은 더욱 높고 강할 수밖에 없다. 설사 받아들이더라도 자신의 의식수준에서 이해하고 받아들이기 때문에 진리가 왜곡되기가 쉽다. 어린아이에게 보석을 주더라도 보석을 모르는 아이는 쓰레기통에 버리거나 장난감통에 처박아둔다. 초등학생에게 대학수준의 철학을 말해도 이해 못하고 머리 아파한다.

더러는 자신이 믿는 종교나 가르침과 다르다고 진리를 비난하고 그 진리를 전하는 사람을 박해하거나 죽이기까지 한다. 그러므로 사람을 보고 진리를 전해야 함을 말하고 있다.

도마복음 94절

구하는 자는 구할 것이다!

Jesus said, "He who seeks will find, and he who knocks will be let in."

예수께서 말씀하시길, "구하는 자는 찾을 것이며 두드리는 자에게는 열릴 것이니라."

해석 92절과 같은 맥락으로 이해하면 된다. 마태복음 7:8과 누가복음 11:10에 나오는 구절이다.

> "누구든지 구하면 받고, 찾으면 얻고, 문을 두드리면 열릴 것이다." (누가복음 11:10)

도마복음 95절

아낌없이 주라!

Jesus said, "If you have money, do not lend it at interest, but give it to one from whom you will not get it back."

예수께서 말씀하시길, "그대가 돈이 있다면, 이자를 쳐서 빌려주지 말라. 차라리 그 돈을 되돌려 받지 못할 사람에게 주라."

해석 비슷한 구절이 마태복음과 누가복음에 있다.

"달라는 사람에게 주고 꾸려는 사람의 청을 물리치지 마라."
(마태복음 5:42)

"너희가 만일 되받을 가망이 있는 사람에게만 꾸어준다면 칭찬받을 것이 무엇이겠느냐? 죄인들도 고스란히 되받을 것을 알면 서로 꾸어준다. 그러나 너희는 원수를 사랑하고 남에게 좋은 일을 해주어라. 그리고 되받을 생각을 말고 꾸어주어라. 그러면 너희가 받을 상이 클 것이며 너희는 지극히 높으신 분의 자녀가 될 것이다. 그분은 은혜를 모르는 자들과 악한 자들에게도 인자하시다."(누가복음 6:34~35)

신약성경의 예수님 가르침은 비유와 도덕적 훈계로 이루어져 있다. 이 구절은 너무도 유명한 "이웃을 내 몸처럼 사랑하라"라는 도덕적 훈계의 연장선 위에 있다고 보면 된다.

이 세상에 자기 것이란 없다. 잠시 위탁받은 것이고 모든 것은 신에게 속한다. 돈은 개인 소유물이 아니라 신이 잠시 그를 자신의 통로로 선택한 결과일 뿐이다. 물이 고이면 썩고 돈이 고이면 부패한다. 우주를 부유하게 하기 위하여 돈은 끊임없이 필요한 곳으로 흘러가야 한다. 이 역할을 잘하지 못하면 신은 다른 통로를 선택한다. 그러므로 돈이 있을 때 이를 지혜롭게 사용해야 한다. 돈은 물질계에서 정의를 실현하는 방법이기도 하다.

남을 도울 때 우리는 대가를 기대한다. 보상받으려는 심리 없이 도움을 베푼다는 것은 쉽지 않은 일이다. 자식을 키워도 나중에 보상받으려는 심리가 있다. 그러므로 보상이나 신의 복을 기대함이 없이 남을 돕는 사람은 하늘에 복을 쌓은 셈이다. 복을 받기 위한 헌금이나 보시는 순수성이 훼손된다.

도마복음 96절

아버지 나라는 효모와 같도다!

Jesus said, "The kingdom of the father is like a certain woman. She took a little leaven, concealed it in some dough, and made it into large loaves. Let him who has ears hear."

예수께서 말씀하시길, "아버지의 나라는 한 여자와 같도다. 그 여자는 작은 효모 한 조각을 가루반죽 속에 넣어 큰 빵 덩어리를 만들었도다. 귀 있는 자들은 들어라."

해석 마태복음(13:33)과 누가복음에 유사한 구절이 있다.

> 예수께서 또 말씀하셨다. “하느님의 나라를 무엇에 비길 수 있을까? 어떤 여자가 누룩을 밀가루 서 말 속에 집어넣었더니 마침내 온 덩이가 부풀어 올랐다. 하느님의 나라는 이런 누룩과 같다.”
> (누가복음 13:20~21)

하늘나라를 작은 효모로 큰 빵을 만드는 여자로 비유하였다. 20절에 천국을 겨자씨 같다고 하였는데 여기서도 작은 효모로 표현하였다. 효모가 없으면 빵이 부풀어 오르지 않아 빵이 제대로 민들어지지 않는다. 이것은 눈에 보이지 않는 진리로 이 세상을 바르게 변화시키는 것을 비유하고 있는 것이다.

도마복음 97절

하늘나라는 텅 빈 마음이노라!

Jesus said, “The kingdom of the father is like a certain woman who was carrying a jar full of meal. While she was walking on the road, still some distance from home, the handle of the jar broke and the meal emptied out behind her on the road. She did not realize it; she had noticed no accident. When she reached her house, she set the jar down and found it empty."

예수께서 말씀하시길, "아버지의 나라는 음식이 가득 담긴 항아리를 이고 가는 한 여자와 같도다. 먼 길을 걸어 집으로 가고 있는 동안 항아리 손잡이가 깨져, 음식은 그녀가 걸어온 길 위에 쏟아졌지만 그 여자는 알지 못했도다. 그 여자가 집에 도착해 항아리를 내려놓고서야 비로소 항아리가 텅 비어 있음을 알았느니라."

해석 무슨 말인지 고민에 빠지게 하는 구절이다. 하늘나라가 음식물이 가득 담긴 항아리가 텅 비어 있는 것과 무슨 상관인가?

사람들은 하늘나라를 곡식이 가득 담긴 항아리를 이고 가는 여자처럼 물질적으로 풍족한 곳 또는 진리를 물질 부를 보장하는 것으로 생각한다. 그러나 천국(진리, 깨달음)은 사람들이 지닌 물질욕망을 서서히 없애 마침내 마지막 단계에서는 모든 재물에 대한 욕심이 사라진 즉 텅 빈 마음 상태이다. 그러나 그 텅 빈 마음에는 영적 지혜와 풍족함이 넘쳐나게 된다. 이것이 하늘나라이고 진리의 세계임을 비유로 설명하는 구절이다.

도마복음 98절

힘센 사람을 물리치는 방법

Jesus said, "The kingdom of the father is like a certain man who wanted to kill a powerful man. In his own house he drew his sword and stuck it into the wall in order to find out whether his hand could carry through. Then he slew the powerful man."

예수께서 말씀하시길, "아버지 나라는 아주 힘 있는 사람을 죽이려는 어떤 사람과 같으니라. 그는 자신의 집에서 칼을 뽑아들고 어떻게 손을 사용해야 하는지 알아보려고 칼로 벽을 찔러보았느니라. 그러고 나서 그는 그 힘센 사람을 죽였느니라."

해석 이 구절 또한 해석이 쉽지 않은 내용이다. 아버지 나라가 아주 힘 있는 사람을 죽이려는 어떤 사람과 같다니 믿기에는 놀라운 말이다. 예수는 도대체 무엇을 말하고자 하였는가?

예수나 위대한 스승들이 이 땅에 온 것은 인류에게 하늘나라 즉 깨달음이란 진리를 전하기 위해서였다. 그러자면 사람들이 지닌 그릇된 개념이나 부정적 속성을 없애야 하였다.

이들 부정은 의식 속에 깊게 뿌리내려 아주 힘이 센 사람으로 비유될 수 있다. 위대한 분들은 물질계로 내려오기 전에 이들 부정을 효과적으로 제거할 수 있는 방안을 세심하게 검토하고 나서 지상에 내려와 진리를 펼쳤다. 그들의 가르침으로 수많은 사람들이 하늘나라를 찾았고 지금도 우리에게 지침이 되고 있다.

도마복음 99절

참된 부모와 형제

The disciples said to him, "Your brothers and your mother are standing outside."
He said to them, "Those here who do the will of my father are my brothers and my mother. It is they who will enter the kingdom of my father."
제자들이 예수께, "당신의 형제들과 어머니가 밖에 서있나이다."라고 하니 예수께서 제자들에게 말씀하시길, "내 아버지가 뜻하시는 바대로 행하는 자들이 나의 형제요 나의 어머니이니라. 그들이 내 아버지의 나라에 들어갈 사람들이니라."

해석 마태복음(12:46~50)과 마가복음(3:31~35)에도 같은 취지의 글이 있다. 이 구절을 보고 예수를 부모 형제도 모르는 척하는 냉정한 사람으로 오해할 수도 있으나 깨달은 자에게 부모나 형제자매는 무지 속에 헤매는 가련한 영혼일 뿐이다. 아직도 세속적 잣대를 가지고 예수 자신을 자식이나 형제로 생각하는 가족에게 예수는 하느님 말씀을 따르는 사람이 바로 자신의 형제이며 부모라고 말한다.

큰 의미에서 보면 우리 모두는 신에게서 나온 신성한 존재들이다. 무지에서 벗어나 신 의식 속에 하나가 되면 모든 사람은 하나이다. 우주의 모든 중생이 깨달음을 얻을 때까지 해탈을 뒤로 미루는 보살의 마음이나 깨달은 영혼이 무덤처럼 갑갑한 육체로 들어와서 가르침을 펴는 이유도 우리 모두가 또 다른 자신이기 때문이다.

도마복음 100절

로마 황제에게 속한 것은 로마 황제에게

They showed Jesus a gold coin and said to him, "Caesar's men demand taxes from us." He said to them, "Give Caesar what belongs to Caesar, give God what belongs to God, and give me what is mine."

제자들이 예수께 금화 한 닢을 보여드리며, "로마 황제의 사람들이 우리에게 세금을 요구하고 있습니다."라고 말하자, 예수께서 제자들에게 말씀하시길, "로마 황제에게 속한 것은 로마 황제에게 주고 하느님에게 속한 것은 하느님에게 나의 것은 나에게 주라."

해석 마가복음과 누가복음(20:20~26)에도 같은 내용이 있다.

그들은 예수의 말씀을 트집 잡아 올가미를 씌우려고 바리사이파와 헤로데 당원 몇 사람을 예수께 보냈다. 그 사람들은 예수께 와서 이렇게 물었다. "선생님, 선생님은 진실하시며 사람을 겉모양으로 판단하지 않으시기 때문에 아무도 꺼리시지 않고 하느님의 진리를 참되게 가르치시는 줄 압니다. 그런데 카이사르에게 세금을 바치는 것이 옳습니까? 옳지 않습니까? 바쳐야 합니까? 바치지 말아야 합니까?" 예수께서 그들의 교활한 속셈을 알아채시고 "왜 나의 속을 떠보는 거냐? 데나리온 한 닢을 가져다 보여 다오."하셨다. 그들이 돈을 가져오자 "이 초상과 글자가 누구의 것이냐?"하고 물으셨다. 그들이 "카이사르의 것입니다."하고 대답하자 "그러면 카이사르의 것은 카이

사르에게 돌리고 하느님의 것은 하느님께 돌려라."하고 말씀하셨다. 그들은 예수의 말씀을 듣고 경탄해 마지않았다.(마가복음 12:13~17)

예수가 현실(로마제국의 이스라엘 지배)을 거절하고 하늘나라의 이상을 내세울 줄 기대하고 이런 질문을 던졌지만 예수는 너무도 당연하다는 듯이 "로마 황제에게 속한 것은 로마 황제에게 주고 하느님에게 속한 것은 하느님에게 나의 것은 나에게 주라."고 한다.

제자들은 예수가 로마법이 아닌 좀 더 급진적 방법을 통하여 하늘나라의 이상을 펼쳐 보이기를 원하였을 것이다. 그러나 의식 변화 없이는 어떤 체제도 소용이 없음을 알고 있었기에 기존 질서를 따르면서 사람들의 의식을 변화시키려고 하였다. 사람들 의식이 변화면 그 변화된 수준에 맞는 질서 체계가 나오기 마련이다. 위대한 영적 능력의 소유자인 예수가 원하였다면 로마 정권을 무너뜨리고 유대인이 다스리는 나라를 세울 수도 있었을 것이다. 그러나 그렇게 한다고 대중들 의식이 변화되지는 않는다.

이 구절은 정치와 종교는 분리되어야 함을 이르는 말이기도 하다. 로마제국이 이스라엘을 지배하든 유대인이 지배하든 사회를 지탱하는 법은 지켜져야 함을 말한다. 예로부터 국법과 교회법 간의 미묘한 충돌이 있었다. 유럽 중세시절에 로마교황의 권력이 막강하였을 때는 교회법이 국법과 마찬가지였으나 로마 교황의 권력이 약해지면서 점차 국법이 교회법을 배제하고 자신의 영역을 확대해나갔다. 이슬람 세계도 신정일치 성격이 강하였다. 코란이 통치규범으로 이슬람세계를 지배하였고 지금도 정치와 종교가 구분되지 않은 이슬람 국가가 적지 않다.

오컬트 가르침에 3계의 균형(육체, 마음, 혼)이라는 말이 있다. 사람은 육체와 마음과 혼으로 구성되며 이 3개가 균형을 이루어야 깨달음을 얻을 수 있음을 의미한다. 영적 성장을 위하여 물질 삶을 무시하는 구도자가 많다. 더러는 육체를 학대하여 영적 성장을 얻으려 하는 구도자도 있다.

이것은 균형이 무너진 삶으로 비유를 들자면 삼각대를 구성하는 받침대가 하나라고 없으면 삼각대가 바로 설 수 없는 것과 같다. 삶에 굳게 뿌리를 내리데, 마음은 하늘나라에 두고 살아가는 지혜로운 삶이 필요하다. 하늘나라나 유토피아는 의식의 변화로 나타나는 세계이지 통치체계나 경제질서가 바뀌어 생겨나는 세계는 아니다.

11 장

참된 기도

도마복음 101절

진정한 어머니!

〈Jesus said,〉 "Whoever does not hate his father and his mother as I do cannot become a disciple to me. And whoever does not love his father and his mother as I do cannot become a disciple to me. For my mother [...], but my true mother gave me life."
(예수께서 말씀하시길) "나처럼 자기의 아버지와 어머니를 미워하지 않는 자는 내 제자가 될 수 없고 나처럼 자기 아버지와 어머니를 사랑하지 않는 자도 내 제자가 될 수 없느니라. 왜냐하면 내 진정한 어머니가 나에게 생명을 주셨기 때문이니라."

해석 도마복음 55절(자신의 아버지나 어머니를 미워하지 않는 사람은 나의 제자가 될 수 없도다. 자신의 형제자매를 미워하지 않는 사람과 나처럼 자신의 십자가를 짊어지지 않은 사람은 나에게는 가치 없는 사람이니라.)에도 유사한 내용이 나온다. 의미는 마찬가지이다. 여기서는 '나(예수)처럼'이라는 단어가 들어가 있는 점이 특이하다. 물론 이 구절은 마태복음(10:36~38)과 누가복음(14:26~27)에도 나오는 내용이다.

예수는 참으로 일반인이 하기 힘든 말(자신처럼 부모를 미워하지 않으면......)을 한다. 성경에 예수의 개인사는 별로 기록되어 있지 않다. 예수의 가족에 대한 태도를 얼핏 엿볼 수 있는 것이 마태복음(12:46~50)이다. 여기서 예수는 진리의 길을 걷는 사람이 부모형제라는 말을 한다.

부모 형제를 멀리하고 심지어 미워하는 사람이 있다면 우리 사회는 냉정하고 되먹지 못한 사람으로 취급할 것이다. 그러나 각자(覺者)인 예수는 이미 인간이 만든 도덕적 규범을 넘어선 사람이었다. 각자는 신의 법칙으로 살아가지 세속적 규범에 매이지는 않는다.

예수가 가족을 미워한다는 말은 일반인이 가지고 있는 그런 세속적인 감정을 의미하는 것이 아니라 진리로 인도하기 위한 사랑의 다른 표현이었다. 성전에서 고리대금업자에게 화를 내어 내쫓은 것도 마음에 미워하는 감정이 있어서가 아니라 그들을 조금이라도 바른 길로 인도하고자 하는 사랑의 다른 모습이었다. 감정을 통제할 수 있으면 상대방에게 메시지나 훈육을 하기 위하여 여러 감정을 인위적으로 불러일으켜 사용할 수도 있다. 일반인은 감정의 노예가 되지만 각자는 감정의 주재자이기 때문에 가능하다.

인류의 영적 성장을 위하여 이 세상에 오신 예수는 자신의 가족에 대하여 보통 사람과는 다른 모습으로 행동하였을 것이다. 부모가 원한다고 혹은 자신이 속한 사회가 요구한다고 하여, 옳고 그름을 떠나 그것을 따르는 것이 일반인들이다. 각자(覺者) 입장에서 볼 때 사회의 관습에는 인간의 영적 성장을 방해하는 너무나 많은 악습이 존재한다. 그 터무니없고 무의미한 관례를 강요하는 사회와 구성원에 저항하지 않으면 그것에 구속될 뿐이다.

조선시대 칠거지악 중에 남편은 자식을 낳지 못하는 여자는 내쫓을 수 있다는 규정이 있었다. 터무니없는 여성차별 규정이지만 당시 사회에서는 이것을 받아들였다. 놀라운 사실이다. 그렇다면 지금 민주화된 우리 사회에는 이런 터무니없는 관습이 존재하지 않을까?

인간이 만든 규범이나 관습은 사람들의 의식이 반영된 것뿐이다. 완전하지 못한 사람들이 만들어낸 규범이나 관습에는 진리에 비추어 여전히 형편없는 것들이 너무 많다.

깨치지 못한 부모는 자식이 아무리 위대해도 남들처럼 사회가 요구하는 대로 살아가길 바란다. 부모에게 집착과 보상심리와 무지가 공존하기 때문이다. 구도자는 부모로부터의 간섭이나 구속에서 벗어나야 한다. 자신을 알게 될 때, 그리하여 깨어날 때, 우리는 가족이나 사회에 대한 참다운 사랑을 할 수 있다. 예수는 미움을 말하고자 함이 아니라 올바른 사랑을 하자고 말하고 있다.

잘못된 관습이나 사고방식을 미워하지 않고는 새로운 길을 걸을 수 없고 새로운 가르침을 따를 수 없다. 시대 상황에 따라 수시로 변하는 인간이 만든 법이 아니라 영원불변한 신의 법칙에 따라야 한다.

"진정한 어머니가 나에게 생명을 주셨기 때문이니라." 여기서 진정한 어머니는 우리 영혼의 근원인 신을 말함이다. 우리가 생물학적으로는 부모로부터 유전자를 물려받았겠지만 우리 영혼은 유전되는 것이 아닌 고유한 것이다. 앞 절에서 육체에 의존하는 영혼은 불쌍하다고 하였다. 그만큼 영혼은 거주지인 육체와는 비교할 수 없는 위대한 존재이기 때문이다.

도마복음 102절

진리에 방해자가 되지 말라!

Jesus said, "Woe to the pharisees, for they are like a dog sleeping in the manger of oxen, for neither does he eat nor does he let the oxen eat."

예수께서 말씀하시길, "바리새인들에게 화가 있을지니, 그들은 소 여물통 안에서 잠자는 개와 같으니 그는 자신이 먹지도 않으면서 다른 소도 먹지 못하게 하느니라."

해석 바리새인에 대한 비판이다. 그들은 성전에 대한 열쇠를 지니고 있으면서 자신들은 들어가지 않으면서 남들도 못 들어가게 하였다. 그들은 열쇠만 가지고 있었지 안의 내용은 모르면서 자신의 직위를 자랑하고 권위를 내세웠다.

오늘날도 볼 수 있는 전형적인 위선자들 모습이다. 든 것은 없으면서 간판을 내세워 살아가는 사람들이 그 예이다. 이것은 도마복음 39절을 참조하면 된다.

도마복음 103절

늘 깨어있으라!

Jesus said, "Fortunate is the man who knows where the brigands will enter, so that he may get up, muster his domain, and arm himself before they invade."

예수께서 말씀하시길, "도적들이 어디로 들어올지 아는 자는 복이 있나니, 그는 일어나서 자신 영내의 자원을 모아 도적들이 오기 전에 방비할 수 있기 때문이니라."

해석 유사한 구절

"이렇게 너희의 주인이 언제 올지 모르니 깨어 있어라. 만일 도둑이 밤 몇 시에 올는지 집 주인이 알고 있다면 그는 깨어 있으면서 도둑이 뚫고 들어오지 못하게 할 것이다. 사람의 아들도 너희가 생각지도 않은 때에 올 것이다. 그러니 너희는 늘 준비하고 있어라."(마태복음 24:42~44)

"주인이 밤중에 오든 새벽녘에 오든 준비하고 있다가 주인을 맞이하는 종들은 얼마나 행복하겠느냐? 생각해 보아라. 도둑이 언제 올지 집주인이 알고 있었다면 자기 집을 뚫고 들어오지 못하게 하였을 것이다. 사람의 아들도 너희가 생각지도 않은 때에 올 것이니 항상 준비하고 있어라."(누가복음 12:38~40)

이 103절은 도마복음 21절이나 57절과 같은 맥락의 글이다. 여기서 도적은 어둠/악의 세력이고 이들은 수단과 방법을 가리지 않고 사람들이 어둠의 길을 걷도록 유혹한다. 그 방법으로 가장 많이 사용되는 것이 부정적 생각을 잠재의식 속에 주입하는 일이다.

예수는 이 세력(도적)이 어디로 들어오는지 아는 자는 복이 있다 하였다. 이 들어오는 장소는 바로 우리 마음이다. 인간의 약점인 명예와 부에 대한 갈망을 이용하여 사악한 생각을 집어넣을 수 있고 잠잘 때 무방비 상태를 이용하여 악/부정의 씨를 뿌리기도 한다.

그러므로 욕망을 다스려야 하고 늘 깨어있어야 한다. 사악한 생각이 일단 뿌리내리면 이것은 엄청난 속도로 자리난다. 그러므로 뿌리내리지 못하도록 밤낮으로 깨어있는 의식으로 살아야 한다. 명상이나 지켜보기 수련 등은 부정적 생각이 들어오지 못하게 한다. 특히 잠자기 전에는 부정적 사념이 들어오지 않도록 보호 의식을 해야 한다.

비의 단체에서는 잠들기 전에 영적이거나 긍정적인 글을 읽거나 좋은 생각을 하도록 하며 더러는 특정한 보호 의식(Ritual)을 하도록 한다. 이것은 어둠이 침범할 수 없게 우리 의식을 빛으로 채우기 위함이다. 그러므로 잠들기 전에 의식을 빛의 속성(참된 가르침, 진언, 긍정적 생각, 신의 사랑 등)으로 채우면 악이 접근할 수 없다.

이런 것이 예수가 "영내의 자원을 모아 도적들이 오기 전에 방비할 수 있기 때문이니라."에 해당하는 방비법이다.

도마복음 104절

참된 기도

They said to Jesus, "Come, let us pray today and let us fast."Jesus said, "What is the sin that I have committed, or wherein have I been defeated? But when the bridegroom leaves the bridal chamber, then let them fast and pray."

제자들이 예수께, "오셔서 오늘 저희들과 기도하고 금식하소서."하니 예수께서 말씀하시길, "내가 무슨 죄를 지었는가. 아니면 내가 무슨 이루지 못한 일이 있는가? 신랑이 신부의 방을 떠날 때 그들이 금식하고 기도하게 하라."

해석 성경의 기도에 대한 구절은 마태복음(6:5~6)에 잘 나온다.

> "기도를 할 때 위선자처럼 하지 말라. 그들은 남에게 보이려고 회당이나 한길 모퉁이에 서서 기도하기를 좋아한다. 나는 분명히 말하노라. 너는 기도할 때 골방에 들어가 문을 닫고 보이지 않는 네 아버지에게 기도 하여라. 그러면 몰래 보고 계시는 아버지께서 다 들어주실 것이다."

예수는 당시 사람들이 하던 기도를 위선적으로 보았다. 보이기 위한 말만의 기도는 제자들도 마찬가지였다. 그들은 죄를 회개하거나 무언가를 갈구하는 것이 기도라 생각하고 남들 앞에서 소리 내어 기도하였다. 그래야 신이 알아보고 감응하리라 생각을 한 것이었다. 제자들은 예수에게도 이런 기도와 금식을 권하고 있는 것이다.

예수는 그런 기도와 금식이 왜 필요한지 반문하는 것이다. 내가 무슨 죄를 지었는가, 내가 이루지 못한 것이 무엇이냐 물어보는 것이다.

기도란 무엇인가? 사람들은 절대자에게 무언가를 일방적으로 갈구하는 것을 기도로 오해한다. 참된 기도는 신과 동조(同調)하여 통화하는 것이다. 그러므로 기도의 성공은 동조에 있다. 신과 동조(同調)하는 방법은 명상을 통하여 내면으로 들어가 침묵 속에 머무는 것이다. 우리의 혼 의식을 신의식과 동조시켜 신의 완전한 통로로 만들면 우리의 기도는 신에게 전달되고 우리가 바라는 신의 답변을 침묵의 소리로 듣게 된다.

오늘날 통성기도가 유행한다. 눈물 흘리며 열광적으로 기도한다. 이런 기도는 예수가 싫어한 기도법이며 남이 보지 않는 골방에서 기도하라는 가르침에 위배된다. 이런 기도는 집단 최면으로 몰고 가는 경향이 있다. 이런 기도는 자기만족만을 줄 뿐 신에게 전달되지 않는다.

예수가 마태복음에서 말하는 골방은 문자 의미대로 이해하면 안 된다. 내부성전에 들어가서 기도하라는 의미였다. 도마복음 해석을 하면서 이미 밝혔지만 비의 단체에서는 머릿속의 공동(空洞)인 제3뇌실(송과선과 뇌하수체, 시신경교차가 있는 뇌의 작은 동굴)을 내부 성소로 보고 있으며 아울러 내부 성소에 있는 송과선을 영혼이 육체에 현시하는 장소로 본다.

참된 기도는 내면의 성소(聖所)인 송과선에 의식을 모아 침묵 속으로 들어가는 것이다. 우리 의식이 신의식과 조화로운 상태에 있으면 신과 동조되어 기도가 응답 된다. 그러므로 신과 하나였던 예수의 경우 그의 삶 자체가 명상이며 기도였다.

사람들은 명상과 생활을 따로 구분하여 본다. 특별히 시간을 내어 수련하는 것을 명상으로 생각한다. 우리 삶이 깨어있다면 삶이 바로 명상이다. 삶 자체가 명상이 되고 기도가 되어야 한다.

마지막 문장은 도마복음 75절과 같은 의미이다. 신부의 방은 비전의 방이며 합일의 방을 상징한다. 여기서 신과 하나가 된다. 우리는 명상 상태(명상이 되면 송과선에 의식이 모아진다)에서는 신부의 방에 머무는 것이 되나, 명상을 그만두는 순간 신부의 방에서 나오는 것이 된다. 그러므로 명상에서 나올 때(신부의 방을 나옴) 다시 거친 현실과 만나게 되는 것이니 이를 위하여 기도하라는 말이다.

도마복음 105절

아버지와 어머니를 아는 자는 창녀의 아들!

Jesus said, "He who knows the father and the mother will be called the son of a harlot."

예수께서 말씀하시길, "아버지와 어머니를 아는 자는 창녀의 아들이라 불릴 것이니라."

해석 도마복음이나 다른 복음서에 신은 남성인 하나님 아버지로 천국은 아버지 나라로 표현된다. 신이 남성이라면 여성의 속성을 지니지 못한 것이 되니 어찌 모든 것을 포함하는 신이라 할 수 있을까? 유대신비 사상인 카발라에는 신은 양성일체로 표현한다. 사실 구약의 야훼는 남성도 여성도 아니다. 아버지로 불리는 것은 그 시대의 가부장적 문화의 유산일 뿐이다.

여기서 아버지와 어머니는 생물학적 부모가 아니라 영적 상징으로 보아야 한다. 창조의 비밀 즉 음양의 비밀을 아는 자는 우주창조의 비밀을 알게 되며 이렇게 되면 생물학적 부모와 참 부모(신)의 차이를 알게 된다. 참 부모는 영혼의 부모이고 생물학적 부모는 육체의 부모이다. 이렇게 되면 참부모를 모시게 되고 이를 오해한 무지한 사람들은 그를 부모도 몰라보는 호래자식이라 욕할 것이다.

예수는 고향에서 환영받지 못하였고 목수 요셉의 아들로 불리어졌다. 하늘나라를 외치며 가족을 부정하고 복음을 전하는 예수가 고향 사람들 눈에는 불효 자식으로 보이지 않았겠는가? 이 구절은 101절과 연관된다.

도마복음 106절

합일의 힘

Jesus said, "When you make the two one, you will become the sons of man, and when you say, 'Mountain, move away,' it will move away."

예수께서 말씀하시길, "그대가 둘을 하나로 만들 때 사람의 아들이 될 것이며 그대가 '산이여 여기서 물러가라'고 말하면 산은 물러갈 것이니라."

해석 둘을 하나로 만든다는 구절은 도마복음 22절(너희가 둘을 하나로, 안을 바깥처럼, 바깥을 안처럼, 위를 아래처럼 만들 때, 남자와 여자를 하나로 만들어 남자는 남자가 아니고 여자는 여자가 아닌 것으로 만들 때, 천국에 간다.)에도 나온다.

우리는 근원 즉 신과 분리되어있다. 그러다 보니 신과 나, 천국과 지옥, 선과 악, 위와 아래 등과 같이 모든 것을 이원적으로 구분하여 본다. 그러나 우주의식(신)은 모든 한계를 초월한 존재이므로 이원성 너머에 있다. 유한한 마음으로 무한을 알 수 없다. 신을 알 수 있는 방법은 우리가 신이 되는 수밖에 없다. 둘을 하나로 만든다는 것은 우리 영혼과 신과의 합일을 의미한다.

이를 위해서는 이원성을 극복하여야한다(깨달아야 한다). 신방에 들어가 합일하면 예수처럼 "사람의 아들(인자, 사람의 태양)"이 되어 산을 움직일 능력이 생기는 것이다. 여기서 예수는 누구나 자기처럼 사람의 아들(인자)이 될 수 있으며 기적을 행할 수 있음을 말한다. 예수는 도마복음을 통하여 초지일관 사람들의 신성회복을 주장하고 있다. 이 구절은 이것을 확인시켜준다.

이 구절을 도마복음 48절과 유사한 내용으로 본다면 음양의 법칙으로 해석할 수도 있다.

도마복음 107절

길 잃은 양 한 마리

Jesus said, "The kingdom is like a shepherd who had a hundred sheep. One of them, the largest, went astray. He left the ninety-nine sheep and looked for that one until he found it. When he had gone to such trouble, he said to the sheep, 'I care for you more than the ninety-nine.'"

예수께서 말씀하시길, "왕국은 마치 백 마리의 양을 지닌 한 목자와 같으니라. 어느 날 그 양들 중 가장 큰 양 한 마리가 길을 잃었느니라. 그러자 목자는 다른 아흔 아홉 마리를 남겨두고 길 잃은 양 한 마리를 찾을 때까지 찾아 나섰느니라. 목자는 힘들여 찾은 후에 그 양에게 말하길, '나는 다른 아흔 아홉 마리의 양보다 더 너를 사랑한단다.'"

해석 비슷한 구절이 마태복음과 누가복음에 나온다.

> "너희의 생각은 어떠하냐? 어떤 사람에게 양 백 마리가 있었는데 그 중의 한 마리가 길을 잃었다고 하자. 그 사람은 아흔아홉 마리를 산에 그대로 둔 채 그 길 잃은 양을 찾아 나서지 않겠느냐? 나는 분명히 말한다. 그 양을 찾게 되면 그는 길을 잃지 않은 아흔아홉 마리 양보다 오히려 그 한 마리 양 때문에 더 기뻐할 것이다. 이와 같이 하늘에 계신 너희의 아버지께서는 이 보잘것없는 사람들 가운데 하나라도 망하는 것을 원하시지 않는다."(마태복음 18:12~14)

"너희 가운데 누가 양 백 마리를 가지고 있었는데 그 중에서 한 마리를 잃었다면 어떻게 하겠느냐? 아흔아홉 마리는 들판에 그대로 둔 채 잃은 양을 찾아 헤매지 않겠느냐? 그러다가 찾게 되면 기뻐서 양을 어깨에 메고 집으로 돌아와 친구들과 이웃을 불러 모으고 '자, 같이 기뻐해 주십시오. 잃었던 양을 찾았습니다.'하며 좋아할 것이다. 잘 들어두어라. 이와 같이 회개할 것 없는 의인 아흔아홉보다 죄인 한 사람이 회개하는 것을 하늘에서는 더 기뻐할 것이다."
(누가복음 15:4~7)

목자는 신이고 양 백 마리는 신성한 영혼들이고 길 잃은 양 한 마리는 추락하여 어둠 속을 헤매는 영혼을 상징한다. 다 소중한 존재들이나 신은 길 잃은 영혼에 대해서 가장 큰 관심을 기울인다. 나머지는 스스로 자신을 돌볼 줄 알기 때문에 길 잃을 염려가 없으나 길 잃은 양은 산속에서 늑대(어둠/악)에게 잡아먹혀 버릴 수도 있어서 가장 염려하여 찾아 나서는 것이다. 이처럼 천국 즉 진리의 세계란 어둠 속에 헤매는 영혼들에게 등댓불이 되어서 바른길로 안내하는 것이다.

도마복음 108절

나와 그대는 하나가 되리라!

Jesus said, "He who will drink from my mouth will become like me. I myself shall become he, and the things that are hidden will be revealed to him."

예수께서 말씀하시길, "나의 입으로부터 나오는 것을 마시는 사람은 나와 같이 될 것이며, 내 자신이 바로 그 사람이 될 것이니라. 그러면 감추어진 것들이 그에게 드러나게 될 것이니라."

해석 예수가 전하는 진리를 받아들인 사람은 예수처럼 위대하게 될 것이며 이렇게 되면 예수와 진리를 마신 사람은 하나가 된다. 이처럼 신과 하나가 되면 모든 신비가 드러나게 된다.

예수를 하느님과 하나로 보는 사람들에게는 이 구절은 받아들이기 어려운 내용일 것이다. 그러나 예수는 진리를 받아들인 사람은 자신과 같아지며 자신이 그 사람이 된다고 말한다. 요한복음서에서 하느님이 그대 안에 그대가 하느님 안에 있다는 말과 같은 내용이다.

이처럼 예수는 도마복음의 여러 구절뿐만 아니라 비밀 가르침이 거의 실리지 않은 정경에서도 진리를 통하여 우리가 어둠에서 해방될 수 있으며 마침내 신과 하나가 될 수 있음을 설파하고 있다. 그러나 지금 기독교는 사람들에게 죄의식을 심고, 사람을 신의 피조물로 한계지우고, 이성과 지혜보다는 맹목적 믿음을 강조하고 있다. 예수의 메시지를 한 문장으로 표현하면 "자신을 알면 모든 것을 알게 된다." 이고 한 단어로 표현하면 '깨달음'이다.

도마복음 109절

진리는 눈앞에 있도다!

Jesus said, "The kingdom is like a man who had a hidden treasure in his field without knowing it. And after he died, he left it to his son. The son did not know (about the treasure). He inherited the field and sold it. And the one who bought it went plowing and found the treasure. He began to lend money at interest to whomever he wished."

예수께서 말씀하시길, "왕국은 자신의 밭에 보물이 숨겨져 있다는 것을 알지 못하는 사람과 같으니라. 그 사람이 죽으면서 그 밭을 아들에게 물려주었고 그 아들도 밭에 보물이 숨겨져 있다는 것을 알지 못하여 물려받은 그 밭을 팔았느니라. 그 밭을 산 사람이 밭을 갈다가 그 보화를 발견하였고, 원하는 모든 사람들에게 이자를 받고 돈을 빌려주기 시작하였느니라."

해석 진리가 바로 앞에 있는데 이를 찾지 못하는 사람이 있고 반면에 진리를 찾아내는 사람이 있다. 진리를 발견한 사람은 영적으로 부유하게 되어 그 가르침을 받기를 원하는 모든 이에게 나누어 주기 시작한다.

그러면 여기서 이자는 무엇인가? 진리가 무료로 주어지면 사람들은 그 소중함을 모른다. 진리는 받는 측의 성의와 의지가 있어야 한다. 이자가 중요한 것이 아니라 그 진리의 가치를 알려주기 위한 방안이다.

이 글은 진주를 돼지에게 던져주지 말라는 구절과도 일맥상통한다. 진리에 대가를 지불할 준비가 되어있는 진리에 목마른 사람에게 진리를 전해주어야지 가치를 모르는 사람에게 주면 진리를 왜곡하거나 그 중요성을 모르고 하찮은 것으로 취급한다.

도마복음 110절

세상을 발견하여 부유하게 된 자는 세상을 단념케 하라!

Jesus said, "Whoever finds the world and becomes rich, let him renounce the world."

예수께서 말씀하시길, "세상을 발견하여 부유하게 된 자는 세상을 단념하거라."

해석 세상을 발견함이란 삶의 의미, 신과 자신과의 관계, 존재의 이유, 우주법칙을 알게 된 사람이며 이렇게 된 사람은 영적으로 풍족하게 된다. 세상을 단념하라는 말은 진리를 알았으니 물질 세상의 환영에 매여 살아가지 말고 세상과 삶에 초연하라는 말이다. 초연할 수 없으면 집착이 생기고 집착은 고통을 수반하기 때문이다.

12 장

성차별에서 벗어나라

도마복음 111절

자기 자신을 알라!

Jesus said, "The heavens and the earth will be rolled up in your presence. And the one who lives from the living one will not see death." Does not Jesus say, "Whoever finds himself is superior to the world?"

예수께서 말씀하시길, "그대들 앞에서 하늘과 땅이 사라질 것이니라. 살아계신 분 안에서 살아가는 사람은 결코 죽음을 보지 않으리라." "자기 자신을 발견하는 사람은 누구나 이 세상보다 위대하다."고 나 예수가 말하지 않았는가.

해석 하늘과 땅의 구절은 도마복음 11절과 같은 말이며 "살아계신 분 안에서 살아가는 사람"은 바로 이어지는 구절의 "자기 자신을 발견하는 사람"이다.

위대한 스승들이 한결같이 한 말이 "자기 자신을 알라"라는 것이었다. 8만대장경도 "자신을 알라! 바로 그대가 붓다이다."라는 메시지를 전하기 위함이었다. 예수도 도마복음에서 여러 번 자신을 알라고 강조한다. 하느님이나 예수 자신에 대한 믿음 강요는 없다. 누구든지 자기 자신을 발견하면 자신이 신이고 무한 존재임을 알게 되며 이 세상보다 더 위대한 존재가 되기 때문이다. "너 자신을 알라. 그러면 하늘나라를 발견할 것이니라."는 바로 예수가 말하고자 한 핵심 사상이었다.

도마복음 112절

육체에 의지하는 영혼의 슬픔

Jesus said, "Woe to the flesh that depends on the soul; woe to the soul that depends on the flesh."

예수께서 말씀하시길, "영혼에 의지하는 육체에게 슬픔이, 육체에 의지하는 영혼에게도 슬픔이 있으리라."

해석 도마복음 29절과 유사한 내용이다. 육체에 갇힌 영혼도 가련한 존재이고 깨닫지 못한 영혼을 위하여 존재하는 육체도 가련하기는 마찬가지이다. 영혼은 육체가 지닌 한계에 매여 살아가야 하며 육체가 지닌 본능에 휘둘리게 된다. 어디든지 자유롭게 갈 수 있고 음식을 먹지 않아도 되는 영혼이 육체에 구속되어 살아가야 하는 것을 상상하면 이해가 된다.

도마복음 113절

아버지 왕국은 이 땅위에 펼쳐져 있노라!

His disciples said to him, "When will the kingdom come?"

〈Jesus said,〉 "It will not come by waiting for it. It will not be a matter of saying 'here it is' or 'there it is.' Rather, the kingdom of the father is spread out upon the earth, and men do not see it."

제자들이 예수께 묻기를, "언제 (아버지) 왕국이 오겠습니까?"
(예수께서 말씀하셨다) "그것은 너희가 기다린다고 오지 않을 것이다. '보라, 여기에 있다' 혹은 '보라, 저기에 있다'고 말할 수 있는 것이 아니니라. 오히려 아버지 왕국은 이 땅 위에 펼쳐져 있으나 사람이 보지 않을 뿐이니라."

해석 유사한 구절

> 하느님 나라가 언제 오겠느냐는 바리사이파 사람들의 질문을 받으시고 예수께서는 이렇게 대답하셨다. "하느님 나라가 오는 것을 눈으로 볼 수는 없다. 또 '보아라, 여기 있다.' 혹은 '저기 있다.'고 말할 수도 없다. 하느님 나라는 바로 너희 가운데 있다."
> (누가복음 17:20~21)

제자들의 이런 유치한 질문은 도마복음 여러 곳에서 보인다. 이 구절은 예수가 한결같이 말해온 내용 확인이다. 하늘나라는 특정한 장소에 있는 것이 아니라 눈만 뜨면 우리 마음에도 있고 바깥에도 있고 이 자리에 바로 펼쳐져 있음을 말하는 것이다.

햇살이 찬란히 비치는데 눈을 감은 자가 사방이 어둡다며 어디에서 태양을 볼 수 있느냐고 물어보는 것과 마찬가지이다. 눈 뜨면 그 자리가 햇살이 비치는 환한 곳인데 말이다.

예수 제자들은 하늘나라를 특정 장소로 이해를 하니 질문도 장소를 묻는 식이 된다. 기독교에서 천국에 다녀온 사람들의 이야기가 나오는 이유이기도 하다. 그러나 동양의 구도자들은 추구하는 것이 각성이나 깨달음이다 보니 질문도 "도가 무엇입니까?"라거나 "깨달음은 무엇입니까?"처럼 마음 상태에 대한 질문이 된다.

예수는 눈을 뜨면 하늘나라가 이 자리에 펼쳐져 있다고 말한다. 눈앞의 작은 풀잎에서도 하늘나라를 볼 수 있다고 말하고 있다. 하늘나라는 바로 이 자리에 있다. 인도 성자 까비르도 같은 말을 하고 있다.

벗이여, 그대 어딜 가서 나를 찾는가.
눈을 뜨고 보라,
나는 지금 그대 옆에 있나니.

나는 사원에도 없고, 모스크에도 없고,
히말라야 산정에도 없고, 카바 신전에도 없고……

저 거룩한 의식 속에도, 요가의 수련 속에도,
출가 수도의 길에도, 나는 없다.

그대가 진정한 구도자라면 지금 여기에서 나를 보리라,
바로 지금 이 순간에.

진정으로 찾는 이여 찾아 헤매는 이여,
신은 모든 존재의 호흡 속에 있다.
그 호흡 속의 호흡이다.

도마복음 114절

성 차별에서 벗어나라!

Simon Peter said to them, "Let Mary leave us, for women are not worthy of life." Jesus said, "I myself shall lead her in order to make her male, so that she too may become a living spirit resembling you males. For every woman who will make herself male will enter the kingdom of heaven."

시몬 베드로가 그들에게 말하길, "마리아가 우리에게서 떠나도록 합시다. 여자들은 생명을 얻을 가치가 없기 때문이지요." 예수께서 말씀하시길, "내가 그녀를 남자로 만들기 위하여 그녀를 인도할 것이니라. 이것은 그녀가 남자를 닮은 살아있는 영이 되도록 함이니라. 자신을 남자로 만든 모든 여자들은 하늘나라에 들어갈 것이기 때문이니리."

해석 도마복음 마지막 절은 난해하면서도 여러 가지 논쟁거리를 제공한다. 여기서 베드로는 여자들은 생명(구원, 진리 등)을 얻을 가치가 없으니 떠나보내자는 황당한 말을 한다. 이 구절은 당시 열악한 여성지위와 가부장적인 남성 우월의식을 지닌 베드로의 모습을 보여주고 있다.

유대인들의 의식수준을 반영하고 있는 구약에는 남녀 성차별 구절이 많이 있다. 창세기부터 에덴동산에서 추방당한 모든 책임을 이브에게 지우고, 출산을 이브의 죗값에 대한 형벌로 간주한다. 남성에 비하여 여성은 부족하고 모자라는 불완전한 인간으로 다루어진다. 구약의 여성비하 구절은 지금 보면 너무 터무니없는 것들이다. 당시 유목인들의 문화가 반영된 결과일 뿐이다.

이런 성차별은 예수 활동하던 시기에도 여전하였다. 예수가 성 문제에 대해 말한 적은 없다. 그러나 신약에는 예수와 상관없이 제자들의 성차별 구절이 상당히 나온다.

> "여자는 일절 순종함으로 조용히 배우라. 여자의 가르치는 것과 남자를 주관하는 것을 허락지 아니하노니 오직 조용할지니라."
> (디모데전서 2:11~12절)

> "모든 사람의 머리는 그리스도요 아내의 머리는 남편이요 그리스도의 머리는 하나님이시라는 것을 알아 두시기 바랍니다.
> 남자가 기도를 하거나 하나님의 말씀을 받아서 전할 때에 머리에 무엇을 쓰면 그것은 자기 머리, 곧 그리스도를 욕되게 하는 것입니다.
> 그러나 여자가 기도를 하거나 하나님의 말씀을 받아서 전할 때에 머리에 무엇을 쓰지 않으면 그것은 자기 머리, 곧 자기 남편을 욕되게 하는 것입니다. 그것은 머리를 민 것이나 다름이 없습니다.
> 만일 여자가 머리에 아무것도 쓰지 않아도 된다면 머리를 깎아버려도 될 것입니다. 그러나 머리를 깎거나 미는 것은 여자에게는 부끄러운 일이니 무엇으로든지 머리를 가리십시오.
> 남자는 하나님의 모습과 영광을 지니고 있으니 머리를 가리지 말아야 합니다. 그러나 여자는 남자의 영광을 지니고 있을 뿐입니다.
> 여자에게서 남자가 창조된 것이 아니라 남자에게서 여자가 창조되었기 때문입니다. 또한 남자가 여자를 위해서 창조된 것이 아니라 여자가 남자를 위해서 창조되었기 때문입니다.
> 천사들이 보고 있으니 여자는 자기가 남편의 권위를 인정하는 표시로 머리를 가려야 합니다."(고린도 전서 11: 3절~10절)

여자는 교회에서 맨머리로 예배 보지 말 것을 언급하는 구절이다. 천주교에서 여자들이 머리에 두건을 쓰고 기도를 하고 고해성사를 하는 이유가 여기에 있다.

기독교사회에서 여성 차별적 논조는 바울에서 성 아우구스투스를 지나면서 눈에 띄게 강해진다. 중세에 토마스 아퀴나스는 여성을 "불완전한 남자(an imperfect man)"라고 정의하였다.

영지주의 복음서인 〈마리아 복음서〉와 〈빌립 복음서〉에는 예수와 마리아와의 친분 정도와 제자들의 의식 상태를 추측할 수 있는 흥미로운 구절이 나온다. 일부 작가들은 빌립 복음서에 나오는 구절을 근거로 예수가 막달라 마리아와 결혼한 사이라고 확대 추정하기도 한다. 그러나 전체 문장을 살펴보면 예수가 아낀 제자가 마리아임을 보여주는 글일 뿐이다.

> "항상 주님과 함께 한 세 사람이 있었다. 그들은 주님의 어머니 마리아, 마리아의 누이 그리고 주님의 벗(짝, companion)으로 불린 막달라 마리아였다."(빌립 복음서 32절)

> "구세주의 짝은 막달라 마리아이다. 그리스도는 다른 모든 제자들보다 마리아를 더 사랑하셨고 그녀에게 입을 맞추곤 하셨다. 감정이 상한 나머지 제자들이 불만을 표시하였다. 그들은 '왜 주님께서는 우리 모두보다 그녀를 더 사랑하십니까?'라고 물으니 주님이 '내가 막달라 마리아를 사랑하는 것처럼 너희들을 사랑하지 않는다는 말이냐?'라고 말씀하셨다."(빌립 복음서 55절)

〈마리아 복음서〉에서 여성에 대한 특히 막달라에 대한 베드로의 태도를 볼 수 있는 내용이 있다. 마리아가 환상 속에 예수를 보았다는 말에 베드로가 본 내용을 말해 달라고 한다.

> "자매여, 우리는 구세주께서 다른 여자보다 당신을 더 사랑하신 걸 알고 있소. 당신이 기억하는 구세주의 말씀을 얘기해 주시오."
> 마리아는 자신이 들은 이야기를 해준다. 그러자 안드레아가 마리아가 전해준 내용이 낯선 관념이라며 그 말을 믿지 못하겠다고 한다. 베드로는 그 말에 동의하고 다음과 같이 마리아를 비웃는다.
> **"구세주께서 한 여자와 은밀히 얘기하고 우리에게는 얘기하지 않았다는 게 있을 수 있는 일인가**? 우리 모두가 그녀에게 돌아서서 그녀 말을 들어야 하는가? 주께서는 우리보다 그녀를 더 좋아했을까?"
> 그러자 마리아가 울면서 거짓이 아님을 항변한다. 이들 듣고 레위가 베드로에게 말한다.
> "베드로, 당신은 항상 성급하였소. 당신은 논쟁하는 사람처럼 여인과 다투고 있소. **주님께서 그녀를 가치 있게 만들었다면 당신은 왜 그녀를 그렇게 거부하는 것이오!** 주님께서는 확실히 그녀를 잘 알고 있었소. 주님은 우리보다 그 여자를 더 사랑하였소."

마리아복음서는 예수 부활 후의 이야기이고 도마복음서 114절의 시대적 상황을 알 수 없으나 내용상 베드로가 마리아를 싫어하는 것만은 확실하다. 또한 예수가 막달라 마리아를 각별히 대하였다는 것을 알 수 있다. 이것은 성에 관계없이 예수가 준비된 사람을 제자로 받아들였으며 남녀 성에 관계없이 영적 수준에 따라 공평하게 제자들을 다루었음을 보여주는 대목으로 이해하여야 한다.

예수는 남녀는 동등하며 모두 신성한 존재라는 말 대신에 이상한 말로 답을 한다. "그녀를 남자로 만들기 위하여 그녀를 인도할 것이니 이것은 그녀가 남자를 닮은 살아있는 영이 되도록 함이라. 자신을 남자로 만든 모든 여자들은 하늘나라에 들어갈 것이기 때문이니라."

예수는 무슨 말을 하는 걸까? 우선 여성차별과 관련하여 불교를 한번 살펴보자. 불경에도 여성차별적인 내용이 있다. 남녀 차별이 심하던 사회적 배경 아래 기록된 것이라 경전에 여성을 비하하는 부분이 존재한다는 것은 너무나 당연할지도 모른다. 법화경에서 "여인의 몸에는 다섯 가지 장애가 있으니, 첫째 범천왕이 될 수 없고, 둘째 제석천, 셋째 마왕(魔王), 넷째 전륜성왕, 다섯째 부처님이 될 수 없다는 것으로 어찌 여인으로 성불을 빨리 이룰 수 있으리오."라고 한다. 이 구절은 여성은 성불할 수 없다는 근거가 되었다.

여성이 부처가 될 수 없다는 여인 5장설은 대승불교로 넘어가면서 여성이 깨달음을 얻어 성불을 하려면 **여성의 몸이 남성의 몸으로 바뀌고 난 후에야 성불**을 할 수 있다는 변성성불(變性成佛)설로 바뀌었다. 그러나 나중에는 누구나 성불할 수 있다는 사상으로 변하였다.

팔경법[27] 1항에 보면 "1백세의 비구니라도 새로 수계를 받은 비구(남자승)를 보면 일어나서 맞이해 절하고, 깨끗한 자리를 권하여 앉게 해야 한다"는 말이 나온다. 이런 계율을 부처님이 직접 말한 것이 아니라 후세에 남성 출가자들이 만든 것이라 한다.

사십이장경(四十二章經) 36장도에 "사람으로 태어나기가 어렵고, 사람 중에서도. 남자로 태어나기가 더욱 어렵다."는 구절이 나온다. 이 경전을 중국에서 만들어진 위경(爲經)으로 보는 학자도 있다. 이것도 붓다가 이런 인종차별적인 말을 했다기보다는 후대에 남녀 불평등 사회상을 반영한 불제자들의 글이다.

여기서 재미있는 것은 불교에서 변성성불과 예수의 답변에 유사한 점이 보인다는 점이다. 예수는 변성성불을 말하는 것인가? 변성성불

---

27) 八敬法. 석가모니가 여성의 출가를 허락하면서 '출가한 여성이 지켜야할 조건'으로 남긴 말씀으로 알려진 8가지 공경의 의무.

이 지금은 불교에서 부정되는 내용이고 진리의 대변자 예수가 여성이 남자가 되어야 성불할 수 있다는 터무니없는 말은 하지 않았을 것이다.

중세의 인물인 토마스 아퀴나스가 여성을 "불완전한 남자"로 표현하였듯이 그 이전인 예수가 활동하던 1세기 경, 여성에 대한 인식은 이런 범주를 넘어서지 못하였을 것이다. 그러므로 예수의 말은 시대적 상황(여성을 불완전 존재로 취급하던 시기)을 고려한 방편이나 비유로 이해하여야 할 것이다.

아무리 훌륭한 사상이나 가르침을 지니고 있어도 대중들이 따르는 사회규범에 전적으로 반대하기는 힘들다. 예수가 십자가에 못 박힌 것도 준비되지 않은 무지한 대중들 때문이었다.

예수는 성차별을 말하는 것이 아니라 시대적 상황에 따라 방편으로 설법하고 있다. 또한 예수가 불가능한 일로 보이는 여성을 남성으로 변화시켜서라도 하늘나라에 들어가게 하겠다는 말은 남성우월의식으로 가득 차있는 제자들의 고정관념을 깨뜨리고자 하는 의도가 내포되어 있으며 무슨 수를 쓰더라도 여성을 하늘나라로 인도하겠다는 선언으로 볼 수도 있다.

그러나 이런 의미도 있다. 성차별이 심한 암울한 시대적 상황 속에서 여성들은 집단최면에 빠져 정말 자신들이 남성에 비하여 열등한 존재라고 믿고 있었다. 이런 의식 한계를 부수지 않으면 그들은 결코 하늘나라(깨달음)에 들어갈 수 없었다. 그래서 예수는 사회의 집단최면 속에 자신을 불완전한 존재로 여기던 여성들을 완전한 존재로 생각하는 남성으로 만든 후에(즉 남성과 동등하다는 생각을 부여하는 것) 비로소 깨달음으로 인도하려는 의도가 있었다.

부 록 1

카발라 생명나무

(1) 신에게 돌아가는 열쇠 카발라

카발라는 유대 비밀 가르침이다. 카발라는 우주라는 거대한 그림 속에 인간이 어떤 위치에 있는지를 우리가 탐구하도록 도와주는 위대한 지침서이다. 인간이 왜 존재하는지, 태어나서 살아가는 삶의 목적이 무엇인지, 인간은 어디에서 와서 어디로 가는지 카발라는 답을 보여준다. 카발라는 사변적 가르침과 실천적 가르침으로 구성되어 있다.

전설에 의하면 신이 친사에게 카발라를 가르쳤으며 아담이 실락하자 천사는 아담이 원래의 상태(신과 합일)로 돌아가게끔 카발라를 전수하였다고 한다. 비밀가르침에 따르면 카발라는 아틀란티스 시대에 아틀란티스인이 지녔던 과학, 문화, 종교 등 모든 지식의 통합적 체계였으며 빛의 태양(실락한 적이 없는 혼을 지칭하여 부르는 말)이며 영원한 사제인 멜키지덱이 이 카발라를 아브라함에게 전해주었고 그 후 오래 동안 비밀리 구전으로 내려왔다고 한다. 이것이 글로 기록된 것은 그리 오래되지 않는다.

카발라의 가르침을 전하는 대표적인 작품으로는 〈세페르 예치라, Sepher Yetzirah, 창조의 서〉가 있는데 이 책의 정확한 연대는 미상이나 3세기경에 기록되었을 것으로 여겨진다. 분량은 작으나 10세피로트[28]와 히브리 22문자를 통한 우주창조 과정을 다루며 그 내용은 카

28) 상징적으로 빛 혹은 광(光)으로 해석된다.

발라의 핵심 이론을 형성한다. 이어서 12세기에 〈바히르, Bahir〉가 나왔다. 이 책은 유대 신비주의와 유대교에 영향을 주었으며 이 책에는 확장된 세피로트 개념과 윤회 이론이 나온다.

13세기에는 〈조하르, Sepher Ha-Zohar, 빛의 서〉라는 카발라의 이론적 토대가 되는 방대한 서적이 스페인 거주 유대인 모세스 데 레온(Moses de Leon)에 의하여 저술되었다. 〈조하르〉의 원래 저자는 2세기 경 이스라엘 출신 랍비 시메온 요하이(Simeon ben Yohai)로 알려져 있다. 토라(모세 5경)의 해석, 창조의 신비, 세피로트의 기능을 다룬다. 이 책은 가장 권위 있는 카발라 책으로 인정받고 있으나 상징성과 모호성 때문에 이해하기가 쉽지 않다.

구전으로 비밀리 전해 내려오는 가르침과 앞에 언급한 책을 바탕으로 여러 카발라 학설이 나왔으며 카발라의 상징적 표현 때문에 카발라 학자들의 주석서가 많이 있다. 특히 16세기 카발라 학자인 이삭 루리아(Isaac Luria, 1533~1572)의 사상(침춤, 킬리포스, 티쿤 이론)은 근대 카발라에 심대한 영향을 주었다. 오늘날 카발라 학자마다 해석이나 주장하는 내용이 조금씩 다른데 이것은 카발라가 신학처럼 고정된 사유체계가 아니기 때문이다.

카발라는 한권의 책도 혹은 단순한 하나의 신비 사상도 아니다. 오히려 이것은 신비 사상에 대한 종합 체계라고 말할 수 있다. 이것은 유대교, 기독교, 이슬람교 신비사상의 기초를 이루고 있다. 카발라는 높은 학식을 가진 사람에게도 어려운 학문인데, 왜냐하면 접근이 쉽지 않는 구전 가르침이라는 점 이외에도 카발라에 담긴 많은 상징 때문이다. 상징과 암호 속에 진실한 의미는 감추어져 있다.

카발라는 서양 신비사상의 모태이며 연금술, 의식마법, 타로, 점성술은 카발라에서 그 사상적 토대를 빌려왔다.

카발라는 우리가 가장 알고 싶어 하는 "신은 무엇인가?", "나는 누구인가?", "신과 나와의 관계는 무엇인가?", "나의 존재 의미는 무엇인가?"에 대하여 답변한다. 지금까지 어떤 철학이나 종교도 다루지 못한 영역으로 우리를 안내하는 신비가르침이다.

(2) 생명나무 (Tree of Life)

카발라의 핵심은 생명나무이며 이것은 우주창조의 과정을 보여 줄 뿐 아니라 우리 의식(意識)이나 심리, 행동, 각성을 위한 지도(地圖)나 안내서 역할을 한다. 카발라의 핵심서인 〈세페르 예치라〉 1장 1, 2절에 나오는 생명나무 구절을 살펴볼 필요가 있다.

1. 만군의 주, 예호바, 살아 있는 신, 우주의 왕, 자애롭고 고상하고 우아하고 영원히 살아 계시는 이스라엘의 신께서 32개의 가장 신비하고 경이로운 지혜의 길에 자신의 이름을 새기고 세 개의 세파림 즉 숫자와 문자와 소리로 우주를 창조하였다.
2. 32개의 길은 숫자인 10개의 세피로트와 모든 것의 근본인 22개 문자로 구성된다. 22문자 중 3개는 모자(母字)이고 7개는 복자(複子)이며 12개는 단자(單子)이다.

이 두 문장에 우주 창조의 비밀이 함축되어 있다. 이것의 의미와 상징을 해석하고 설명하려면 많은 지문이 필요하다. 이 책에서는 창조에 사용된 숫자(10, 32), 히브리 문자(22, 3, 7, 12), 소리의 신비를 다룬다. 카발라에 가장 중요한 것은 생명나무를 구성하는 10광(光) 즉 10개 세페로트와 그 속성이다. 신은 10광(세피로트)으로 구성된 생명나무를 통하여 저급하고 조잡한 물질계와 접촉할 수 있다. 즉 생명나무는 무한과 유한(물질 우주) 사이에 놓인 사다리이다. 이것은 무한 존재가 부정(부질서, 부조화)이 존재하는 물질계로 단계별 하강(10단계)하는 길이며 비유를 든다면 각 단계는 고압 전류를 낮추는 변압기이다.

카발라에서는 상징적으로 생명나무를 아담카드몬[29]으로 부른다. 아담 카드몬의 육체를 구성하는 10개 세피로트는 신의 속성을 띠고 있다. 이것은 어떤 의미에서 신의 첫 번째 창조물이었다. 이어서 이 아담카드몬의 형상을 따라 우리 인간이 창조되었다.

이 말은 인간은 자신 안에 축소판 생명나무를 가지고 있으며 신의 10개 속성이 우리에게 헌시하고 있다는 의미이다. 단지 우리는 그 신성을 찾아서 자각시키는 것을 배우지 못했을 뿐이다.

세피로트와 대응물[30]

	세피로트	의미	신체부위	속성
1	케테르, Keter	왕관/창조 근원	머리	무극
2	호크마 Chokmah	지혜	뇌	양
3	비나, Binah	이해, 지성	마음	음
4	티페레트,Tiferet	아름다움	가슴/몸통	무극
5	헤세드, Chesed	자비/사랑	오른 팔	양
6	게부라. Geburah	힘/정의	왼 팔	음
7	예소드, Yesod	기초/토대	성기	무극
8	네차흐, Netzach	견고/승리	오른 다리	양
9	호드, Hod	광휘/영광	왼 다리	음
10	말쿠트, Malkhut	물질왕국	발	무극

29) 원초인간, 대인간, 신성인간으로도 부른다. 케테르(머리)는 신의 영역에 말쿠트(발)는 물질 영역에 접하고 있는 거대한 신성인간.

30) 김우타 <소리 없는 소리>, p67, 도리얼(Doreal) 생명나무 이론임.

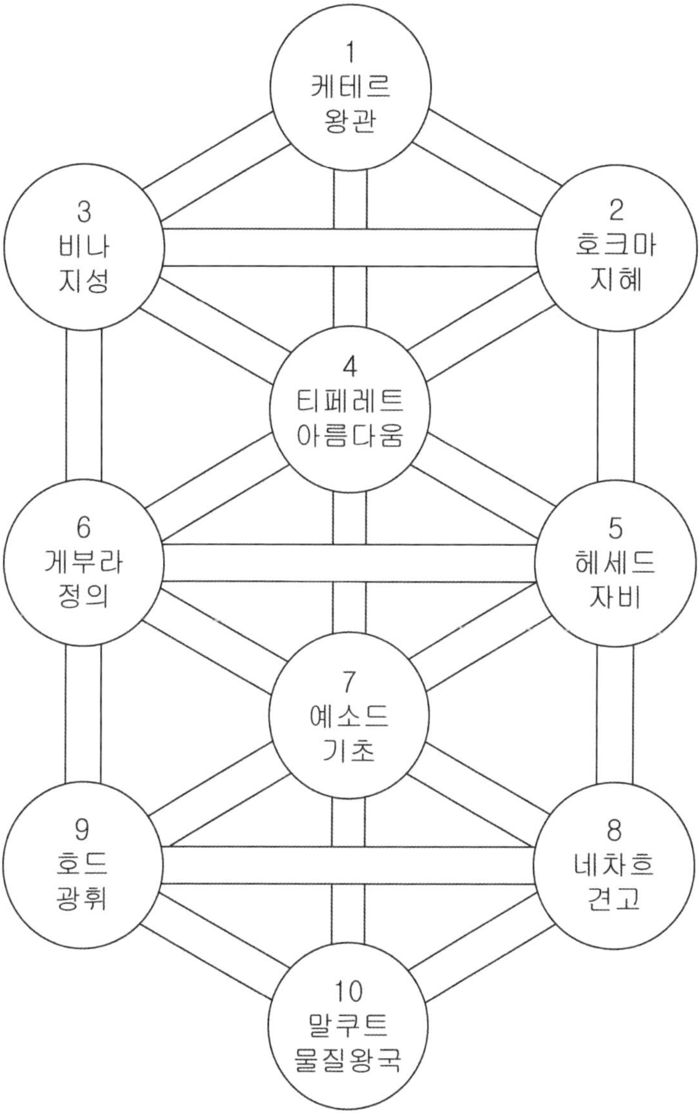
1
케테르
왕관
3
비나
지성
2
호크마
지혜
4
티페레트
아름다움
6
게부라
정의
5
헤세드
자비
7
예소드
기초
9
호드
광휘
8
네차흐
견고
10
말쿠트
물질왕국

도리얼 생명나무

(3) 생명나무의 여러 차원

카발라에는 다양한 의견이 존재한다. 10개 세피로트가 발출되어 나오는 순서에도 여러 의견이 있다. 생명나무 10광은 여러 가지 차원으로 고찰할 수가 있는데 가장 중요한 개념인 4계를 살펴보자. 케테르, 호크마, 비나는 영계(아칠루트, 원초계, 순수한 신성의 계), 티페레트, 헤세드, 게부라는 신성 마음의 계(브리아, 멘탈계, 창조의 계), 예소드, 네차흐, 호드는 모든 창조의 기본 틀이 형성되는 아스트럴계(예치라, 형성의 계), 말쿠트는 우리가 살아가는 물질계(아시아, 창조의 현시)를 구성한다. 각각의 계는 음과 양으로 균형을 이루고 있다. 즉 영계의 지혜와 이해, 멘탈계의 자비와 정의, 아스트럴계의 견고와 광휘가 서로 균형을 이룬다.

생명나무에는 인간 의식 차원에서 4계에 대응하는 4개의 영혼이 존재한다. 물론 영혼은 하나지만 단계별로 하강하는 과정에서 그 단계에 어울리는 속성을 띤 영혼의 4국면이 존재한다는 뜻이다. 영적 혼(히아), 신성한 마음 혼(네쉐마), 아스트럴 혼(루아흐), 가장 낮은 속성을 가진 물질 혼(네페쉬)이 그러하다. 인간은 물질 혼에 매여 있고 물질 혼에서 벗어나 상위의 루아흐 속성과 연결되는 것이 필요하다.

"생명나무의 4계와 3개 기둥"(300쪽)을 보면 또 다른 중요한 개념인 세 개의 기둥이 있다. 생명나무 그림을 보면 왼편의 정의 기둥은 비나, 게부라, 호드로 구성되며, 오른편의 자비 기둥은 호크마, 헤세드, 네차흐로 구성되고, 미들 필라로 많이 알려진 중간 기둥은 케테르, 티페레트, 예소드, 말쿠트로 이루어진다. 특히 미들필라는 말쿠트(물질계, 인간)에서 케테르(영계, 신)에 이르는 가장 짧은 길을 보여주는 기둥이다. 여기서 미들 필라(중간 기둥)를 통한 신과의 합일 수련법이 나온다.

유한 마음은 무한 즉 신을 묘사하거나 정의할 수 없다. 그런 점에서 생명나무는 우리의 유한 마음이 신에 대하여 명상하고 알 수 있도록 하는 지도 즉 안내서 역할을 한다. 이 생명나무는 상징적으로 여러 이미지를 나타내는데 사용되는데 우주창조 과정 외에 우리의 의식 상태나 에너지 수준을 나타내기 위하여 사용되기도 하고 패스워킹(세피로트를 통하여 신에게 돌아가는 수련)을 위하여 사용되기도 한다. 타로카드도 생명나무와 대응하여 설명된다.

생명나무 응용은 다양하며 이것은 카발라의 신비한 상징과 해석의 어려움 때문에 일어나는 일이기도 하다. 10개 세피로트가 생명나무를 구성하고 인간을 포함하여 만물에 이 생명나무가 비친다고 본다면 그 대응점은 무한하다고 할 수 있다. 헤르메스의 유명한 말 "위와 같이 아래와 같이(as above, so below)"는 쉽게 말해 위의 것(신, 상위 법칙 등)은 거울처럼 아래(인간, 하위 법칙 등)에 반영되며 그 대응물은 실로 무한하다는 의미이다. 결국 신과의 합일을 찾는 구도자에게 생명나무를 어떻게 이용할 것인가는 실로 중요하지 않을 수 없다.

유명한 솔로몬의 실(seal)은 생명나무를 함축적으로 나타낸 도형이다. 이 도형은 부정적인 존재를 물리치는 힘이 있으며 보호력을 발휘한다.

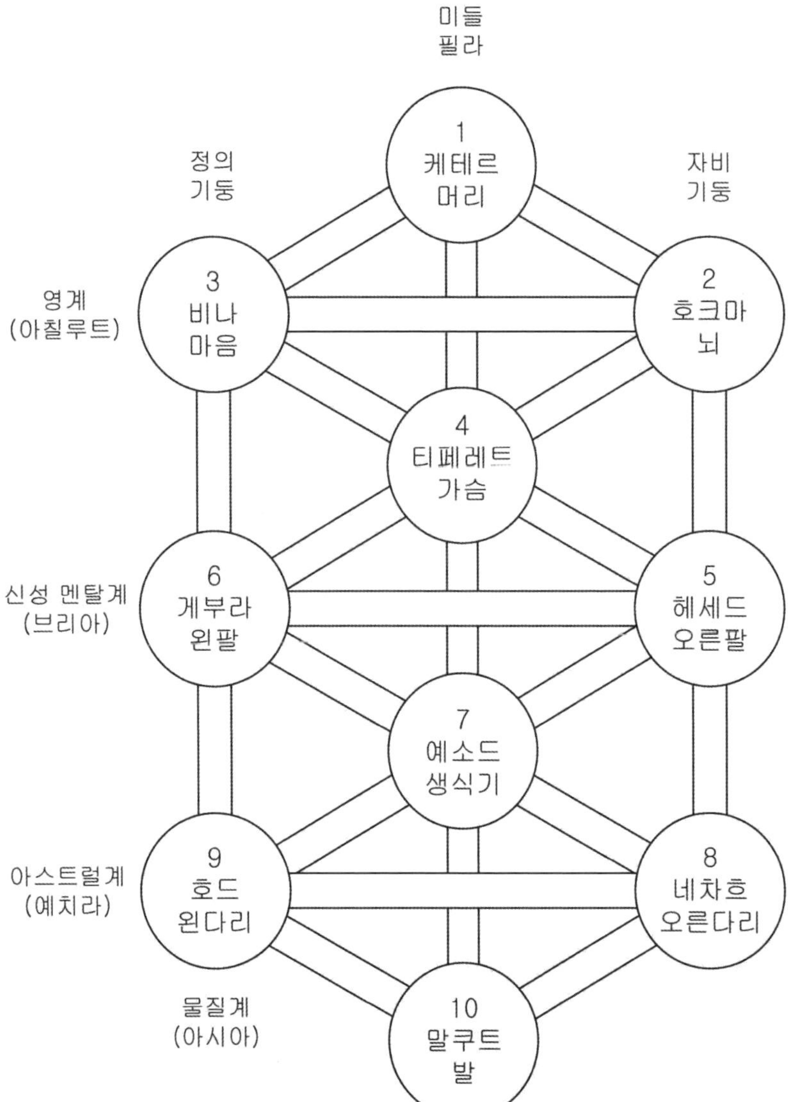

생명나무와 4계 그리고 3개 기둥

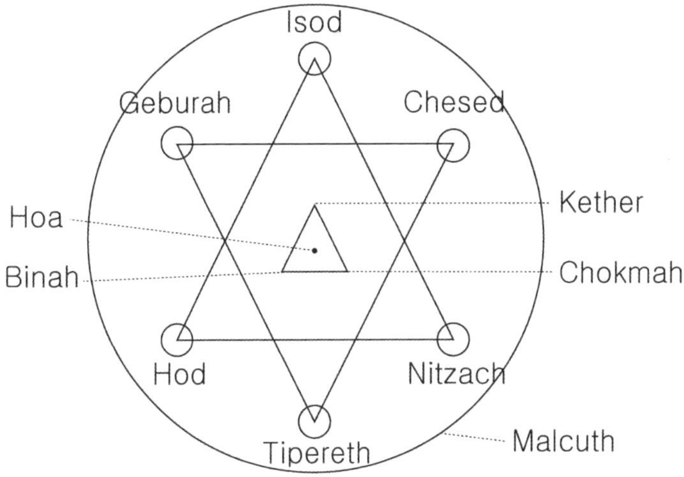

생명나무와 솔로몬 실

(4) 카발라의 중요성

카발라는 고대 지혜 가르침 중에서 가장 변형 되지 않은 원형 그대로의 진리를 담고 있다. 카발라는 지식 차원에 머무는 것이 아니라 실제로 우리가 근원자와 합일할 수 있게끔 실제적인 안내를 하며 신의 왕국에 돌아가는 열쇠를 제공한다.

1. 10세피로트는 아인(신)의 속성을 담고 있고 아담카드몬(생명나무)을 형성한다.

2. 히브리 22문자는 아인(신)의 무한 힘이 흐르는 통로이다.

3. 생명나무(아담 카드몬)가 물질계에 반영되어 나타난 모습이 우리 인간(소우주)이며 실락 전에는 신의 완전한 채널로 작동하였으나 실락 후에 채널이 단절되었다. 우리 몸에 존재하는 생명나무의 통로를 다시 열어야 한다. 생명나무를 따라 신성한 힘이 흐르듯 그 반영물인 우리에게도 신의 힘이 흐른다. 인간이 신의 창조능력을 발휘할 수 없는 이유가 이러한 힘을 사용하지 못하기 때문이다.

4. 카발라는 상징으로 신비를 드러내는데 예를 들면 10개 세피로트는 육체를 상징하고 히브리 22문자는 육체의 주요 기관, 내분비선, 신체의 여러 부분을 상징하기도 한다. 22문자는 고유한 진동을 가지고 물질 육체에 동조한다. 여기서 히브리 문자와 소리를 통한 육체 치료법이 나온다.

5. 예수는 32년을 살고 33년에 물질계를 통과하여 상위계로 갔다. 프리메이슨에는 32계급이 있고 마지막은 33단계로 이것은 깨어진 삼각형으로 상징되는데 그 숨은 의미는 근원으로 돌아감을 상징한다. 우리도 이 32개의 길(10개 빛과 22문자)을 통하여 마지막인 33번째 단계인 근원 존재로 돌아갈 수 있다.

(5) 카발라 응용

4계를 통하여 우주가 창조되는 과정은 이러하다. 영계에서 신은 창조의 필요성을 자각한다. 신의 마음이 작동하는 멘탈계에서 신은 창조를 위하여 필요한 여러 가지 계획을 세우고 실행한다. 아스트럴계에서 신은 계획은 좀 더 구체화되기 시작한다. 마침내 신의 계획이 물질계에 드러난다. 이것을 건축설계사에 비유하여 설명한다면 우선 건물을 창조하겠다는 생각이 있고(영계) 이것을 설계도로 작성하고(멘탈계) 이어서 창조에 필요한 재료를 구입하여 건물을 짓기 시작하고(아스트럴계) 마침내 건물이 완성되어 나타난다(물질계).

심리 치유의 예를 보자. 성격에 문제가 있다면 생명나무 10개 속성 중에 어떠한 것이 부족한지 아니면 과도한지 찾아서 균형을 잡아야 한다. 예를 들면 동정심이 너무 커서 일에 실패를 한다면 정의(심판) 속성을 키워서 균형을 잡고 아울러 이런 불균형은 지혜의 부족일 수 있으므로 지혜도 키워준다. 명심할 것은 생명나무 균형점은 중간 기둥이다.

참고 이 책에 나오는 카발라 자료는 〈카발라의 신비 열쇠, 저자 김태항〉에서 가지고 왔음.

부 록 2

1 야고보 비밀의 서

예수와 두 제자(베드로와 야고보) 사이에 대화 형태로 주어지는 예수 비밀 가르침이다. 처음에는 그리스어로 작성되었다고 보고 있으나 전해지는 필사본은 이집트 콥트어로 번역된 것이다. 이것은 4세기에 사라졌다가 1945년에 이집트 나그함마디에서 다시 모습을 드러냈다. 나그함마디 장서의 코덱스1에 있는 다섯 개 문서 중 두 번째 것이다. 가장 빠르면 1세기 늦으면 2세기 말이나 3세기 초에 작성되었던 것으로 보인다.

원본에는 제목이 없으나 본문에 보면 예수가 야고보와 베드로에게 비밀 가르침을 드러내고 영의 전차를 타고 승천하는 내용에 근거하여 학자들이「야고보 비밀의 서」라는 제목을 붙였다. 이 문헌은 가장 많은 주목을 받고 있는 대표적 영지주의 문서인 "도마복음"과 비슷한 내용만이 담겨있어 흥미를 끈다.

본문 내용

야고보가 그대에게 글을 씁니다. 하늘의 평화로부터 평화가, 하늘의 사랑으로부터 사랑이, 하늘의 은총으로부터 은혜가, 하늘의 신앙으로부터 신심이 그리고 거룩한 생명으로부터 생명이 그대와 함께하기를 바랍니다.

그대는 주님이 나와 베드로에게 드러낸 비밀의 책을 보내달라고 요청하였습니다. 나는 그대의 요청을 외면할 수 없어서 히브리어로 내용을 써서 그대에게만 보냈습니다.

그러나 그대는 성도들의 구원의 사제이므로, 이 책을 다른 사람들에게 말하지 않도록 각별히 유념해 주십시오. 왜냐하면 구세주께서 12사도에게도 드러내려 하지 않았던 내용이기 때문입니다.

그러나 이 책의 내용을 믿어서 구원받게 되는 사람은 복이 있을 것입니다. 나는 이미 10달 전에 구세주가 내게 드러낸 다른 비밀의 책은 그대에게 보냈습니다. 그러므로 그 책도 나 야고보에게 계시된 비밀의 내용으로 생각하시고 간수하시기 바랍니다.

12사도가 모두 한자리에 모여서, 구세주가 각자에게 공개적으로 한 말이든 비밀스럽게 한 말이든 기억해서 여러 책으로 기록하고 있었습니다. 내가 내 책에 있는 내용을 기록하고 있을 때, 놀라게도 이전에 우리가 응시하는 가운데 우리 곁을 떠났던 구세주가 나타났던 것입니다.

그분이 죽음에서 부활한 지 550일이 지난 뒤여서 그분에게 "주님은 우리에게서 떠나버렸나이까?"라고 물었습니다.

그러자 예수께서는 "그렇지는 않다. 그러나 내가 왔던 그곳으로 돌아갈 것이다. 나하고 같이 가고 싶다면 오너라."라고 말했습니다.

사도들 모두가 "주님이 명령하신다면 가겠습니다."라고 대답했습니다. 그분은 "진실로 말해 두겠는데, 내가 명령한다고 해서 어느 누구도 하늘나라에 들어갈 수는 없느니라. 다만 너희들 자신이 충만하게 되어야 들어갈 수 있노라. 내가 야고보와 베드로 두 사람을 충만하게 할 터이니 두 사람은 따로 남으라."라고 말했습니다.

그분이 두 사람을 불러서 옆에 두고는, 나머지 사도들은 하던 일에 계속하라라고 명령했습니다. 구세주는 이렇게 말했습니다.

"너희에게 자비가 내렸다........ 그대들은 충만해지기를 원하지 않느냐? 너희 마음이 취해 있는데도 깨어나기를 원하지 않느냐? 부끄러운 줄 알아라. 앞으로 너희는 사람의 아들(인자)을 보았고, 사람의 아들과 직접 이야기를 나누었고, 그에게 귀 기울여서 들었다는 사실을 기억하라."

"사람의 아들을 본 사람들에게 화가 있도다! 사람의 아들을 보지 못한 사람, 그와 사귀어보지 못한 사람, 그와 이야기를 나눠보지 못한 사람, 그에게 한 마디도 들어보지 못한 사람은 축복 받았도다! 생명이 너희 것이다!"

"그러므로 너희가 다스리도록, 너희가 병들었을 때 그분이 치유해주었음을 알라. 병이 나은 사람들에게 화가 있도다. 왜냐하면 다시 병이 들 것이기 때문이다! 병든 일이 없고, 병이 들기 전에 구원을 발견한 사람은 복이 있도다. 하느님의 왕국이 너희 것이다! 그래서 내가 너희에게 말하노니, 충만해져서, 너희 안에 빈구석이 없게 하라. 충만하지 않으면 앞으로 올 사람이 너희를 비웃을 수 있기 때문이다."

그러자 베드로가 "그래서 주님께서 우리에게 충만해지라고 3번이나 말씀했습니다. 그러나 우리는 이미 충만해 있습니다."라고 대답했습니다. 구세주께서는 이렇게 답했습니다.

"그래서 내가 너희에게 결핍 속에 있지 않도록 충만해지라고 하는 것이니라. 결핍 속에 있는 사람들은 구원받지 못할 것이다. 왜냐하면 충만은 좋은 것이고 결핍은 나쁜 것이기 때문이다.

앞으로 너희가 결핍 속에 있는 것이 좋고, 충만함에 있는 것은 나쁘다. 결핍 속에 있는 사람이 충만하게 되면, 충만하게 된 사람은 당연히 완전함을 얻으려 하기 때문이다. 이처럼 충만함에 머무는 사람은 결핍 속에 있고, 결핍 속에 있는 사람은 충만하게 되지 않는다.

그러므로 너희는 너희를 충만케 할 수 있는 동안은 결핍 속에 있어야 하고, 너희가 결핍 가운데 있을 수 있는 동안은 충만해지도록 하여라. 그래서 너희는 자신을 더욱 충만케 할 수 있을 것이니라. 그러므로 성령으로 충만하고 이성은 작아져라. 이성은 혼에 속하고 이성은 혼의 속성이기 때문이니라."

그래서 나는 "주님, 주님이 원한다면 저희는 주님을 따를 수 있습니다. 우리는 부모와 마을을 버리고 주님을 따라나섰나이다. 그러니 사악한 악마에게 유혹당하지 않게 하소서."라고 대답했습니다.

주님께서 대답하시길 "너희가 아버지의 뜻을 행하면 너희의 공덕이 무엇이겠느냐? 너희가 사탄에게 유혹받는 것은 아버지가 너희에게 선물로 준 것이 아니지 않겠느냐? 너희가 사탄에게 억압과 박해를 받아도 아버지의 뜻을 실천한다면, 내가 말하노니, 아버지가 너희를 사랑하고, 아버지가 너희를 나와 동등하게 만들 것이고, 그분은 너희가 자유로운 선택에 따라 아버지의 섭리를 통하여 사랑받는 사람이 되었다고 인정할 것이다.

그러므로 너희는 육체를 사랑하는 것을 그만두고, 고통에 대한 두려움을 그만두어라. 아니면 사악한 자에게 내가 당한 것처럼, 너희가 부당하게 비난받고, 억울하게 기소되어 감옥에 갇혀서, 유죄판결을 받고, 이유 없이 십자가에 못 박혀서, 묻히게 된다는 사실을 모르느냐?

영이 너희를 지키는 든든한 성벽인데도 감히 육체를 아끼려고 하느냐? 너희에 앞서 이 세상이 얼마나 오랫동안 존재했으며, 너희 이후에 이 세상이 얼마나 오랫동안 존재할지를 생각해 본다면, 너희 삶이 단 하루이고 너희 고통도 단 한 시간에 불과함을 깨달을 것이다. 왜냐하면 좋은 것은 세상에 들어오지 않을 것이기 때문이다. 그러므로 죽음을 경멸하고 삶을 생각하라."

"나의 십자가와 죽음을 기억하라. 그러면 너희가 살 것이다."
그러나 나는 이렇게 말했습니다. "주님, 십자가와 죽음은 이제 당신과 관계가 없으니, 저희에게 십자가와 죽음에 대해 말씀하시지 마소서."

주님께서 말씀하시길. "진실로 내가 너희에게 말하노니, 내 십자가를 믿지 않으면 아무도 구원받지 못하리라. 그러나 나의 십자가를 믿는 자들은 하나님 나라가 그들의 것이니라. 그러므로 생명을 갈구하는 죽은 자들처럼 너희는 죽음을 구하는 자들이 되어라. 자신들이 구하는 것이 자신들에게 나타나기 때문이다. 그런데 그들을 괴롭히는 것이 무엇이냐? 너희에 관해 말하자면, 너희가 죽음을 조사할 때, 죽음은 너희가 선택되었음을 가르쳐 줄 것이다. 진실로 내가 너희에게 말하노니, 죽음을 두려워하는 자들은 아무도 구원받지 못할 것이다. 하느님 나라는 자신을 죽음에 던지는 자들의 것이니라. 나보다 더 나은 사람이 되어라. 너희 자신을 성령의 아들과 같게 만들라!"

그리고 나는 "주님, 예언을 요구하는 사람들에게 어떻게 예언해야 합니까? 예언을 요구하는 사람과 신탁을 듣고 싶어 하는 사람이 많기 때문입니다."라고 물었습니다.

주님은 "예언의 머리가 요한과 함께 잘려졌다는 것을 모르느냐?"라고 말했습니다. 그래서 나는 "주님, 예언의 머리를 제거하는 것이 가능하겠나이까?"라고 말했습니다. 주님은 나에게 이렇게 대답하셨습니다.

"머리가 무엇인지, 그리고 예언이 머리에서 나온다는 것을 안다면, 예언의 머리가 제거되었다는 의미를 이해할 것이다. 처음에 내가 비유로 말할 때 너희는 알아듣지 못했다. 이제는 드러내 놓고 말하는데도 너희는 여전히 알지 못하구나. 아직까지 너희들은 비유 중의 하나의 비유로, 드러내놓고 하는 말 중의 하나로 나를 받드는구나. 재촉당하지 말고 서둘러 구원받도록 하라. 스스로 열심히 하여, 가능하다면 나마저도 능가하라. 그리하면 아버지가 너희를 사랑할 것이니라."

"위선과 사악한 생각을 미워하라. 생각이 위선을 낳고 위선은 진리가 아니기 때문이다."

"하늘의 왕국이 시들어 버리지 않도록 하라. 왕국은 열매가 풍성하게 떨어져 있는 야자나무 가지 같기 때문이다. 열매에서 잎이 나오고 싹이 트면 이것은 야자나무의 생산력을 말라버리게 한다. 이와 같이 이 하나의 뿌리에서 자라난 열매도 마찬가지이다. 열매를 수확했을 때 많은 사람이 열매를 거두었다. 이제 새로운 식물들을 생산할 수가 있다면 참으로 좋겠다. 왜냐하면 이 때 너희는 왕국을 발견할 수 있을 것이다."

"내가 이미 이런 식으로 영광스럽게 되었는데, 너희는 왜 기꺼이 가려고 하는 나를 붙잡는 것이냐? 일이 끝났는데도, 너희는 비유 때문에 18일을 더 있어 달라고 강하게 요구하였느니라. 어떤 사람들은 그동안 가르침에 충분한 주의를 기울여서 '목자들'과 '씨'와 '건물'과 '처녀들의 등불들'과 '일꾼들의 품삯'과 '2배의 엽전'과 '여인'의 비유를 이해했도다."

"말씀에 대해 열성을 가져라! 말씀의 첫째는 믿음이요, 둘째는 사랑이요, 셋째는 일이다. 이것들에게서 생명이 나오기 때문이니라. 말씀은 밀알과 같나니, 어떤 사람이 그것을 뿌리고는, 그것에 대해 믿음을 가졌느니라. 그것이 싹이 나자, 그것을 사랑했나니, 그가 하나에서 많은 밀알을 보았기 때문이니라.

그리고 그가 이 일을 했을 때, 그는 구원을 받았나니, 그는 음식을 위해 밀알을 준비해 두었고, 또 (일부는) 씨뿌리기 위해 남겨 두었기 때문이니라. 너희도 그렇게 하늘의 왕국을 받아들일 수 있느니라. 너희가 지식을 통해 이것을 받아들이지 않는다면, 너희는 그것을 발견할 수 없으리라."

"그러므로 너희에게 말해 두지만, 깨어 있도록 하고 속지 말라. 그리고 내가 너희 모두에게 자주 말했고 그대 야고보에게도 말했듯이, 야고보야 '구원을 받아라.'라고 말했도다. 그리고 나를 따르라고 명령했고, 아르콘들 앞에서 할 말을 가르쳐 주었다.

내가 아래로 내려와서, 말을 했고, 고난을 당했고, 너희를 구원한 후에 왕관을 받았다는 사실을 기억하라. 내가 너희와 함께하려고 내려왔나니, 이는 너희가 나와 함께 하게끔 하려는 것이니라. 그리고 너희 집들에 지붕이 없는 걸 보고 내가 내려올 때 나를 받아들일 수 있는 집들에 내 거처를 정했도다."

"그러므로 형제들아, 나를 믿고, 위대한 빛이 무엇인지 알라. 아버지는 나를 필요로 하지 않으시니, 아버지는 아들이 필요 없기 때문이니라. 그러나 아들은 아버지가 꼭 필요하니라. 내가 그분께 가노라. 아들의 아버지는 너희를 필요로 하지 않으신다."

"말씀에 귀를 기울이고, 지식을 이해하고, 생명을 사랑하여라. 그러면 너희 자신 외에는 아무도 너희를 박해하거나 억압하지 못하리라."

"오, 비참한 너희들! 오, 불행한 너희들! 오, 진리를 아는 체하는 너희들! 오, 지식을 왜곡하는 너희들! 오, 영에 거역하는 너희 죄인들이여! 처음부터 말을 해야 마땅한 너희가 아직까지도 듣기만 하려고 하느냐? 하늘의 왕국이 너희를 받아들이도록 처음부터 깨어있어야 마땅한 너희가 아직까지도 잠만 자려고 하느냐? 내가 진실로 너희에게 이르노니 너희가 다스리거나 심지어 다스리지 않는 것보다는 순결한 사람이 더러움으로 떨어지고 빛의 사람이 어둠으로 떨어지는 일이 오히려 쉬울 것이다."

"나는 너희의 눈물과 애통함과 고뇌를 기억한다. 이제 그것들은 내 뒤 저 멀리에 있도다. 이제 아버지의 유산 밖에 있는 너희는 필요할 때 울고, 아들이 정해진 대로 상승할 때 애통해하며 선한 것을 전파하여라. 내가 진실로 너희에게 이르노니, 나는 내 말에만 귀 기울이는 자들에게 보내져서 그들과만 말하게 되었더라면, 나는 결코 지상에 내려오지 않았으리라. 그러므로 이제 그들(그것들) 앞에서 부끄러워하여라!"

"보라, 나는 너희를 떠나 멀리 가련다. 너희 스스로가 그것을 원치 않듯이, 나는 너희와 더 오래 머물기를 바라지 않도다. 그러므로 빨리 나를 따르라. 너희에게 말해 두지만, '내가 너희 때문에 내려왔도다.' 너희는 사랑받는 자들이고, 많은 사람에게 생명의 원인이 될 것이다. 아버지 하나님에게 청하고, 자주 하느님께 간구하여라. 그러면 그분께서 주시리라. 그분께서 천사들 가운데서 선포되고 성자들 가운데서 영광스럽게 되셨을 때, 그분과 함께 있는 너희를 본 자는 복이 있도다. 생명은 너희 것이니라. 하나님의 아들들로서 기뻐하고 즐거워하여라. 구원을 받기 위해 그분의 의지를 행하라. 나의 꾸지람을 듣고 스스로를 구원하여라. 나는 너희를 대신해 아버지께 탄원할 터이니, 그분께서 너희를 많이 용서하시리라."

우리는 전에 한 말로 슬펐는데 이 말씀을 듣고는 마음이 즐거워졌습니다. 그러나 우리가 기뻐하는 것을 보시고는 주님께서 이렇게 말씀하셨습니다. "대변자가 필요한 자들에게 화가 있도다! 은혜가 필요한 자들에게 화가 있도다! 솔직하게 의견을 말하고 자신의 힘으로 은혜를 얻은 자들에게 복이 있도다."

"너희를 이방인으로 비유해 보라. 이방인이 너희 성읍 사람들의 눈에 어떻게 보이겠느냐? 너희가 스스로 자신을 버리고 스스로를 성읍과 분리하면서 왜 곤란스러워하느냐? 너희는 왜 자신의 뜻으로 거처를 버리고, 그곳에 거하기를 원하는 사람들에게 내어줄 준비를 하느냐? 오, 유배당한 자와 도망자인 너희들, 너희에게 화가 있도다. 너희가 잡힐 것이기 때문이도다!"

"너희는 혹시 아버지께서 인류를 사랑하신다고 생각하느냐? 그분이 기도 없이도 설득당할 수 있다고 생각하느냐? 그분이 다른 사람을 위하여 어떤 사람을 용서하신다고 생각하느냐? 그분이 무언가를 부탁하는 자를 참아 주신다고 생각하느냐?"

"그분은 욕망을 아시며 또한 육체가 필요로 하는 것이 무엇인지를 아신다. 그분은 영혼을 갈구하는 것이 이 (육체)가 아님을 알기 때문이다. 영혼이 없이는 육체가 죄를 범하지 못한다. 이는 영이 없으면 영혼이 구원받지 못하는 것과 같도다. 그러나 만일 혼이 악함이 없어서 구원받으면, 그 영도 구원되고, 그러면 육체도 죄에서 벗어나느니라. 영혼을 살아있게 하는 것은 영이지만, 그것을 죽이는 것은 몸이기 때문이니라. 다시 말하면, 영혼을 죽이는 것은 영혼이니라.

내가 진실로 너희에게 이르노니, 그분은 결코 영혼의 죄를 용서치 않으실 것이며, 육체의 죄도 용서치 않으시리라. 왜냐하면 육체를 입은 자들은 그 누구도 구원을 얻지 못할 것이기 때문이니라. 그런데도 너희는 많은 이들이 하늘 왕국을 발견했다고 생각하느냐? 하늘에서 자신을 네 번째 사람으로 본 사람은 복이 있도다!"

우리는 그 말에 의기소침했습니다. 그런 우리 모습을 보고는 주님이 이렇게 말했습니다. "내가 이런 말을 한 것은 너희가 너희 자신을 알게 하려는 것이다. 왜냐하면 하늘의 왕국은 밭에서 싹이 난 곡식 이삭과 같기 때문이다. 곡식이 익으면 곡식은 자신의 열매를 밭에 흩뿌려서 또 다른 해를 위하여 밭을 이삭으로 채운다. 너희도 스스로 열심히 생명의 이삭을 추수하여서 왕국으로 채워지도록 하여라."

"그리고 내가 너희와 하는 동안, 내게 주의를 기울이고, 나를 따르라. 그러나 내가 너희를 떠나도, 나를 기억하라. 내가 너희와 함께 있었으나, 너희는 나를 알지 못하였다. 그러므로 나를 기억하라. 나를 알아본 자들은 복이 있으리라. 그러나 내 말을 듣고도 믿지 않은 사람들에게는 화가 있으리라. 나를 보지 않았으나 믿은 사람들에게는 복이 있으리라."

"나는 다시 한 번 너희를 설득하노라. 왜냐하면 나는 너희가 안식처를 발견할 매우 소중한 집을 지어주는 자일 것이기 때문이다. 너희가 그 집에서 안식을 찾듯이 그렇게 그 집은 무너질 위험이 있는 너희 이웃의 집들을 지탱해 줄 수 있을 것이다. 정말 너희에게 말해 두지만, 내가 이 세상에 내려온 이유가 된 사람들에게 화가 있도다! 아버지에게 올라가는 사람들은 복이 있도다. 다시 한 번 너희를 꾸짖노니, 존재하는 너희는 존재하지 않는 사람처럼 되라. 이는 지금 없는 사람들과 함께 하도록 하려는 것이다."

"하늘의 왕국을 너희 안에서 사막으로 만들지 말라. 눈부시게 빛나는 빛이 있다고 오만하지 말라. 오히려 내가 너희에게 한 것처럼 너희도 그렇게 처신하여라. 너희를 위하여 나를 저주에 맡겼는데 이는 너희를 구원하려 함이다."

그 말에 베드로가 "주님, 어떤 때에는 주님이 우리를 하늘의 왕국으로 들어가라고 재촉하시고, 또 어떤 때에는 다시 돌아가도록 합니다. 어떤 때에는 우리를 설득하여 믿음으로 몰아가고 생명을 약속하고, 또 어떤 때에는 하늘의 왕국에서 우리를 내치십니다."라고 말했습니다.

그러나 주님께서 우리에게 대답하셨습니다. "나는 너희에게 여러 번 믿음을 주었도다. 더욱이, 나는 야고보에게 나 자신을 드러냈었느니라. 그런데도 너희는 나를 알지 못하였도다. 나는 너희가 종종 기뻐하는 것을 본다. 너희가 생명에 대한 약속으로 기분이 앙양될 때 우울해하고, 너희가 하늘나라에 대해 가르침을 받을 때, 슬퍼하느냐? 그렇지 않을 것이다. 너희는 믿음과 지식을 통해 생명을 받았도다. 그러므로 거부하는 말을 들으면 그것을 경멸하고, 약속에 대해서 들을 때는 더욱 기뻐하여라. 내가 진실로 이르노니, 생명을 영접하고 왕국을 믿게 되는 사람은 결코 그곳을 떠나지 아니하리니, 아버지께서 그 사람을 내쫓고자 하실지라도 그러하리라."

"이것이 지금까지 내가 너희에게 해 주고 싶은 내용이다. 그러나 이제 내가 왔던 곳으로 올라갈 것이다. 그러나 내가 간절하게 가려고 했을 때 너희는 나를 내쫓고 나와 함께하는 대신에 나를 추적하였다. 그러나 나를 기다리는 (하늘의) 영광에 주목하고, 마음을 열고, 하늘에서 나를 기다리는 찬송에 귀를 기울여라. 왜냐하면 오늘 나는 아버지의 오른편에 자리를 잡아야 하기 때문이다. 이제 마지막 말을 다했으니 너희를 떠날 것이다. 영의 전차가 나를 위로 들어 올렸다. 이제부터는 나는 옷을 입기 위하여 옷을 벗을 것이다. 그러나 잘 보아라. 내가 내려온 다음에 다시 올라가도록 하기 위해서 내가 세상에 내려오기 전에 아들을 선포한 자들은 복이 있도다. 이 세상에 오기 전에 아들에게 증명된 사람들은 세 배로 복이 있도다. 너희가 그들 중 한 몫을 얻을 수 있으리라."

이 말씀을 하시고, 그분께서는 떠나셨습니다. 그러나 베드로와 나는 무릎을 꿇고 감사를 드렸으며, 마음을 하늘로 올려보냈습니다. 그러자 우리는 전쟁 속의 소음과 나팔 소리 그리고 엄청난 소란스러움을 귀로 듣고, 눈으로 보았습니다.

우리는 이 상태를 지나 마음을 더 위로 보냈습니다. 우리는 찬송과 천사들의 감사기도와 천사들의 환희를 눈으로 보고, 귀로 들었습니다, 천상의 위대한 존재들이 찬송을 부르고 있었으므로, 우리도 기뻐했습니다.

그다음에 우리는 영을 전능하신 분에게 올려보내고 싶었습니다. 우리가 올라갔을 때 어떤 것도 보거나 듣는 것이 허락되지 않았습니다. 그런데 나머지 제자들이 우리를 소리쳐 부르고는 "스승에게 무슨 이야기를 들었는가? 그분이 뭐라고 말했는가? 그분은 어디로 갔는가?"라고 질문했습니다.

우리는 "그분은 승천하셨고 우리에게 약속하셨고, 우리 모두에게 생명을 약속하셨고, 우리 뒤에 태어날 자녀들을 드러내 보여 주었소. 그 자녀들 때문에 우리가 구원을 받기라도 할 것처럼, 그 자녀들을 사랑하라고 명했소."라고 대답했습니다.

이 말을 들은 제자들이 진실로 그 계시를 믿었지만, 앞으로 태어날 사람들에 대해서는 기뻐하지 않았습니다. 그래서 나는 그들을 자극하고 싶지 않아서, 각자 다른 장소로 파견했습니다. 나는 앞으로 드러날 사랑스러운 자녀들 가운데서 한몫을 받을 수 있도록 기도하면서 예루살렘으로 갔습니다.

당신이 시발점이 되어서 내가 구원받을 수 있기를 기도합니다. 왜냐하면 그들은 나를 통해, 나의 믿음을 통해, 그리고 나보다 더 나은 믿음을 통하여 깨어날 것이기 때문입니다. 그래서 나는 내 믿음이 그들보다 더 작았으면 합니다. 그러므로 그대는 그들처럼 되려고 진실되게 노력하고, 그들과 함께 한몫을 얻도록 기도하십시오. 내가 지금까지 이야기한 것 외에 구세주는 그들을 위해서 다른 계시를 우리에게 주지 않았습니다. 우리는 주님이 선포한 사람들 즉 주님이 자기 자녀로 삼은 사람들과 함께 나눌 몫을 선포합니다.

-사용한 영어 번역본은 제임스 로빈슨(James M. Robinson)의 The Nag Hammadi Library(HaperOne, New York, 1990) p29에 실린 프랜시스 윌리엄(Francis E. Williams)의 저서 "The Apocryphon of James(Introduction and Translation)"이다, 원문은 절을 구분하는 번호가 없으나 여기서는 임의로 절을 나누었다.

2 빌립 복음서(The Gospel of Phillip)

빌립 복음은 나그함마다 장서의 코덱스 ll에 있는 7개 문서 중 세 번째 것이다. 콥트어 본문은 3세기 경에 쓰여진 그리스 본문의 번역이다. 본문의 제목은 빌립이 책 안에 언급된 유일한 사도라는 사실에서 기인했을 것이다. 성례전과 윤리에 관한 신학적인 글을 모은 책으로 다양한 여러 영지주의적 사상이 혼합되어 실려있다.

이 문헌은 신약성서 정경의 복음과 같이 격언, 비유, 대화, 예수 말씀, 성서주석, 교리 같은 다양한 문학 양식을 사용하나 신약성서의 복음서와 다르다. 책에는 17개의 예수의 말씀이 나오고 그중에 9개는 정경에서 발견되는 예수 말씀에 대한 인용과 해석이다. 정경에 없고 여기에만 나오는 예수의 말씀은 수수께끼처럼 알 수가 없어서 영지주의 시각에서 해석이 되어야 한다.

또한 예수에 관한 새로운 기사들도 있다. 마리아 불린 세 명의 여성 동료들 이야기, 목수 요셉이 후에 예수가 매달릴 십자가를 만들었다는 내용도 나온다. 빌립 복음서는 일관성 있는 방식으로 체계적으로 정리되어 있지는 않다. 전체 흐름은 산만하고 주제가 갑자기 변화하기도 한다. 전체 흐름은 산만하고 연결이 되지 않는 경향이 있지만, 어떤 주제나 개념의 설명에 있어서는 일정한 논리적 흐름을 유지하고 있다.

이 복음에 따르면 인류의 문제는 남녀의 분리로부터 기인한다. 이브가 아담으로부터 분리되었을 때, 근원적인 남녀 동체의 통일성은 깨어졌고 그리스도가 오신 목적은 아담과 이브를 재결합시키기 위해서라고 나온다. 그래서 신방의 성례에 대한 상징의 글이 많이 나온다. 남편과 아내가 신방에서 하나가 되듯이, 그리스도께서 일으키시는 재결합은 영적인 신방에서 일어난다. 전부 영지의 언어를 알아야 풀 수 있는 말이다.

본문 내용

(1) 한 사람의 히브리인이 다른 한 사람을 히브리인으로 만들게 되면 그는 개종자가 된다. 하지만 개종자가 또 다른 사람을 개종자로 만들기는 어렵다. 자신들은 원래 그대로 있으면서 그냥 그대로 존재하려고 하는 다른 사람들을 자기들처럼 만들려고 하기 때문이다.

(2) 노예는 자유를 원할 뿐 주인의 재산을 탐하지는 않는다. 하지만 아들은 아들일 뿐만 아니라 아버지에 대한 상속권도 요구한다.

(3) 죽은 자의 상속자들은 스스로 죽었으므로, 죽은 자의 것을 상속받는다. 그러나 살아 있는 자의 상속자들은 살아 있으므로 그들은 산 자와 죽은 자의 것을 동시에 상속받는다. 죽은 자들은 아무것도 상속받지 못한다. 왜냐하면 죽은 자가 어떻게 상속받을 수 있겠는가? 만일 죽은 자가 살아 있는 자의 것을 상속받으면, 그는 죽지 않고, 훨씬 더 오래 살 것이다.

(4) 이방인은 죽지 않는데 이는 그들이 죽기 위해 살지 않았기 때문이다. 하지만 진리를 믿는 자는 생명을 발견하였기에 죽을 위험에 처해있다. 그는 살아 있기 때문이다.

(5) 그리스도께서 세상에 오시고 세상이 창조되었고, 성읍들은 아름답게 꾸며졌으며, 죽은 자들은 들려 나갔다.

(6) 우리가 히브리인이었을 때 우리는 고아였으며 어머니밖에 없었으나 우리가 그리스도인이 되었을 때 우리는 아버지와 어머니를 모두 갖게 되었다.

(7) 겨울에 씨를 뿌리는 자는 여름에 거둔다. 겨울은 이 세상이요, 여름은 에온(Aeon, 영원한 세계)이다. 여름에 거두기 위해 이 세상에 씨를 뿌리자. 그러므로 겨울에 기도하지 않는 것이 합당하다. 겨울이 지나면 여름이 온다. 그러나 누군가 겨울에 거두면 그는 실제로 거두는 것이 아니라 단지 잡아 뽑는 것이 된다. 이런 식으로는 그는 수확물을 얻지 못한다. 지금 열매가 나오지 않을 뿐 아니라 안식일에도 그의 밭에는 수확물이 없다.

(8) 그리스도는 어떤 이들의 몸값을 치르시려고, 어떤 이들을 구원하시려고, 어떤 이들을 구해주시려고 오셨다. 그는 낯선 자들의 몸값을 치르시고, 그들을 자신의 것으로 만드셨다. 그는 자신의 계획에 따라 약속된 사람들을 구별해 두셨다.

그가 혼을 지정하신 것은 그가 나타나셨을 때만이 아니라 세상이 존재하게 된 바로 그날부터였다. 그리고 그가 그것(혼)을 취하려고 처음 나오셨으니, 그것은 그렇게 약속되었기 때문이다. 그것은 강도들의 손에 떨어져 사로잡혀있었으나 그가 그것을 구하셨다. 그리고 그는 선한 자만이 아니라 악한 자들도 구하셨다.

(9) 빛과 어둠, 삶과 죽음, 오른쪽과 왼쪽은 서로의 형제들이다. 그들은 분리할 수 없다. 왜냐하면 그들은 선은 선이 아니고, 악은 악이 아니며, 삶은 삶이 아니고, 죽음은 죽음이 아니기 때문이다. 이런 이

유로 이들 각각은 태초의 근원으로 녹아 들어갈 것이다. 그러나 이런 세상 위의 고귀한 사람들은 해체될 수 없어서 영원하다.

(10) 세상 만물에 주어진 이름은 참으로 기만적이다. 이름은 우리의 생각을 올바른 것에서 그릇된 것으로 돌려놓는다. 그래서 "하느님"이라는 말을 듣는 자는 올바른 것을 인식하지 못하고 그릇된 것을 인식한다. 이것은 "아버지"와 "아들" "성령" "생명" "빛" "부활" 그리고 "교회" 등 그 모든 것에 대해서도 마찬가지이다. 사람들은 올바른 것을 알게 되지 않으면 올바른 것을 인식하지 못하고 그릇된 것을 인식한다. 우리가 듣는 이름들은 우리를 속이기 위해 세상에 있다. 만일 이름들이 에온(Aeon, 영원한 영역)에 있다면 그것들은 결코 세상에 있는 이름처럼 쓰이지 않을 것이다. 그 이름들은 이 세속적인 것에 놓여있지 않고 이온에 있다.

(11) 하나밖에 없는 유일한 이름은 이 세상에서 말해지지 않는다. 아버지께서 아들에게 주신 이름이요, 모든 것 위에 있는 이름이다. 이것은 바로 아버지의 이름이다. 아들이 아버지의 이름을 입지 않고는 아들은 아버지가 되지 못하기 때문이다. 이 이름을 가진 자들은 그것을 알지만 말하지 않는다. 그것을 가지고 있지 않은 자는 그것을 알지 못한다.

(12) 그러나 우리를 위하여 진리는 이름들이 세상에 존재하게 하였다. 이름 없이는 그것(진리)을 가르칠 수 없기 때문이다. 진리는 단일한 것이면서 동시에 많은 것으로 존재한다. 진리는 이 많은 것을 통해 사랑 속에 있는 이 단일한 것에 대하여 우리가 알라고 가르친다.

(12) 지배자들(archons, 아르콘)은 인간을 속이기를 원한다. 왜냐하면 그들은 인간이 아주 선한 이들과 친밀하다는 것을 보았기 때문이다. 그들은 선한 이들의 이름을 취해 선하지 않은 이들에게 주었다. 그들은 그 이름을 통해 인간을 속여 그들을 선하지 않은 이들에게 묶어두려 함이다. 그리고 그들은 호의를 베풀 듯이 선하지 않은 자들에게서 그들(이름)을 취하여 그들을 선한 자들 가운데에 놓는다. 그들은 자유로운 사람을 취하여 그들을 영원히 자신의 노예로 삼으려 했기 때문에 이런 것들을 알았다.

(13) 인간이 구원되기를 바라지 않아서 인간에게 대항하여 싸우는 세력들이 있다. 인간이 구원되면 아무 희생제도 없고, 이들 세력에게 어떤 동물도 바쳐지지 않을 것이기 때문이다. 그들이 바친 희생제물은 동물이었다. 성밀로 그것을 산 채로 바쳤으나 그것을 바쳤을 때 그들은 죽었다. 인간에 대해서는, 그들은 인간을 하느님께 죽은 채로 바쳤으나 그는 살아났다.

(14) 아담이 거주하였던 낙원에 동물이 먹을 나무는 많았으나 사람이 먹을 밀이 없었던 것처럼, 그리스도께서 오시기 전에 세상에는 빵이 없었다. 사람은 짐승처럼 먹곤 했지만, 완전한 사람이신 그리스도께서 오셨을 때, 그분은 사람이 사람의 음식으로 살아갈 수 있도록 하늘로부터 빵을 가져오셨다.

(15) 통치자들은 자신들의 힘과 의지로 일을 한다고 생각했다. 그러나 성령이 비밀리에 자신이 원하시는 대로 그들을 통해서 모든 것을 성취하고 있었다. 태초부터 존재한 진리는 모든 곳에 뿌려진다. 진리

가 뿌려질 때는 많은 이들이 그것을 보나, 진리가 수확되는 것을 보는 자는 별로 없다.

(16) 어떤 이들은 "마리아가 성령으로 임신했다"라고 말했다. 그들은 잘못 알고 있다. 그들은 자신들이 무슨 말을 하는지 알지 못한다. 언제 여자가 여자에 의해 임신한 적이 있었는가? 마리아는 어떤 힘도 더럽히지 않은 처녀이다. 그녀는 사도들과 사도를 따르는 사람들에게 큰 저주이다. 어떤 힘도 더럽히지 못한 처녀 마리아이고, 이들 힘은 스스로 자신을 더럽힌다. 그리고 주님께서, 또 다른 아버지가 계시지 않았다면 "하늘에 계신 나의 아버지(마태 16:17)"라고 말씀하시지 않고 그냥 "나의 아버지"라고 하셨을 것이다.

(17) 주님께서 제자들에게 말씀하시길, "모든 집에서 가지고 나와서 아버지의 집으로 가지고 오라. 그러나 아버지의 집에서는 아무 것도 취하지 말고 가지고 나가지도 말라."

(18) 예수는 숨겨진 이름이요, 그리스도는 드러난 이름이다. 이런 이유로 예수는 어떤 다른 언어에는 존재하지 않는다. 그래서 그는 늘 예수란 이름으로 불린다. 그리스도는 고대시리아어(예수가 사용한 아람어와는 근친 언어)로는 메시아요, 희랍어로는 그리스도이다. 분명히 다른 모든 사람도 자기네 말을 따라 그리스도에 대한 이름을 가지고 있다. 나사렛 사람(예수)은 숨겨진 것을 드러내는 자이다. 그리스도는 자신 안에 모든 것을 지니고 계신다. 그것이 인간이든 천사든 비밀이든 아버지든 그러하다.

(19) 주님께서 먼저 돌아가시고 그 후에 부활하셨다고 말하는 자들은 잘못이다. 그분은 먼저 부활하시고 그 후에 돌아가셨기 때문이다. 어떤 사람이 먼저 부활을 얻지 못하면 그는 죽을 것이다. 하느님께서 살아 계시므로 그는.......

(20) 어느 누구도 커다란 그저 그런 어떤 것 속에다 아주 값어치 있는 것을 숨겨 두지 않을 것이다. 그러나 사람들은 자주 한없이 값진 것을 한 푼어치밖에 안 되는 것 속에 던져 넣었다. 이것을 영혼에 비유해 본다면 영혼은 아주 소중한 존재이지만 하찮은 육체 속에 존재하게 되었다.

(21) 어떤 자들은 자신들이 벌거벗은 채로 부활하지 않을까 염려한다. 이 때문에 그들은 육체를 입고 부활하기를 원하나 그들은 육체를 입은 자들이 바로 벌거벗은 줄을 알지 못하고 있다. (육체의) 옷을 벗은 사람이 벌거벗지 않은 사람인 것이다.

"살과 피는 하느님의 왕국을 물려받을 수 없다(고린도 전서 15:50)." 물려받지 못할 이것은 무엇인가? 우리가 입고 있는 살과 피다. 그러면 물려받을 이것은 무엇인가? 그것은 예수와 예수의 피에 속하는 것이다. 그러므로 그분께서는 "내 살/육체를 먹고 내 피를 마시지 않는 자는 그 안에 생명이 없다(요한 6:53)"라고 말씀하셨다.

이것이 무엇 뜻인가? 그분의 살은 말씀이요, 그분의 피는 성령이다. 이것을 받은 자는 음식을 가진 것이며, 마실 것과 입을 것을 가진 것이다.

나는 그것이 부활하지 않으리라고 말하는 사람들을 비난한다. 이런 주장 모두는 잘못이다. 그대들은 그 육체가 부활하지 않으리라고 말한다. 우리가 그대들을 존중할 수 있도록 무엇이 부활할 것인지 내게 말하라. 그대들은 육체 속에 있는 영을 말하나 그것 또한 육체 속에 있는 빛이다. 이처럼 이것 또한 육체 속에 있는 것이다. 너희가 무슨 말을 하든지, 육체 밖에 있는 것은 아무것도 아니다. 모든 것이 육체 안에 있기 때문에 이 육체에서 부활하는 것이 필요하다.

(22) 이 세상에서는 옷을 입은 자들이 옷보다 낫다. 그러나 하늘 왕국에서는 옷이 그것을 입은 자들보다 낫다.

(23) 물과 불을 통해서 보이는 것은 보이는 것에 의해, 숨겨진 것은 숨겨진 것에 의해 모든 곳이 정화된다. 보이는 것들을 통해 숨겨진 것들이 있다. 물 안에 물이 있고, 성유(聖油) 속에 불이 있다.

(24) 예수께서 그들 모두를 은밀히 맞아들였다. 왜냐하면 예수는 자신의 본모습대로 자신을 드러내지 않으시고, 그들이 알아볼 수 있을 만한 방식으로 자신을 나타내셨기 때문이다. 그는 그들 모두에게 자신을 드러내셨다. 그는 위대한 자에게는 위대한 자로, 평범한 자에게는 평범하게, 천사들에게는 천사로, 사람들에게는 사람으로 자신을 나타내셨다. 이 때문에 그의 말씀은 모든 사람에게서 감추어졌다.

어떤 사람들은 예수를 보면서 자기 자신을 보고 있다고까지 생각하였다. 그러나 예수가 산 위에서 영광 속에서 제자들에게 나타나셨을 때 그는 평범하지 않으셨다.

그분은 위대하셨고 제자들이 위대함 속에서 자신을 보도록 제자들을 위대하게 만들었다. 예수께서는 그날 감사기도를 드리면서 이렇게 말씀하셨다. “완전한 빛을 성령으로 합체시킨 그대께서 또한 천사들을 우리와 합체시켜 주소서.”

(25) 어린 양을 얕보지 말라. 어린 양이 없으면 왕을 볼 수 없다. 벌거벗은 채로 왕에게로 갈 수 없다.

(26) 천상의 사람은 지상의 인간보다 훨씬 더 많은 아들이 있다. 아담의 아들들이 죽지만 여전히 그 아들들은 많다. 그렇다면 죽지 않고 늘 태어나는 완전한 사람의 아들들은 얼마나 더 많겠는가?

(27) 아버지께서는 아들을 만드시나 그 아들은 아들을 만들 권능이 없다. 태어난 자(아들)는 낳을 권능이 없으나 아들은 자신을 위한 형제들이 있다.

(28) 세상에 태어나는 사람은 모두 자연적인 방법으로 태어나고 영적인 방법으로 태어나는 사람들도 있다. 그분에 의하여 태어난 사람들은 태어난 장소에서 완전한 사람에게 알리나니, 왜냐하면 그들은 천상의 장소에 관한 약속에 근거하여 양육되기 때문이다.

(29) 만일 말씀이 그 장소에서 나왔다면 그것은 그 입으로부터 양육될 것이요, 그것은 완전해질 것이다. 완전한 자는 입맞춤으로 (말씀을) 임신하고 낳는다. 그러므로 우리도 서로 입을 맞춘다. 우리는 서로 안에 있는 은혜로부터 (말씀)을 낳는다.

(30) 언제나 주님과 동행한 3명의 마리아가 있었다. 그들은 그의 어머니와 그녀의 자매와 그의 친구라 불린 막달라 마리아였다. 그의 자

매와 그의 어머니와 그의 친구는 모두 마리아였다.

(31) 아버지와 아들은 단일의 이름들이고 성령은 이중적인 이름이다. 그들은 모든 곳에 있다. 위에도 있고 아래에도 있으며, 숨겨진 데도 있고 드러난 데도 있다. 성령은 아래에서는 드러난 데에 있고, 위에서는 숨겨진 데에 있다.

(32) 성도들은 악의 세력들에게 섬김을 받는다. 그들이 성도들을 위해 무언가를 할 때마다 그들은 성령에 의해 눈이 가려져서 자기들이 보통 사람을 섬기고 있다고 생각한다. 이 때문에 어느 날 한 제자가 이 세상의 어떤 것을 주님께 요청했다. 그분께서 말씀하시길, "너의 어머니에게 요청하여라. 그러면 그녀가 다른 사람의 것들을 네게 줄 것이다."

(33) 사도들이 제자들에게 말했다. "우리의 모든 제물(祭物)에 소금이 포함되었으면." 그들은 소피아(지혜)를 "소금"이라고 불렀다. 소금이 없으면 어떤 제물도 받아들여지지 않는다. 그러나 소피아는 불임이어서 아이가 없다. 이런 이유로 그녀는 "아주 미량의 소금"이라고 불린다. 그러나 그들이 자신들의 방식으로 있는 곳에서는 성령도 있을 것이어서, 그녀의 아이들이 많을 것이다.

(34) 아버지께서 소유하고 계신 것은 아들에게 속하나 아들이 어릴 동안에는 아들에게 아버지의 것이 위임되지 않는다. 그러나 그가 어른이 될 때 그의 아버지는 그에게 자신의 모든 소유물을 주신다.

(35) 영이 낳았으나 길을 잃은 자들은 의례히 이 영으로 인해 길을 잃게 된다. 그러므로 같은 숨에 의해 불이 타오르기도 하고 꺼지기도 한다.

(36) 에카모트와 에크모트는 별개의 존재이다. 에카모트는 지혜이나 에크모트는 죽음이 지혜다. 에크모트는 죽음을 아는 자이고 “작은 지혜”라고 불린다.

(37) 소와 나귀와 이와 같은 종류의 다른 가축들이 있다. 야생이어서 사막에서 살아가는 동물도 있다. 사람은 가축을 이용해 밭을 간 덕분에 자신과 가축과 들짐승이 음식을 취한다. 완전한 인간을 비교해 보라. 그는 복종하는 세력들을 통해 밭을 갈아 모든 것이 존재하도록 준비한다. 이 때문에 선하든 악하든, 우측이든 좌측이든 상관없이 모든 곳이 존재한다.

성령은 모든 사람을 돌보시고 모든 힘을 다스리신다. 성령은 특별한 자들뿐 아니라 순종적인 자들이든 거친 자들이든 상관하지 않는다. 참으로 그는 그들을 모아 가두니 그들이 원할지라도 그들은 탈출할 수 없을 것이다.

(38) 창조된 자는 아름답고 그대는 그의 아들들(자손)이 고귀한 피조물이라는 것을 알아볼 것이다. 만약 그가 창조되지 않고 태어났다고 해도 그대는 그의 씨앗이 고귀하다고 생각했을 것이다. 그러나 그는 창조되었고 출산도 했다. 이것은 무슨 고귀함인가?

먼저 간음이 생겨나고 그 후에 살인이 생겨났다. 그리고 그는 뱀의 자식이어서 간음으로 태어났다. 그래서 그는 자신의 아버지와 똑

같이 살인자가 되었으며 자기 형제를 죽였다. 참으로 서로 같지 않은 자들 사이에서 일어난 모든 성행위는 간음이다.

(39) 하느님은 염색공이다. "진짜"라고 불리는 좋은 염료가 염색되는 것으로 녹아 스며들듯이 하나님은 자신이 물들인 자들 속으로 스며든다. 신의 염료는 불멸이므로 물든 것들은 신의 색으로 인해 불멸이 된다. 이제 하느님은 물에 담아서 염색하신다.

(40) 누구라도 실제로 존재하는 어떤 것처럼 되지 않고는 그것을 이해하는 것이 불가능하다. 그러나 세상에 있는 사람의 경우는 다르다. 사람은 태양이 되지 않고도 태양을 보고, 사람은 하늘과 땅과 다른 모든 것이 아니면서도 그것들을 본다.

이것은 진리에도 꼭 들어맞는다. 그대는 진리의 어떤 면을 보고 그러한 것들이 되었다. 그대는 영을 보고 영이 되었다. 그대는 그리스도를 보고는 그리스도가 되었다. 그대는 아버지를 보았고 아버지가 될 것이다. 그러므로 그대는 이곳에서 모든 것을 보고, 그대 자신을 보지 못하지만, 저곳에서는 그대 자신을 본다. 그리고 그대는 그대가 보는 것이 될 것이다.

(41) 믿음은 받아들이는 것이고 사랑은 주는 것이다. 믿음 없이는 어느 누구도 받을 수 없다. 사랑이 없이는 어느 누구도 줄 수 없다. 이 때문에 우리는 받아들이기 위해 믿고, 사랑하기 위해 준다. 그러므로 누군가 사랑 없이 준다면 그는 준 것에서 유익함을 얻지 못한다.

(42) 주님이 아닌 다른 무엇을 받아들인 자는 여전히 히브리인이다.

(43) 우리 앞에 있었던 사도들은 그분에 대하여 "예수, 나사렛 사람, 메시아"란 이름 즉 "예수, 나사렛 사람, 그리스도"라는 이름으로 불렀다. 마지막 이름은 그리스도요, 첫 번째 이름은 예수요, 중간에 있는 것은 나사렛 사람이다. 메시아에는 "그리스도"와 "균형이 잡힌 자"의 두 가지 의미가 있다. 그리고 히브리어로 예수는 "구원"이고 나사라(Nazara)는 "진리"이다. 그래서 나사렛 사람은 "진리"이다. 그리스도는 균형이 잡혀있다. 나사렛 사람과 예수는 균형이 잡혀있는 자이다.

(44) 진주를 진흙 속에 던져도 그 가치가 크게 훼손되지 않으며 그것에다 향유를 바른다고 더욱 값이 나가지도 않을 것이다. 진주는 소유자의 눈에는 항상 가치가 있다. 이것을 하나님 아들들과 비교한다면, 그들이 어디에 있든지 그들은 여전히 아버지 눈에는 값진 존재들이다.

(45) 그대가 "나는 유대인이요"하고 말해도 아무도 감동받지 않을 것이다. 그대가 "나는 로마인이요"하고 말해도 아무도 동요하지 않을 것이다. 그대가 "나는 희랍인, 야만인, 노예, 자유인이요"하고 말해도 아무도 당혹해하지 않을 것이다.

그러나 그대가 "나는 그리스도인이요"하고 말하면 세상이 떨 것이다. 나는 그런 이름을 받았으면 한다. 힘들이 그 사람의 이름을 들을 때, 그들이 감당할 수 없는 사람이다.

(46) 하느님은 인간을 먹는 분이다. 이러한 이유로 사람은 하느님의 제물로 바쳐진다. 사람이 제물로 바쳐지기 전에는 짐승들이 제물로 바쳐졌다. 이는 짐승을 제물로 받는 자들은 신들이 아니었기 때문이

었다.

(47) 유리병과 흙 항아리는 다 같이 불을 이용해서 만들어진다. 그러나 유리병은 깨지면 다시 만들어진다. 유리병은 숨을 통해 존재하였기 때문이다. 그러나 흙 항아리가 깨지면 그것은 파괴되어 버려진다. 그것은 숨을 통해 존재하게 된 것이 아니기 때문이다.

(48) 당나귀가 맷돌을 돌리면서 100마일에 해당하는 거리를 걸었으나 당나귀가 맷돌에서 풀려나 보니 여전히 제 자리에 있음을 알았다. 이처럼 많은 여행을 했으나 목적지로 조금도 나아가지 못하는 사람들이 있다. 그들에게 저녁이 찾아왔을 때, 그들은 도시나 마을도, 인공물이나 자연 현상도, 힘이나 천사도 보지 못했다. 그 가련한 자들은 헛수고를 하였다.

(49) 성체(聖體)는 예수이다 그는 고대 시리아어로 파리사타라고 하는데 "확장되어/펼쳐진 나온 사람"을 의미한다. 예수는 세상을 십자가에 못 박으러 오셨기 때문이다.

(50) 주님은 레위의 염색 작업장으로 들어갔다. 그는 72가지의 색을 취하여 그것을 큰 통 속에 던지셨다. 그가 그것을 꺼냈을 때는 온통 흰색으로 변해 있었다. 그러자 주님은. "사람의 아들도 이처럼 염색장이로 왔다."

(51) 불임자라고 불리는 지혜(소피아)에 대해 말하자면 지혜는 천사들의 어머니이다. 그리고 구세주의 친구는 막달라 마리아이다. 그러나

그리스도는 다른 어느 제자들보다 그녀를 더 사랑하셨고 그녀와 종종 입을 맞추었다. 그러자 나머지 제자들이 기분이 상하여 불만을 표시했다. "어찌하여 주님은 우리보다 마리아를 더 사랑하십니까?" 구세주께서 대답하시길, "내가 왜 너희들을 마리아처럼 사랑하지 않겠느냐?"

(52) 소경과 소경 아닌 사람이 함께 어둠 속에 있을 때 그들은 서로 다르지 않다. 그러나 빛이 오면 소경 아닌 사람은 빛을 볼 것이요, 소경은 어둠 속에 남아 있을 것이다.

(53) 주님께서 말씀하시길, "자신이 존재하던 원래의 모습으로 존재하는 이는 복이 있도다. 왜냐하면 존재하는 이는 늘 그렇게 존재해 왔고 앞으로도 그렇게 존재할 것이기 때문이다."

(54) 인간의 우월성은 눈으로 보기에는 분명하지 않으며 그것은 시야로부터 숨겨져 있다. 그래서 인간은 자기보다 강하고 드러난 면과 감춰진 면 모두 큰 짐승들을 지배한다. 이것이 그들을 살아남게 해 준다. 만일 사람이 짐승들에게서 분리되면 동물들은 서로 죽이고 물어뜯는다. 그들은 어떤 음식도 발견하지 못해서 서로를 먹게 된다. 그러나 인간이 땅을 경작했으므로 그들은 이제 음식을 발견했다.

(55) 만일 어떤 사람이 물속에 들어갔다가 아무것도 받지 못하고 올라와 "나는 그리스도인이요"라고 말한다면 그는 이자를 내고 그 이름을 빌린 것뿐이다. 그러나 그가 성령을 받는다면 그는 그 이름을 선물로 가지고 있는 것이다. 선물을 받은 자는 그것을 돌려줄 필요가

없으나 이자를 물고 그것을 빌려온 자는 대가를 지불해야 한다. 이것이 신비를 체험할 때 사람에게 일어나는 방식이다.

(56) 혼인의 신비는 위대하다. 그것이 없었으면 이 세상은 존재하지 않았을 것이다. 세상의 존재는 사람에게 달려있고, 사람의 존재는 혼인에 달려있다. 순결한 관계에 대해 생각해 보라. 왜냐하면 그것은 위대한 힘을 지니기 때문이다. 그것의 이미지는 형상의 더럽힘으로 이루어진다.

(57) 사악한 영은 남자의 형상도 있고 여자의 형상도 있다. 남성 형상은 여성의 형상 속에 거하는 혼들과 결합하고, 여성 형상은 제멋대로인 남성의 형상 속에 있는 혼들과 사귄다. 그런데 아무도 그들을 피할 수 없다. 사람이 남성의 힘이나 여성의 힘, 즉 신랑과 신부의 역할을 받아들이지 않으면 그를 가두어 버리기 때문이다. 사람은 비추어진 신부의 방으로부터 그들을 받아들인다. 음탕한 여인들이 혼자 앉아 있는 남자를 보면 달려들어 그와 어울려 그를 더럽힌다. 마찬가지로 음탕한 남자들이 홀로 앉아 있는 아름다운 여인을 보면 그녀를 설득하고 강요하여 그녀를 더럽히려고 한다.

그러나 그들이 남자와 그 아내가 나란히 앉아 있는 것을 보면 여자는 그 남자에게 가지 못하고 남성도 그 여자에게 가지 못한다. 그러므로 만일 그 형상과 천사가 서로 결합하면 아무도 감히 그 남자나 그 여자에게 가지 못한다.

(58) 이전에 세상에 있었으나 이제 세상에서 벗어나는 자는 더 이상 가두어질 수 없다. 그는 분명히 욕망과 두려움을 넘어서 있다. 그는

자연의 주인이고 질투를 넘어서 있다.

(59) 어떤 사람이 오면 그들은 그를 붙잡아 목 졸라 죽인다. 그러면 이 사람은 어떻게 거대한 탐욕스러운 힘들을 피할 수 있을까? 어떻게 그들로부터 숨을 수 있을까? 종종 어떤 이들이 와서는 더러운 영들과 악마들을 피하려고 "우리는 믿음을 지닌다."라고 말한다. 만일 그들에게 성령이 계신다면 어떤 더러운 영도 그에게 달라붙지 못할 것이다.

(60) 육체를 두려워하지도 말고 사랑하지도 말라. 그대가 육체를 두려워하면 그것이 너를 지배할 것이고, 그대가 육체를 사랑하면 그것이 그대를 삼켜서 무력하게 만들 것이다.

(61) 사람은 이 세상에 있거나 부활하거나 아니면 중간 장소에 있을 것이다. 하느님께서 내가 그들 가운데서 발견되지 않기를 바라신다. 이 세상에는 선과 악이 있다. 세상의 선은 선이 아니며, 세상의 악은 악이 아니다. 그러나 이 세상 이후에는 진정한 악이 있다. 중간이라고 부르는 것이다. 그것은 죽음이다. 우리가 이 세상에 있는 동안에 우리 자신을 위해 당연히 부활을 얻어야 한다. 우리가 육신을 벗어버릴 때, 그 안식 속에서 발견되고 중간 지대에서 걷지 않기 위함이다. 많은 사람이 도중에 길을 잃는다. 죄를 짓기 전에 세상에서 나오는 것이 좋다.

(62) 어떤 자들은 죄짓기를 원치 않고 죄를 지을 수도 없다. 또 어떤 자들은 비록 죄를 짓고 싶었지만 그렇게 하지 않았다. 그렇다 해도

죄가 없는 것은 아니다. 그 욕망이 그들을 죄인으로 만들기 때문이다. 죄짓기를 원치 않는 것과는 상관없이, 어떤 행동이 정의로운지 아닌지의 여부는, 죄를 욕망한 자와 욕망하지 않는 자 모두에게서 알려지지 않을 것이다.

(63) 어떤 사도가 환상 속에서, 어떤 사람들이 불의 집에 갇혀 불의 사슬로 묶인 채 불타는 기름 속에 누워 있는 것을 보았다. 그는 그들에게 "왜 그들이 구원받을 수 없는가요?"하고 물었다. 그들은 답하길, "그들은 구원을 바라지 않았습니다. 그들은 이 장소를 벌로 받았습니다. 이 장소는 '바깥 어둠'으로 불리며 그는 그것으로 던져졌기 때문입니다."

(64) 물과 불로부터 혼과 영이 생겨났다. 물과 불과 빛으로부터 신방의 아들이 생겨났다. 불은 성유(聖油)요, 빛은 불이다. 여기서 불은 형상이 없는 불이 아니라 흰색의 형상을 띤 다른 불에 대해 말하는 것이다. 그 불은 밝고 아름답고 아름다움을 준다.

(65) 진리는 알몸으로 이 세상에 온 것이 아니라 상징과 이미지로 왔다. 우리는 다른 방식으로는 진리를 받아들일 수 없다. 부활이 있고 부활의 상징이 있다. 상징을 통해 다시 태어나는 것이 분명히 필요하다. 부활이란 무엇인가? 상징은 상징을 통해 다시 살아나야 한다. 신랑과 그 상징은 상징을 통해 진리로 들어가야 한다. 이것이 회복이다. 이것을 지닌 자들은 아버지와 아들과 성령의 이름을 얻게 되는데 그것을 자력으로 얻었다고 말하는 것이 맞을 것이다. 누군가 자력으로 그 이름을 얻지 못한다면 그는 "그리스도인"이라는 이름을 빼앗길

것이다. 그러나 사람은 십자가의 권능이 주는 향기로운 성유 속에서 그것을 받는다. 사도들은 이 권능을 "오른쪽과 왼쪽"이라고 불렀다. 이 사람은 더 이상 그리스도인이 아니라 또 하나의 그리스도이기 때문이다.

(66) 주님께서는 신비 속에서 모든 일을 행하셨다. 세례와 성유식과 성찬식과 구원과 신방이 그것이다.

(67) 주님께서 말씀하시길, "나는 아래에 있는 것을 위에 있는 것처럼 만들고, 바깥에 있는 것을 안에 있는 것처럼 만들기 위해 왔다. 나는 이곳에서 그것들을 합체하기 위해 왔다." 그분은 상징과 이미지를 통해 이곳에 자신을 드러내셨다.

(68) "천상의 인간이 있으며, 그의 위에 한 분이 계신다."라고 말하는 자들은 틀렸다. 왜냐하면 이 두 천상의 인간 중에서 첫 번째 분은 아래에 계신 분이라고 불리는 드러난 분이기 때문이다. 그리고 감춰진 것에 속하는 존재가 바로 그분 위에 계신 분이시다.

(69) "내부와 외부, 그리고 외부 밖에 있는 것"이라고 말하는 자들은 올바르다. 주님께서는 파멸을 "바깥 암흑"이라고 부르신 이유이다. 그것 외부에 또 다른 외부는 없다.

(70) 그분은 "깊숙이 숨어있는 나의 아버지"라고 말씀하셨다. 그분은 "네 방에 들어가 문을 닫고, 깊숙이 숨어있는 네 아버지께 기도하라(마태 6:6)"고 말씀하셨다. 아버지는 모두의 내면에 계신 분이시다.

그러나 모두의 내면에 있는 것은 충만함이다. 내면에는 그것 외에 아무것도 없다. 이것이 사람들이 "그들 위에 있는 것"이라고 말하는 것이다.

(71) 그리스도 이전에, 더 이상 들어갈 수 없는 곳에서 어떤 이들이 나와서는 더 이상 나올 수 없는 곳으로 갔다. 그리고 그리스도께서 오셨다. 그분은 들어간 자들은 데리고 나오셨으며, 나간 자는 데리고 들어오셨다.

(72) 이브가 아담과 함께였을 때에는 죽음이 존재하지 않았다. 그녀가 그에게서 분리되었을 때 죽음이 존재하게 되었다. 만일 아담이 다시 완전해져서 이전의 자아를 얻는다면 죽음은 더 이상 존재하지 않을 것이다.

(73) "나의 하나님, 나의 하나님, 어찌하여 나를 버리셨나이까?(마태 15:23)" 그가 이 말씀을 하신 것은 십자가 위에서였다. 왜냐하면 그는 그곳에서 나뉘어졌기 때문이다.
(74) 이 부분 사본은 많이 분실되어서 내용을 알 수 없다.

(75) 신부의 방은 짐승들을 위한 것도, 노예들을 위한 것도, 더러운 여인들을 위한 것도 아니다. 그것은 자유인들과 처녀들을 위한 방이다.

(76) 우리는 성령을 통해 참으로 다시 태어난다. 그러나 우리는 두 분 안에서 그리스도를 통해 태어난다. 우리는 성령을 통해 기름부음

을 받는다. (이렇게 해서) 우리가 태어났을 때 우리는 하나가 되었다.

(77) 빛이 없으면 어느 누구도 물속에서나 거울 속에서 자신을 볼 수 없을 것이다. 또한 거울과 물 없이는 빛 속에서 자신을 볼 수가 없을 것이다. 이런 이유로 빛과 물로 세례받는 것이 합당하다. 그런데 빛은 성유이다.

(78) 예루살렘에는 특히 희생제물을 위한 봉헌 장소가 세 곳이 있었다. 서쪽을 향해 있는 건물은 성소(聖所)라고 불렸고 남쪽을 향해 있는 건물은 성소 중의 성소라고 불렸다. 그리고 동쪽을 향해 있는 3번째는 최고로 신성한 곳(지성소, The Holy of the Holies)으로 부르며 대제사장만이 들어가는 곳이었다. 세례는 성소이고 구원은 성소 중의 성소이며 지성소는 신방이다.

세례는 부활과 구원을 포함한다. 구원은 신부의 방에서 일어난다. 그러나 사실 신방은 그 어느 것들보다 더 높은 곳에 있다. 너희는 그와 같은 것을 발견하지 못할 것이다. 이것에 대해 친숙한 자들은 예루살렘에 있는 성소에서 기도하는 자들이다. 예루살렘에는 하늘의 왕국을 기다리는 사람들이 있다. 휘장이 찢어지기 전에는 우리는 위에 있는 신방의 상징 외에는 신방을 가지지 못하기 때문에 지성소라고 불린다. 그래서 장막이 위에서 아래까지 찢어졌다. 아래에서 위로 올라가야 하기 때문이다.

(79) 힘들은 완전한 빛을 입은 자들을 보지 못하므로 그들을 구속할 수 없다. 우리는 성례를 통해 이 빛을 입고 합일 속에 있을 것이다.

(80) 만일 여성이 남성에게서 분리되지 않았다면 여성은 남성과 함께 죽지 않을 것이다. 그의 분리가 죽음의 시작이 되었다. 이 때문에 그리스도께서 시작부터 있었던 그 분리를 고쳐 그 둘을 다시 하나로 만들기 위하여, 그리고 그 분리의 결과로 죽은 자들에게 생명을 주고 그들을 다시 하나로 만드시려고 오셨다.

(81) 신부의 방에서 하나로 합일한 사람들은 더 이상 분리되지 않는다. 이처럼 신부의 방에서 이브는 아담과 합일되지 않았기 때문에 아담으로부터 분리되었다.

(82) 아담의 혼은 숨으로 인해 존재하게 되었고 그것은 영과 동의어이다. 그에게 주어진 영은 그의 어머니이다. 그의 혼은 영에 의해 대치되었다. 그가 그 영과 결합했을 때, 그는 힘들이 이해할 수 없는 말을 하였다. 그들은 그러한 영적인 결합에서 분리되었기 때문에 그를 질투하였다. 이 분리 때문에 그들은 자기 자신을 위해 상징적인 신부의 방을 만들 기회를 가졌고 그래서 인간은 더럽힘을 당하게 되었다.

(83) 예수께서 요단강에서 자신을 나타내셨으니, 그것은 하늘 왕국의 완성이었다. 모든 것이 있기 전에 태어난 그분이 다시 태어나셨다. 한번 기름부음을 받으신 그분은 다시 기름부음을 받으셨다. 구원받으신 그분이 이제는 다른 이들을 구원하셨다.

(84) 신비를 말하는 것이 허락되는가? 그 신비는 아래로 내려온 처녀와 합일한 만유의 아버지와 그날 아버지를 위하여 빛난 불이다. 그분

은 위대한 신부의 방에 나타나셨다. 그러므로 그분의 몸은 바로 그날 존재하게 되었다. 그것은 신랑과 신부에게서 생겨난 사람처럼 신방을 떠났다. 그래서 예수님이 이들(신랑과 신부)을 통해 그것 안에 모든 것을 세우셨다. 제자들이 각자 그분의 안식으로 들어가는 것이 적합하다.

(85) 아담은 2명의 처녀, 즉 대령과 대지의 처녀로부터 존재하게 되었다. 그러므로 그리스도는 태초에 일어난 추락을 교정하기 위해 처녀에게서 태어나셨다.

(86) 낙원에는 두 그루의 나무가 자라고 있다. 하나는 짐승을 낳고, 다른 하나는 인간을 낳는다. 아담은 짐승을 낳은 나무 열매를 먹었다. 그는 짐승이 되었으며 짐승을 낳았다. 이런 이유로 아담의 자손은 짐승을 숭배한다. 아담이 먹은 열매의 나무는 지식의 나무이다. 그것이 죄가 늘어난 이유이다. 만일 그가 다른 나무의 열매, 즉 인간을 낳는 생명나무의 열매를 먹었다면 신들이 인간을 숭배할 것이다. 태초에 하느님이 인간을 창조하셨기 때문이다. 그러나 이제는 인간이 하느님을 창조한다. 그래서 세상에 이렇다. 즉 인간이 신들을 만들고는 자기들의 창조물을 숭배한다. 신들이 인간을 숭배하는 것이 마땅할 것이다.

(87) 사람이 성취하는 것은 그의 능력에 달려 있다. 우리는 사람이 성취하는 것을 능력이라고까지 말한다. 그가 성취하는 것 중에는 그의 자녀들도 있다. 자녀들은 안식(편안한 순간)에서 생겨난다. 이처럼 그의 능력은 그가 성취하는 것에 따라 결정된다. 안식은 자녀 출산에

서 분명하게 드러난다. 이것은 상징에 바로 적용되는데 즉 인간은 이 상징에 따라 만들어진다. 그는 육체의 힘으로 어떤 일들을 성취하나 편안하게(안식으로) 자녀를 낳는다.

(88) 이 세상에서는 노예가 자유인을 섬기고 하늘 왕국에서는 자유인이 노예를 보살필 것이다. 즉 신방의 자녀들이 혼인의 자녀들을 보살필 것이다. 신방의 자녀들은 하나의 이름을 가지고 있다. 그들은 함께 안식을 공유한다. 그들은 다른 형상을 취할 필요가 없다. 그들은 통찰력으로 이해하는 명상의 힘을 지니고 있기 때문이다.(이어지는 구절은 사본의 빠진 부분이 많아서 번역이 어려움)

(89) 세례 받기 위하여 사람들은 물로 들어간다. 그러나 그리스도는 그의 이름으로 세례받는 사람들이 완전하게 되도록 물에서 나옴에 의하여 물을 신성하게 한다. 왜냐하면 그분이 "이렇게 우리는 모든 의로움을 완수해야 한다."라고 말씀하셨기 때문이다.

(90) 먼저 죽고 나서 부활할 것이라고 말하는 자들은 잘못 알고 있는 것이다. 살아 있는 동안 먼저 부활을 얻지 못하면, 그들은 죽을 때 아무 것도 받지 못할 것이다. 또한 세례에 대해서 세례받으면 살게 된다면서 "세례는 위대한 것이다"라고 말하는 사람들도 마찬가지이다.

(91) 사도 빌립이 말하길 "목수 요셉이 동산에 나무를 심은 것은 자신의 일을 위해 나무가 필요했기 때문이다. 그는 자기가 심은 나무로 십자가를 만들었다. 그가 심은 나무 위에 아들이 매달렸다. 그의 아

들은 예수요, 그가 심은 것은 십자가였다."

(92) 생명나무는 동산 한가운데 있다. 그러나 우리는 올리브나무에서 성유(聖油)를 얻었으며 그 성유로 부활을 얻는다.

(93) 이 세상은 시체를 먹는 자로 말할 수 있다. 이 세상에 먹힌 것들은 모두 죽는다. 진리는 생명을 먹는 자로 말할 수 있다. 그러므로 진리에 의해 양육된 자는 아무도 죽지 않는다. 그곳에서 예수님이 오셨으며 양식을 가져오셨다. 그는 생명을 아주 열망한 자들에게 생명을 주었으면 이것은 그들이 죽지 않도록 하기 위함이었다.

(94) (첫 문장은 삭제된 단어 때문에 번역 불가)
이 농산은 그들이 나에게 "그대가 원하는 대로 이것은 먹고 저것은 먹지 말라"고 말씀하신 바로 그곳이다. 내가 모든 것을 먹을 이 장소 안에 지식의 나무가 있다. 그것이 아담을 죽였으나 여기에서는 그 지식의 나무가 인간을 살렸다. 율법은 그 나무이다. 그것은 선악에 관한 지식을 주는 능력이 있다. 그것은 그를 악으로부터 멀어지게 하지 않았고 그를 선 가운데 두지도 않았으나 그 나무는 그것을 먹은 자들에게 죽음을 창조했다. 그러므로 그가 "이것은 먹고 저것은 먹지 말라"고 말했을 때, 그것은 죽음의 시작이 되었다.

(95) 성유식은 세례 의식보다 더 높다. 왜냐하면 우리가 그리스도인들이라고 불린 것은 세례라는 말 때문이 아니라 성유라는 말에서 오기 때문이다. 그리스도가 그의 이름을 지니신 것은 성유식 때문이다.

아버지께서 그 아들에게 기름을 부으셨으며, 아들이 사도들에게, 그리고 사도들이 우리에게 기름을 부었기 때문이다. 기름부음을 받은 자는 모든 것을 소유한다. 그는 부활과 빛과 십자가와 성령을 소유한다. 아버지께서는 신방에서 이것을 그에게 주셨으며, 그는 그것을 선물로 받았다. 아버지는 아들 안에 계시며 아들은 아버지 안에 있다. 이것이 하늘의 왕국이다.

(96) 주님께서 그것을 이렇게 잘 설명하셨다. "어떤 자들은 웃으며 하늘나라에 들어갔다가 나왔다."(이어지는 구절은 사본 문제로 번역 불가) 빵과 잔과 기름도 역시 그러하다. 이것들보다 뛰어난 또 다른 것이 있다고 하더라도 그러하다.

(97) 세상은 실수로 생겨났다. 세상을 창조한 자는 그것을 불멸의 것으로 창조하고자 했으나 그의 바람은 이루어지지 못했다. 세상은 불멸인 적이 없었고 세상을 창조한 자도 마찬가지였다. 세상은 불멸인 적이 없었으나 아들들은 불사이다. 먼저 아들이 되지 않으면 어느 것도 불멸을 받을 수 없을 것이다. 그러나 받을 능력이 없는 자가 어찌 더 많이 줄 수 있겠는가?

(98) 기도의 잔(성배)에는 포도주와 물이 들어 있다. 그 잔은 감사를 들릴 피의 상징이기 때문이다. 그리고 그것은 성령으로 가득 차 있으니, 그것은 아주 완전한 인간에게 속한다. 우리가 이것을 마실 때, 우리는 자신의 완전한 인간을 받아들이게 된다.

(99) 살아 있는 물은 몸이다. 우리는 살아 있는 인간을 입어야 한다.

그러므로 그가 물속에 내려가려 할 때, 그는 살아 있는 인간을 입기 위해 옷을 벗어 버린다.

(100) 말은 말을 낳고, 인간은 인간을 낳고, 신은 신을 낳는다. 신랑과 신부도 마찬가지이다. 그들의 아이들은 신방에서 잉태되었다. 세상이 존재하는 한, 희랍인 부모에게서 유대인이 태어난 일이 없다. 그리고 그리스도인으로서 우리는 유대인의 자손이 아니다. 또 다른 사람들이 있으니 이 복된 사람들은 살아 계신 하나님의 선택된 자들로, 참 인간으로, 사람의 아들로, 사람의 아들 자손으로 말해진다. 세상에서는 그들은 진실한 사람들이라고 불린다. 그들이 있는 곳에 신방의 자녀들이 있다.

(101) 약함에 의하여 강함이 완성되는 이 세상에서의 합일은 남편과 아내가 하나 되는 것이지만 에온의 영역에서의 합일은 형태가 다르다. 그러나 우리는 그들을 같은 이름으로 부른다. 그러나 다른 이름들이 있으니 그 이름들은 어떤 다른 이름들보다 위에 있으며 강한 것들보다 더 강하다. 힘이 있는 곳에 힘이 뛰어난 자들이 나타나기 때문이다. 이것들(이름)은 별개의 것이 아니라 그들 둘 다 하나이다. 이것은 육체의 마음으로는 떠올릴 수 없는 것이다.

(102) 모든 것을 가진 자들은 자기 자신을 알 필요가 없는가? 그런데 어떤 자들이 자기 자신을 알지 못한다면, 그들은 자신들의 소유물을 즐기지 못할 것이다. 그러나 자기 자신을 알게 된 자들은 자신들이 소유한 것을 즐기리라.

(103) 그들은 완전한 인간을 구속할 수 없을 뿐 아니라 그를 볼 수도 없을 것이다. 왜냐하면 그들이 그를 본다면 그들은 그를 붙잡아두려고 할 것이기 때문이다. 사람이 이러한 특질을 얻는 유일한 방법은 완전한 빛을 입어 스스로 완전하게 되는 것이다. 이것을 입은 사람은 모두 왕국에 들어간다. 이것이 완전한 빛이고 세상을 떠나기 전에 모든 방법을 다해서 완전한 인간이 되어야 한다. 모든 것을 받고도 자신을 이들 장소(세상)로부터 벗어나게 하지 못한 사람은 그 장소(왕국)를 공유하지 못할 것이다. 대신에 불완전한 자로서 중간 영역으로 가게 된다. 오직 예수만이 이 사람의 종말을 아신다.

(104) 사제는 그의 몸까지 완전히 거룩하다. 그가 빵을 집었다면 그가 그것을 거룩하게 할 것이고, 잔이나 다른 어떤 것을 집는다면 그는 그것을 거룩하게 한다. 그렇다면 그가 어찌 자기 몸을 거룩하게 하지 않겠는가?

(105) 예수는 세례 물을 완전하게 하여서 그것에서 죽음의 물을 버렸다. 그러므로 우리는 물속으로 내려가지, 죽음 속으로 내려가는 것이 아니다. 이는 우리가 세상의 영 안으로 부어지지 않게 하려는 것이다. 이 영이 불어오면, 겨울이 오고, 성령이 숨을 쉬면 여름이 온다.

(106) 진리에 대한 지식을 가진 자는 자유인이다. 자유인은 죄를 짓지 않는다. 죄를 짓는 자는 죄의 노예이기 때문이다(요한 8:34). 진리는 어머니이며 지식은 아버지이다. 세상(사람들)은 죄를 짓는 것이 자기에게는 해당되지 않는다고 생각하는 자들을 자유인이라고 부른다. 진리에 대한 지식만으로는 그런 자들을 교만하게 만들 뿐이다. "그것

이 그들을 자유롭게 한다."라는 말의 의미이다. 그것은 그들에게 세상에 대한 우월감까지 준다. 그러나 사랑은 바로 세우게 한다(고린도전서 8:1). 사실 지식을 통해 참으로 자유로워진 사람은 아직 지식을 통한 자유를 얻을 수 없었던 사람들을 위해 노예가 된다. 지식은 그들을 자유롭게 한다. 사랑은 어떤 것을 자기 것이라고 결단코 말하지 않는다. 그런데 그것이 사실 바로 자신의 것일 수도 있는데도 말이다. 사랑은 "이것은 내 것이다."라거나 "저것은 내 것이다."라고 말하지 않고, "이 모든 것은 당신 것이다."라고 말한다.

(107) 영적인 사랑은 포도주이요 향기이다. 자신을 사랑으로 기름 붓는 사람들은 모두 그것을 즐거워한다. 기름부음을 받은 자들이 있는 동안은 그 곁에 있는 자들도 그 향기로 유익함을 얻는다. 기름부음을 받은 자들이 그들에게서 떠나면, 기름부음을 받지 못하고 단지 그들 곁에 서 있는 자들은 여전히 자신들의 악취 속에 남아 있게 된다. 사마리아인은 상처 입은 사람에게 포도주와 기름만을 주었다. 그것은 기름부음과 다르지 않다. 사랑은 많은 죄를 덮어주기 때문에(베드로전서 4:8), 그것이 상처를 치유했다.

(108) 여인이 낳는 아이들은 그 여인을 사랑하는 남자를 닮는다. 남편이 그 여인을 사랑하면 아이들은 그 여자의 남편을 닮는다. 만일 그것이 간통자라면 아이들은 그 사람을 닮는다. 만일 그 여인의 마음이 평소에 관계를 갖는 간부에게 있으면서도 필요에 의하여 남편과 잔다면 그 여자가 낳을 아이는 간부를 닮은 아이로 태어난다. 하나님의 아들과 함께 사는 너희들은 세상을 사랑하지 말고 주님을 사랑하라. 이는 너희들이 낳을 자들이 세상을 닮지 않고 주님을 닮게 하려

는 것이다.

(109) 인간은 인간과 성적 관계를 가진다. 말은 말과, 당나귀는 당나귀와 관계를 가진다. 종족은 같은 종족과 사귄다. 그러므로 영은 영과 섞이고, 생각은 생각과 어울리고, 빛은 빛과 함께한다. 그대가 인간으로 태어나면 그대를 사랑할 자는 인간이다. 그대가 영이 되면, 그대와 함께할 것은 영이다. 그대가 생각이 되면 그대와 어울릴 것은 생각이다. 그대가 빛이 되면 그대와 함께할 것은 빛이다.

그대가 위에 속한 자들 중 하나가 되면 위에 속한 자들이 그대 안에서 안식을 취할 것이다. 그대가 바깥 아래에 있는 말이나 당나귀나 소나 개나 양이나, 혹은 다른 짐승이 되면, 인간이나 영이나 생각이나 빛이 그대를 사랑할 수 없을 것이다. 위에 속한 자들도, 내면에 속한 자들도 그대 안에서 휴식할 수 없을 것이고 그들과 연결될 수 없을 것이다.

(110) 자기 뜻에 반해 노예가 된 자는 자유로워질 수 있다. 주인의 호의로 자유롭게 되었다가 자신을 노예로 판 사람은 더 이상 자유로울 수 없다.

(111) 이 세상에서 농사를 짓는 데는 4가지 본질적 요소가 결합되어야 한다. 물, 흙, 바람 그리고 빛이 합쳐져야 그 결과인 수확물을 곳간에 모을 수 있다. 하느님의 농사에도 마찬가지로 4가지 요소 즉 믿음, 희망, 사랑 그리고 지식이 필요하다. 믿음은 우리가 뿌리내리는 토양이다. 희망은 우리에게 자양분을 주는 물이다. 사랑은 우리가 자라게 해주는 바람이다. 지식은 우리를 성숙하게 해주는 빛이다.

(112) 은총은 4가지 방식으로 존재한다. 그것은 지상에 존재하고, 하늘에 존재하며, 가장 높은 하늘에서 오고, 진리 안에 머문다.

(113) 어떤 경우에도 영혼을 괴롭히지 않은 자는 복되다. 그분은 바로 예수 그리스도이시다. 그분은 모든 곳에 오셨으나 어느 누구에게도 짐을 지우지 않으셨다. 그러므로 이와 같은 사람은 복이 있도다. 그는 완전한 인간이기 때문이다.

(114) 이것은 진정한 말씀이다. 우리에게 그것에 대해 말해 보라. 그것은 정의하기 어렵기 때문이다. 우리가 어떻게 그렇게 위대한 일을 성취할 수 있으리오? 그분(말씀)이 어떻게 모든 사람에게 평안을 주시는가?

무엇보다도 그것은(말씀) 위대하든 보잘것이 없든, 믿는 자이든 믿지 않는 자이든, 어느 누구에게라도 고통을 주지 말아야 한다. 그리고 선행 속에서 만족해하는 사람들에게만 평안을 주는 것은 합당치 아니하다. 잘 살아가는 사람에게 평안을 주는 것은 괜찮다고 생각하는 사람들도 있다. 선행을 하는 자는 그런 자들에게 평안을 줄 수 없다. 왜냐하면 그것은 그의 뜻에 어긋나기 때문이다. 그러나 그는 그들을 괴롭히지 않으므로 그들에게 고통을 줄 수 없다.

그러나 분명히 말하건대, 잘 살아가는 사람이 때때로 사람들을 괴롭힌다는 것이다. 그가 그것을 의도해서가 아니라 사람들의 고통에 책임이 있는 것은 그들 자신의 사악함 때문이다. 완전한 인간의 속성을 지닌 사람은 선한 사람들을 보고 기뻐한다. 그러나 어떤 자들은 이 모든 것에 의해 끔찍한 고통을 당한다.

(115) 아들이나 노예나 가축이나 개나 돼지나 옥수수나 보리나 왕겨나 풀이나 피마자유나 고기나 도토리 등 생각할 수 있는 모든 것을 지녔던 가장이 있었다. 그는 분별 있는 사람이어서 각자의 양식이 무엇인지를 알았다. 그는 자녀들에게 밥과 고기를 주었고, 노예들에게 피마자유와 식사를 제공하였고, 가축에게는 보리와 왕겨와 풀을 던져 주었다. 그는 개들에게 뼈다귀를 던져 주었고, 돼지에게는 도토리와 빵조각을 던져 주었다.

하느님의 제자도 마찬가지이다. 그가 분별 있는 사람이라면 그는 제자의 신분이 무엇인지를 완전히 이해한다. 육체 형상들은 그를 속이지 못한다. 그는 가자의 영혼 상태를 보고 그와 이야기할 것이다. 세상에는 인간의 형상을 한 짐승들이 많이 있다. 그는 그들을 알아보고 돼지에게는 도토리를 던져 주고, 가축에게는 보리와 왕겨와 풀을 던져 주며, 개들에게는 뼈다귀를 던져 줄 것이다. 그는 노예들에게는 기본적인 학습만을 시키고, 자녀들에게는 완전한 교육을 시킬 것이다.

(116) 사람의 아들이 있고, 사람의 아들의 아들이 있다. 주님은 사람의 아들이시며, 사람의 아들의 아들은 사람의 아들을 통해 창조된 자이다. 사람의 아들은 하느님으로부터 창조력을 받았다. 그는 또한 낳는 능력을 지닌다.

창조하는 능력을 받은 자는 피조물이다. 낳는 능력을 받은 자는 (태어난) 자손들이다. 창조하는 자는 낳을 수 없다. 낳는 자는 또한 창조력이 있다. 그들은 "창조하는 자가 낳는다."라고 말하지만, 그의 자손이라 일컬어지는 자는 피조물일 뿐이다. 그러므로 그의 자녀들은 자손들이 아니라 피조물들이다.

그는 공개적으로 창조하는 자이며 자신을 스스로 드러낸다. 낳는 자는 은밀히 낳으며 그 자신도 숨겨진다. 왜냐하면 그는 모든 형상보다 뛰어나기 때문이다. 창조하는 자는 드러내 놓고 창조한다. 그러나 낳는 자는 은밀히 아이들을 낳는다.

(117) 남편과 아내가 언제 관계를 맺는지는 이 두 사람 외에는 아무도 알 수 없을 것이다. 이 세상에서 결혼이란 것은, 아내를 맞이한 자들에게는 참으로 하나의 신비이다. 오염된 결혼에도 감추어진 특성이 있다면, 순결한 결혼은 얼마나 더 참된 신비이겠는가!

그것은 육체적인 것이 아니라 순수하다. 그것은 욕망에 속한 것이 아니라 의지에 속한 것이다. 그것은 어둠이나 밤에 속한 것이 아니라, 낮과 빛에 속한 것이다. 결혼이 대중에게 공개되면 그것은 매춘이 되며, 신부는 또 다른 남자에 의해 임신 되는 것만이 아니라 침실에서 벗어나 남의 눈에 띄어도 매춘하는 것이 된다. 오직 그녀의 아버지와 어머니, 신랑 친구와 신랑의 자녀들에게만 자기의 모습을 보여야 한다. 이들은 매일 신방에 들어가는 것이 허락된다.

그러나 다른 사람들에게는 간절하게 그녀의 목소리를 듣는 것만 허락하고, 간절하게 그녀의 향유를 즐기는 것만 허락하고, 개들처럼 식탁에서 떨어지는 음식 부스러기를 먹게 하라. 신랑과 신부는 신방에 속한다. 둘이 하나가 되지 않는 한, 아무도 신랑과 신부를 볼 수 없다.

(118) 아브라함이 자신이 보아야 할 것을 보게 된다는 것에 기뻐하면서 포피(包皮)의 살을 벗겨 할례를 하였고 우리에게 육체는 파괴되어야 한다는 것을 가르쳐 주었다.

(119) 세상에 있는 대부분은 그 내부의 것이 감춰져 있는 동안에는 똑바로 서서 살아간다. 만일 그것들이 드러난다면 그것들은 죽는다. 이는 눈에 보이는 사람에서 그 예를 볼 수 있는데, 인간의 내장이 감춰져 있는 한 그 사람은 살아 있다. 그러나 그의 내장이 드러나 몸밖으로 나오면 그 사람은 죽을 것이다. 나무도 마찬가지이다. 뿌리가 감춰져 있으면 싹이 나고 자라난다. 뿌리가 드러나면 그 나무는 말라버린다. 눈에 보이는 것이나 혹은 숨겨져 있는 것이나 세상에 있는 모든 것이 그러하니. 악의 뿌리가 감춰져 있는 동안, 그것은 강하다. 그러나 그것이 드러나면 사라진다. 즉 그것이 드러나면 죽어 버린다. 이것이 "이미 도끼가 나무뿌리에 놓여 있다"(마태 3:10)라는 구절의 이유이다. 잘린 것은 다시 싹이 나기 때문에 도끼는 자르기만 하는 것이 아니라, 깊이 파내려 가서 뿌리를 뽑아낸다.

예수님은 모든 곳의 뿌리를 뽑으셨지만, 다른 이들은 부분적으로만 뽑으셨다. 우리 각자도 자신의 안에 있는 악의 뿌리를 파고 들어가서 악의 뿌리를 마음에서 뽑아내도록 하자. 우리가 그 뿌리를 알아차리면 그것은 뿌리 뽑힐 것이다. 그러나 우리가 그것에 대해 모르고 있으면, 그것은 우리 안에서 뿌리를 내려서, 우리 마음속에서 열매를 맺는다.

그리고 그것은 우리를 지배하게 되고 우리는 그것의 노예가 된다. 그것은 우리를 사로잡아 우리가 원치 않는 것을 행하게 하고, 우리가 원하는 것을 하지 못하게 한다. 우리가 이것을 알아차리지 못했기 때문에 그것은 힘이 강력하다. 그것이(악) 존재하는 동안 악은 존재한다.

(120) 무지는 모든 악의 어머니이다. 무지는 그 끝이 죽음이나니, 무

지에서 나온 자(것)들은 존재하지 않았고, 존재하지 않으며, 앞으로도 존재하지 않을 것이기 때문이다.

그러나 진리 안에 있는 자들은 모든 진리가 드러날 때 완전해질 것이다. 진리는 무지와 마찬가지인데 그것이 감추어져 있는 동안에는 자신 안에서 휴식한다. 그러나 그것이 드러나 알려지면 그것은 무지와 오류보다 강하기 때문에 찬양받는다.

진리는 자유를 준다. 말씀에 “너희가 진리를 알면 진리가 너희를 자유롭게 하리라(요한 8:32)”라고 하였다. 무지는 노예이다. 지식은 자유이다. 우리가 진리를 알면 우리는 우리 안에서 진리의 열매를 보게 될 것이다. 우리가 그것과 결합되면 우리에게 완성을 가져다줄 것이다.

(121) 현재 우리는 창조된 것들을 가지고 있다. 우리는 “강한 것(드러난 것)은 크게 존경받고 드러나지 않은 것은 약하여 경멸당한다.”라고 말한다. 대조적으로 진리의 현시에 있어서는 숨겨진 것은 강하고 존경받고, 드러난 것은 약하고 경멸스럽다. 진리의 신비는 상징과 이미지를 통해서 드러난다.

(122) 신방은 숨겨져 있다. 그것은 성소 안의 성소이다. 처음에는 휘장이 하느님이 창조 방법을 가리고 있었다. 그러나 그 휘장이 찢어지고 그 안에 있는 것들이 드러날 때, 이 집은 황폐해지거나 파괴될 것이다. 그러나 하위의 신성들은 이들 장소로부터 지성소 속으로 도피하지 않을 것이다. 그것은 순수한 빛과 흠 없는 충만함과 섞일 수 없을 것이며, 십자가의 날개와 그 팔들 아래에 있을 것이다. 홍수가 그들을 덮칠 때, 이 방주는 그들의 구원이 될 것이다.

(123) 어떤 이들이 제사장 계급에 속하면 그들은 대제사장과 함께 그 휘장 안으로 들어갈 수 있을 것이다. 이러한 이유로 휘장이 위쪽 부분만 찢어지지 않았다. 그랬다면 휘장은 위에 속한 자들에게만 열렸을 것이다. 휘장이 아랫부분만 찢어지지도 않았다. 그랬다면 휘장이 아래에 속한 자들에게만 열렸을 것이다. 휘장은 위에서 아래까지 찢어졌다. 우리가 진리의 비밀 속으로 들어갈 수 있도록 위의 것들이 아래에 있는 우리에게 열렸다. 이것은 강한 것이기 때문에 참으로 고귀하다. 그러나 우리는 낮은 수준의 약한 상징들을 통해 그곳으로 들어갈 것이다. 완전한 영광과 비교하면 그것들은 참으로 비천하다. 영광을 능가하는 영광이 있다. 권능을 능가하는 권능이 있다. 그러므로 진리의 숨겨진 것들과 함께 완전한 것들이 우리에게 열렸다. 지성소가 나타났으며 신방이 우리를 안으로 초대했다.

(124) 숨겨져 있는 한 악은 참으로 무력하지만, 그것은 성령의 씨앗 사이에서 제거되지 않았다. 그들은 악의 노예들이다. 그러나 그것(성령)이 드러날 때 완전한 빛이 모든 이들에게 쏟아질 것이다. 그리고 그 안에 있는 모든 이들은 성유를 받을 것이다. 그때 노예들은 자유로워지고 포로들은 몸값을 치르고 풀려날 것이다.

(125) 하늘에 계신 내 아버지께서 심지 않으신 것은 모두 뽑힌다(마태 15:13). 분리되어 있는 자들이 하나가 되고 충만해질 것이다.

(126) 신방에 들어가는 모든 이들이 빛을 밝힐 것이다. 밤에 일어나는 공개된 결혼에서처럼 불은 타오른다. 세속적 결혼에서 불은 밤에만 타고 꺼진다. 그러나 이 결혼의 신비는 오히려 낮과 빛 속에서 완

전해진다. 낮과 그 빛은 결코 지지 않는다.

(127) 어떤 사람이 신방의 아들이 되면 그는 빛을 받는다. 그가 이들 장소에 있는 동안 빛을 받지 않으면 그는 다른 곳에서 그것을 받을 수 없을 것이다. 그 빛을 받는 자는 보이지도 않고 속박될 수도 없다. 그리고 그가 세상에 거주할지라도 어느 누구도 그 사람을 괴롭힐 수 없다. 또 그가 세상을 떠날 때, 그는 이미 상징들 안에 있는 진리를 받았다. 그에게 있어 이 세상은 에온이 되었는데, 왜냐하면 에온은 충만함이기 때문이다. 에온이 존재하는 방식은 이렇다. 그것은 어둠이나 밤에 숨겨져 있지 않고 완전한 낮과 거룩한 빛 속에 숨겨진 채 그에게만 드러난다.

-참고한 영어 본은 모두 Wesley W. Isenberg의 번역본이나, 책이나 인터넷 사이트에 따라 그 내용은 조금씩 다르게 정리되어 있다.
원래 절을 구분하는 번호가 없으나 여기서는 임의로 절을 나누었다.

참고 이들 복음서에 대한 자세한 해석은 하모니 출판사에서 나온 "영지주의 복음서와 카발라" 참조할 것.

도마복음과 카발라(개정)

2010년 6월 13일 초판 1쇄 발행
2012년 2월 22일 초판 2쇄 발행
2016년 6월 22일 초판 3쇄 발행
2025년 2월 14일 개정 초판 발행

해 설 / 김태항
펴낸이 / 金泰恒
펴낸곳 / 하모니

출판등록 2009 5월 7일 제 2009-03호
충청북도 제천시 하소로 88 203-605
전화 (043)920-7306, 010-4289-0093
E-mail: kthcross@hanmail.net

ISBN 979-11-85010-14-4